音楽療法
スーパービジョン

上

Michele Forinash
ミシェル・フォーリナッシュ
●編著●

東京武蔵野病院非常勤講師
加藤美知子
岐阜県音楽療法研究所長
門間陽子
●訳●

人間と歴史社

MUSIC THERAPY SUPERVISION
by
Michele Forinash

Originally publisher in English
© 2001 Barcelona Publishers
4 White Brook Road, Gilsum, New Hampshire, 03448, USA
SAN#298-6299-ISBN #1-891278-11-8

Japanese translation rights arranged with
Barcelona Publishers, Gilsum, New Hampshire, USA
through Tuttle-Mori Agency, Inc., Tokyo

音楽療法スーパービジョン
MUSIC THERAPY SUPERVISION

[上]

献辞

謝辞

日本語版発刊にあたって

執筆者一覧

第1章　本書の概要……11
Michele Forinash

Lesley University, Cambridge, マサチューセッツ州

第I部
文献、倫理、多文化的アプローチ

第2章　音楽療法スーパービジョン―文献レビュー……21
Frances J. McClain

Queens College, Charlotte, ノース・カロライナ州

第3章　スーパービジョンにおける倫理的諸問題……31
Cheryl Dileo

Temple University, Philadelphia, ペンシルベニア州

第4章　音楽療法スーパービジョンに対する多文化的アプローチ……55
Karen Estrella

Lesley University, Cambridge, マサチューセッツ州

第II部
専門家前段階のスーパービジョン

第5章　はじめての音楽療法実習におけるグループ・スーパービジョン……89
Lisa Summer

Anna Maria College, Paxton, マサチューセッツ州

第6章　音楽療法実習のシステム分析アプローチ……111

Suzanne B. Hanser

Berklee Colleg of Music, Boston, マサチューセッツ州

第7章　インターン実習スーパービジョンの道すじ……123
──スーパービジョンにおける人間関係の役割、力動、および諸段階──

Susan Feiner

New York University, New York, ニューヨーク州

第8章　コンピテンシー中心のアプローチによる
インターン生のスーパービジョン……147

Laurie A. Farnan

Central Wisconsin Center for the Developmentally Disabled, Madison, ウィスコンシン州

第9章　学生中心のインターン実習スーパービジョン……167

Caryl-Beth Thomas

Lesley University, Cambridge, マサチューセッツ州

第10章　グループ・スーパービジョンにおける創造芸術……185

Trudy Shulman-Fagen

Lesley University, Cambridge, マサチューセッツ州

第11章　知識が不十分な裸足のスーパーバイザーの成長……201

Brynjulf Stige

Song og Fjordane, Sandane, ノルウェー

あとがき

翻訳協力者一覧

下巻目次

献辞

私の娘たち Adele Forinash Aziz, Kylene Forinash Aziz, Mariele Forinash Aziz へ。
あなた達は私の人生の光であり音楽です。

謝辞

本書を執筆する上で多くの人たちが支えてくれました。特に以下の方たちに感謝いたします。

Kenneth Bruscia の友情と励ましに対して。私が専門家として成長し続ける間に、彼の助言から多くの影響を受けました。彼のビジョン、サポート、機知に感謝します。

本書のために時間とエネルギーを費やしてくれた執筆者の皆さんへ。彼らの言葉から、私たちの仕事におけるスーパービジョンの定義が形作られています。彼らのすべてから、私は多くのことを学び、彼らなしには本書は生まれませんでした。

私の夫、Mike Aziz には彼のサポートと編集上のアドバイスに対して。特に、彼のチャレンジにおける粘り強さと愛は、技術的な問題にぶつかったときに大きな援助となりました。

私の母、Ruth Forinash、そして私の子ども達、Adele、Kylene、そして Mariele は、本書の執筆が終わることのないプロジェクトに思えた時に、ずっと支えてくれました。

Lisa Summer へ。彼女と一緒に仕事をしたからこそ、私はスーパービジョンというテーマに興味を持ったのです。彼女と一緒にしたブレーンストーミングの時間から、スーパービジョンについての多くのアイディアが生まれました。

Lisa Kynvi、Jenny Zatzkin と Aaron Lightstone の、最後の時期に提供してくれた技術的な援助に対して。

私の家族と友人達は、何年にもわたって私をサポートしてくれました。思慮深い言葉、思いついたアイディアを通して、ときには繊細な、そして重要な道を示してくれました。Joan と George Aziz; Jenny、John、Neall、Alex と Abigail Caughman; Kyle Forinash; Miriam、Matt と Jillian Griffith; Caryl-Beth Thomas; Ann Marie Testarmata; John、Lin、Nick と Marina Zoeller Richie; Kenneth Aigen; Rick、Leslie、Derrick と Amelia Amodei; Karen Wacks; Colin Lee; Kimberly Khare; Dorit Amir; Laurie Farnan; Barbara Hesser; Christine Routhier; Alan、Ann と Max Turry; John と Rose Richie; Lisa、Andey と Joa Kynvi; Barbara、Patrick と Ethan Calhoun に感謝。マサチューセッツ音楽療法協会、アメリカ音楽療法協会、Lesley 大学表現療法部門の同僚の皆さん、そして特に「チーフ」に感謝します。

また、私の人生で出会った多くの子ども達にもありがとう。特に、すでに名前を挙げた子ども達は、気分がのらないときでさえも、演奏し、絵を描き、踊り、歌を歌い、夢見ることを私に思い出させてくれました。

日本語版発刊にあたって

　本書は、音楽療法のスーパービジョンについての専門書である。原著が余りに膨大な量であるため、日本語版は［上］（1〜11章）、［下］（12〜22章）の2巻に分かれて出版されることになった。心理やカウンセリングの領域では、スーパービジョンに関する文献がすでに存在しているが、音楽療法においては独立した本という形はそれまでにはなかった。わが国ですでに数多くの国内外の音楽療法の本が出版されてきた中で、ここにまた新しいテーマを掲げた本を送り出すことができることを、心から嬉しく思う。

　本書は、音楽療法のスーパービジョンについて初めて体系的に書かれたものであり、決して平易な内容ではないことをお断りしておこう。この分厚い一冊は、編著者であるForinash女史が述べているように、「スーパービジョンの方法について明確な指針を述べるものでもなければ、…（中略）…数多くの疑問点に対する絶対的な答えを出すものでもない。本書で得られるのは、スーパービジョンにおいて用いることができるアイディアや、枠組み、構造、テクニックである」。

　音楽療法のスーパービジョンとは何か、そもそもスーパービジョンとは何か、という素朴な疑問をお持ちの読者にとっては、ここで述べられている形態や哲学的背景のありように戸惑う点も多いだろう。途中で投げ出されないよう、いくつかの説明をあえてさせていただきたい。

　「人間と歴史社」からは、欧米における音楽療法に関するいくつかの重要な本がすでに刊行されている。2004年に新訂版が出た『音楽療法事典』の巻頭で阪上は、「21世紀に入り、わが国にもようやく本格的な養成教育が始まろうとしている。日本の音楽療法は…（中略）…たんなるブームの時期を脱し、臨床はもとより教育と研究の分野において、いよいよその実質を高める時代に入ったのである。音楽療法士の職業的専門性（コンピテンシー）とはすなわち職業的独自性（オリジナリティ）であるが、臨床・教育・研究すべての局面において、いまほどこの独自性が問われている時代はない」と述べている。

　臨床・教育・研究の中で、特に臨床と教育におけるスーパービジョンの重要性が、わが国ではまだ余り認識されていないのではないだろうか。クラスにおける授業、知識の伝達、技術の教示とは違った奥行きの深さが、スーパービジョンには求められている。人と関わり、さまざまなニーズや問題を抱え、特異性と個性と価値観を備えたクライエントを援助する、治療する、教育するという仕事に携わる人たちの養成・研修では、技術・知識を超えた感情的な体験、自己の内面と向き合うこと、成長する途上で通る一つひとつのプロセスを、丁寧に見ていく、感じ取っていくという作業が不可欠である。手間と時間がかかる作業であり、マス教育、マス研修ではとうてい不可能である。

　次に、アメリカでの音楽療法の養成形態についてごく簡単に紹介しておこう。通常4年間の大学における音楽療法のコースでは、学生は現場の見学、先輩学生や音楽療法士のセッションの観察、ともに参加するというプロセスを経て、最終的に自分のクライエントやグループを担当し、セッションに関わる

日本語版発刊にあたって

すべてのプロセスを一人で遂行できるようになることが求められる。実習は、学内、学外の施設で行なわれ、コースによって若干の違いはあるが、多くの場合はアメリカ音楽療法協会認定の実習施設において、半年の長期実習を終了した時点で、初めて卒業に必要な単位が取得され、資格認定委員会の筆記試験を受けることができ、合格すると認定資格が授与される。カリキュラム、コンピテンシー（職業的専門性）、実習についての詳細は、第2章の文献の終わりに掲載されているリスト、およびアメリカ音楽療法協会のホームページを参照されたい。

　学内でのセッションの段階からスーパービジョンが提供されるが、スーパーバイザーは教授や教員スタッフであったり、先輩の大学院生（修士・博士課程）であったりする。学外の実習、特に長期のインターン実習では、現場の音楽療法士がスーパーバイザーとなる。もちろん、卒後に仕事を始めてからも、スーパービジョンを受け続けることは、音楽療法士として成長する上で非常に重要であるが、有資格者の全員が受けているというわけでもないようである。

　本書で紹介されるスーパービジョンには、個人、グループの両方の形態があり、それを受けるスーパーバイジーの立場は、音楽療法の専門コースで実習を初めて体験する学生、卒業直前の学外でのインターン実習生、卒後の新人、そして各々の専門領域において経験を積んだ音楽療法士と、実にさまざまである。さらに、一人ひとりの人間的な成熟度、ニーズによって、スーパービジョンの目標や、スーパーバイザーが踏み込んでいけるレベルも異なる。パーソナリティに関わる問題にまで掘り下げていくものがある一方で、技術的な問題、音楽的な問題、運営上の問題のみにとどめておくものもある。

　ピア・スーパービジョンという形式もわが国では耳慣れない言葉であろう。ピアとは同僚、同輩、仲間を意味し、ピア・スーパービジョンはほぼ同じレベルの経験を持つ音楽療法士によるグループ・スーパービジョンである。つまり、参加者の自主性と独立性を前提条件として成り立つ形式である。お互いをサポートし合いながら、各自の能力の限界を知り、必要な技術を身につけ、別の視点を獲得して、セラピストとしての可能性を広げていく上で貴重な場となりうる。

　つぎに、欧米での音楽療法の大きな特色として、心理療法的な色合いの濃さが挙げられる。特に精神分析的な音楽療法は、実体験がない人にとっては非常にわかりづらいものがあるかもしれない。プリーストリー、デッカー＝フォイクトらによる日本語訳の文献などを、是非合わせて読まれることをお勧めする。即興演奏を通して、自分の内面、感情、過去の体験までにさかのぼるような音楽療法の特質は、本書のスーパービジョンの内容に大きな影響を与えている。自分が対峙している（とくに困難な）クライエントのイメージを即興で表現する、あるいは彼／彼女に対する自分の感情を表現するというプロセスは、私達の多くにとってなじみのないものであるかもしれない。しかし、実際の場面の描写から、できる／できないは別として、そのようなアプローチも非常に有用だということが伝わってくる。だから

と言って、安易に試してみるべきものでもないが。

　さらに、ノードフ・ロビンズ音楽療法を始めとして、近年になってブルーシア、ケニー、パブリチェヴィク等による、即興を中心とした音楽療法に関する文献も翻訳されてきた。若尾／岡崎、石村／高島らによる即興演奏の実際を紹介するハンドブックも出版されている。それらを読み進めると同時に、即興以外の形態の音楽療法を実践している人にとっても、本書が十分な刺激と知識の源泉となることを願っている。

　最後に、本書の重要な特色として、文献紹介、スーパービジョンにおける倫理的諸問題、多民族的なアプローチが、詳細に取り上げられている点を強調しておきたい。スーパーバイザーとスーパーバイジーの間で必然的に生まれる力関係、民族や文化によって音楽療法のありようや価値観、評価の基準が異なるという視点は、非常にユニークであり、日本で実践・教育に携わる者にとっても、必ずや新しい刺激をもたらしてくれるものと信じる。その上で、わが国における音楽療法のありかたを改めて考え直すきっかけになればよいと思う。

　翻訳にあたって、本書の編者である Michele Forinash 氏、ミシガン大学での私の実習中の素晴らしいスーパーバイザーであった Roberta W. Justice 氏から、メールを通じて難しい部分の訳や、名前の発音に関して貴重な援助を受けることができた。お二人に心からの感謝の念を表したい。

2007年10月

訳者を代表して
加藤美知子

執筆者一覧

Cheryl Dileo（シェアルル・ディレオ）
哲学博士、認定音楽療法士。Temple大学音楽療法科教授。世界音楽療法連盟の元会長。旧全米音楽療法協会元会長。25年来これらの組織および他の組織のリーダーを務めてきた。9冊の本の著者／編集者であり、音楽療法に関する70編以上の記事や論文を執筆。専門領域は、医学的音楽療法、職業的倫理、音楽療法教育と訓練。『The Journal of Music Therapy』、『The International Journal of Arts Medicine』、『The Arts in Psychotherapy』の編集相談員。5大陸17カ国において頻繁に講演。
住所：Temple University, Esther Boyer College of Music, Philadelphia, PA 19122.
電話：215-204-8542.

（第3章担当）

Karen Estrella（カレン・エストゥレラ）
芸術修士、認定音楽療法士、認定芸術療法士、精神衛生カウンセラー。マサチューセッツ州ケンブリッジのLesley大学表現療法の助教授。The Fielding Instituteにて臨床心理学博士課程に在籍。15年以上にわたり、主にコミュニティーベースの精神保健プログラムにおいて、音楽療法、表現療法、保健衛生相談を経験。多文化主義とスーパービジョンに対する興味は、都市の施設での臨床経験と、現在の個人開業におけるセラピストおよびスーパーバイザーとしての実践から来ている。
住所：Lesley University, Division of Expressive Therapies, 29 Everett Street, Cambridge, MA 02143.
E-mail: kestrella@mail.lesley.edu.

（第4章担当）

Laurie A. Farnan（ローリー・A・ファーナン）
音楽療法修士、認定音楽療法士。1975年来、ウィスコンシン州マディソンの発達障害者のためのCentral Wisconsin Center音楽療法プログラム、そして1980年来音楽療法インターン生のための臨床訓練プログラムをコーディネートしてきた。彼女は『音楽は誰のためにもあり、誰もが動くことができる』（Music Is for Everyone, and Everyone Can Move）という本の共同執筆者である。彼女は［NAMTの雑誌］『Music Therapy Perspectives』に7年にわたって「臨床訓練の問題」というコラムを連載し、同時に編集委員を担当した。彼女は、重度の知的障害や多面にわたる発達障害の人々を対象とした臨床的テクニックについて、数多くの章や記事を発表してきた。彼女は旧全米音楽療法協会、および現アメリカ音楽療法協会の州、支部、全国レベルで活動し、臨床訓練委員会、代表者会議、およびアメリカ音楽療法協会教育・臨床訓練委員会に所属してきた。
住所：Central Wisconsin Center for the Developmentally Disabled, Madison, WI 53704.
電話：608-243-2295.
E-mail: farnala@DHFS.state.wi.us.

（第8章担当）

Susan Feiner（スーザン・ファイナー）
芸術修士、認定音楽療法士、臨床ソーシャルワーカー。ニューヨーク市ニューヨーク大学の音楽療法プログラムの准ディレクター。彼女は、20年以上にわたって音楽療法の実践とスーパービジョンの経験を持つ。ニューヨーク大学での仕事に加えて、彼女は音楽心理療法、スーパービジョンおよびGIMを個人開業で実践している。Feinerは、音楽療法のスーパービジョンについて数多くの学会で講演し、ワークショップで教えてきた。
住所：New York University, Music Therapy Program, Department of Music and Performing Arts Professions, 35 West Fourth Street, New York, NY 10012.
電話：212-998-5452.
E-mail: sf24@nyu.edu.

（第7章担当）

Michele Forinash（ミシェル・フォーリナッシュ）
芸術博士、認定音楽療法士、精神衛生カウンセラー。マサチューセッツ州ケンブリッジのLesley大学表現療法科の音楽療法助教授。現在アメリカ音楽療法協会副会長。音楽療法の質的リサーチにおいて多数の論文、記事を発表。
住所：Lesley University, Division of Expressive Therapies, 29 Everett Street, Cambridge, MA 02143.
E-mail: mforinas@mail.lesley.edu.

（第1章担当）

Suzanne B. Hanser（スザンヌ・B・ハンザー）
教育博士、認定音楽療法士。マサチューセッツ州ボストンのBerklee College of Musicの音楽療法学科長であり、ハーバード大学医学部のSocial Medicine部の講師。旧全米音楽療法協会の元会長。HanserはNational Institute of Agingより全米リサーチ・サービス賞を受賞し、スタンフォード大学医学部の学位取得後のシニア研究生だった。Hanserは『音楽療法士ハンドブック』（The

New Music Therapist's Handbook）〔訳注：日本語版『ミュージック・セラピスト・ハンドブック　現場で役立つ豊富な臨床例、分析と対応』ATN, Inc. 2005〕の著者であり、その他に数多くの章と記事を執筆してきた。彼女は世界音楽療法会議の科学顧問委員会に所属し、数多くの国際的な学会で発表をしてきた。
住所：Berklee College of Music, Boston, MA 02215.
電話：617-747-2639.
E-mail: shanser@berklee.edu.

（第6章担当）

Frances J. McClain（フランシス・J・マクレイン）
哲学博士、認定音楽療法士。ノース・カロライナ州CharlotteのQueens Collegeの音楽療法主任。特定のニーズを抱えた幼児から高齢者までの幅広いクライエントを対象に実践。執筆活動、相談サービス、および米国南東部と台湾においてワークショップを開催。Queens Collegeよりその優秀な業績に対して賞が授与され、また、旧全米音楽療法協会（NAMT）より南東支部における専門家としての実践の成果に対しても賞が与えられた。
住所：Queens College, Charlotte, NC 28274.
電話：704-337-2301.

（第2章担当）

Trudy Shulman-Fagen（トゥルーディ・シュールマン＝ファーゲン）
芸術修士、認定音楽療法士、精神衛生カウンセラー。マサチューセッツ州ケンブリッジのLesley大学にて非常勤職員。個人開業。彼女は過去20年以上にわたって、不安障害、トラウマ、重度の身体疾患を中心に仕事をしてきた。さらに学生の訓練とスーパービジョンも行なってきた。彼女は音楽療法の実践およびその他の形態の芸術療法と瞑想に、催眠と原型的なイメージを取り入れてきた。癒しと成長を促すための音楽の新しい方法、霊的な実践、そして芸術療法を探究する一方で、三人の娘達を育てている。
住所：Lincoln St., Newton Highlands, MA 02461.
電話：617-964-2551.
E-mail: Tshulfagen@aol.com.

（第10章担当）

Brynjulf Stige（ブリュンユルフ・スティーゲ）
ノルウェー、SandaneのSogn og Fjordane Collegeおよびオスロー大学の音楽療法の准教授。彼は、1988年に西ノルウェーにおける最初の音楽療法訓練のコーディネーターになる前は、5年にわたって音楽療法士として文化的、社会環境的、地域中心の方法でもって音楽療法を実践していた。Stigeは現在オスロー大学の研究員であり、精神科の患者との個人音楽療法における意味の創造（meaning making）を研究している。彼はまた、『北欧音楽療法誌』（Nordic Journal of Music Therapy）の編集長でもある。
住所：Sogn og Fjordane College, Studiesenter Sandane, 6823 Sandane, Norway.
電話：+47 57 86 68 12.
E-mail: brynjulf.stige@hisf.no.

（第11章担当）

Lisa Summer（リサ・サマー）
創造芸術療法修士、認定音楽療法士。Anna Maria Collegeにおいて5年にわたって、音楽療法の准教授／主任として、そしてDivision of Human Behavior and Human Servicesの主任として働いた。彼女は、Institute Settingに誘導イメージと音楽（GIM）という学術論文を掲載して、グループと個人対象の音楽心理療法におけるクラシック音楽とイメージの臨床的応用を年代別にまとめて、さらに、何冊もの教科書と記事も執筆した。彼女は音楽治癒師を批判的に調査した『音楽：新しい時代の秘薬』（Music: The New Age Elixir）をオペラ作曲家である夫ともに執筆した。
住所：Anna Maria College, Box, 45 Paxton, MA 01612.
E-mail: Lsummer@annamaria.edu.

（第5章担当）

Caryl-Beth Thomas（カレル＝ベス・トーマス）
芸術修士、上級認定音楽療法士、精神衛生カウンセラー。マサチューセッツ州ケンブリッジのLesley大学、およびマサチューセッツ州ボストンのNortheastern大学の非常勤職員。彼女は、ボストンの地域音楽センターのための音楽療法における臨床訓練主任および音楽療法スタッフであり、幅広い対象者と年代層のグループと仕事をしている。長年にわたって音楽療法の専門集団にサービスを提供し、現在はアメリカ音楽療法協会ニューイングランド支部の支部長であり、かつてはアメリカ音楽療法協会の教育・臨床訓練委員会の一員でもあった。
住所：27 Weston St, Hyde Park, MA 02136.
E-mail: Cbethomas@aol.com

（第9章担当）

第1章

本書の概要

Michele Forinash

芸術博士，認定音楽療法士，精神衛生カウンセラー
Lesley大学音楽療法助教授およびコーディネーター
マサチューセッツ州，Cambridge

はじめに

　1985年、自分のクリニックにはじめて音楽療法のインターン実習生を迎え入れたのをきっかけに、私は、音楽療法スーパーバイザーとしてのキャリアを始めた。そしてスーパービジョンについて考えるとともに、スーパーバイザーとしての自分のスキルとアイデンティティに磨きをかけるようになった。

　スーパーバイザーの立場に置かれた私は、途方にくれることもよくあり、相手がどんな学生であっても、スーパービジョンの最善の方法を見つけようと必死になった。その後、スーパーバイザーを対象としたスーパービジョンを始め、彼らの成長過程に対する援助を行なうようにもなった。こうして私は、自分でも完全には理解していない未知の領域に直面することになってしまったのである。

　1996年、同僚であるLisa Summerとともに、音楽療法教育とスーパービジョンについての議論を重ねながら、スーパービジョンに関する基本的な仮説と問題点をはっきりさせようという試みに着手したのを機に、スーパービジョンに対する私自身の研究もより切実さを増していった。

　1998年冬、音楽療法において取り組む必要のあるテーマは何かと、同僚のKen Brusciaに尋ねられた私は、即座に「スーパービジョン」と答えたが、これは決して単なる思いつきではなかった。

　そもそもスーパービジョンとは何だろうか。スケジュールの立て方、あるいはスタッフやインターンの配置、被雇用者の士気の高め方等といった、マネージメントに関わるプロセスがスーパービジョンであると理解している者もいるだろう。確かにこれらは、スーパーバイザーが行なうことの一部であるが、スーパービジョンには、さらに数多くの側面が存在する。

　スーパービジョンにおける人間関係の焦点は、スーパーバイジー*が、有能で情熱を持った専門家として絶え間なく（そして終わることなく）成長していくための

* 訳者注：スーパービジョンを受ける人。

援助をする際に生じる多様性に向けられる。スーパービジョンとは、スーパーバイザー、スーパーバイジーの双方が能動的に参加し、互いに影響を及ぼし合う関係である。それは、あらかじめ決められた方法を単になぞるのではなく、豊かにして動的な関係へと発展するプロセスなのである。

スーパービジョンは、人が成長していくという旅の一過程であるとも言えよう。その中でスーパーバイザーとスーパーバイジーはお互いに学び、ともに成長し、その結果として、双方とも何かしらの変容を遂げて、旅を終えると考えられる。個人としての成長は、スーパービジョンの目標とはされないが、スーパーバイザー、スーパーバイジー双方の個人的成長が、副産物として生まれることはよくある。

スーパーバイザーは決して、エキスパートでもなければ全てを心得た万能の存在でもない。同様に、スーパーバイジーもまた、音楽療法士としての正しいマナーを書き込むだけの真っ白いキャンバスであるわけでもない。両者とも、スーパービジョンという関係、そして音楽療法を理解しようとする試みに、自分なりの視点や様々なレベルでの体験を持ち込む、多様で個別的な存在なのである。

あるスーパーバイザーが他のスーパーバイザーと全く同じであったり、全く同一のやり方でスーパービジョンを行なうことは決してない。同様に、複数のインターンが完全に同じように成長することもありえない。スーパーバイザーとしての自分を導いてくれるような、明確な方角の記された地図等はない。いま自分たちが進んでいる方向をある程度教えてくれる道しるべがあるだけで、進んでいく先に紆余曲折があると前もって知らされるとは限らない。

スーパービジョンとはつまり、挑戦なのである。スーパーバイジーの一人ひとりが、新米の学生であろうと、実践をしている臨床家であろうと、高度な専門機関における訓練を求めている者であろうとかかわりなく、彼らの成長を促すような様々な手段を、いつ、どのように用いるべきかを学ぼうとする挑戦に他ならない。

自らスーパーバイザーとして成長していきながら、Lisaと私は、音楽療法協会の地方大会や全国大会、そして私の大学での連続講義において、スーパービジョンをテーマとして取り上げるようになった。私たちは、自分たちが音楽療法スーパービジョンの専門家であると考えていたわけではない。スーパービジョンについての哲学的な疑問を同じように抱いていたことから、スーパービジョンというテーマに行き着いただけである。このような疑問を私たちは、ジレンマと名づけた。というのも、スーパービジョンにおいては疑問が沸き起こるだけで、それに対する答えが得られないというような状況に直面するからである。そこからさらにスーパービジョンを研究し、理解しようという気持ちに駆られていった。

また、音楽療法士のスーパービジョンに興味を持つことは当然とも言える。私たちは、実習先の学生担当スーパーバイザーと、大学の学生担当スーパーバイザーの両方を監督する、総合的なスーパーバイザーという立場にあるからである。さらに、学生として、そして臨床家として受けたスーパービジョン体験が、音楽療法士とし

て成功できるかどうか、音楽療法の分野で長く活躍できるかという点を直接左右するものであるとも、私たちは理解している。

スーパービジョンに関してLisaと私が当初感じていたジレンマは、このテーマに取り組む上での原動力であり続けた。大学人として私は、最初の資格を取得しようとする学生の成長に関わるスーパービジョンは、どうやればよいのかという点について、多くのことを考えた。さらに、20年の経験を積んだ音楽療法士として私は、プロの音楽療法士がこの領域において成長を続けていくとともに、彼ら自身がスーパーバイザーとなっていくためには、スーパービジョンの手法やアプローチの方法を明確にしておくことが重要であるとも考えていた。

Lisaと私が最初に直面したジレンマとは、学生、あるいは専門家のいずれかを対象にスーパービジョンを行なう多くの人が、自分の過去の体験をもとに始めているという姿勢にあった。スーパービジョンの専門的な教育を受けた経験のあるスーパーバイザーはほとんどいない。スーパーバイジーとして以前に体験したことが、スーパーバイザーとしての最初の構えになってしまいがちなのである。臨床家になる前に受けたスーパービジョンが有益で役に立つものであった場合、自分を担当したスーパーバイザーを模倣しながら、それを自らのスーパービジョン手法としていくことが多い。同様に、最初に受けたスーパービジョンが効果のないものと感じられた場合、そのような体験とは全く反対の、あるいは極端に異なるスーパービジョン手法が生まれる傾向が見られる。

学生を対象とするスーパービジョンについて、私たちが考察していく中で浮かび上がってきたジレンマとして、「音楽療法の子ども」—Lisaの言葉による—という考え方がある。「音楽療法の子ども」とは、学生がなりうるはずの有能な音楽療法士のことである。これはNordoff-Robbinsによる「ミュージック・チャイルド」という考え方（1977, p.iv）を借用したものであるが、私たちはスーパーバイザーとして、音楽療法士として未開発の存在を育んでいくよう求められている。私たちは、自分たちの学生が臨床家として自然な成長を遂げるための機会を提供したいと強く望んでいる。しかしその一方で、私たちは大学の年間プログラムという現実に直面しながら生きている。つまり、この音楽療法の子どもが自然に成長していくのを待っていられないし、また、学生が自分なりのペースで成熟するに任せることができない場合も多いのである。大学の内外のスーパーバイザーもこのジレンマを抱えていることから、結局、これらの矛盾する二つの要求に妥協点を見出すというのが私たちの役目となってくる。

議論に上ったもう一つのジレンマは、私たちはスーパーバイザーとして、スーパーバイジーの中に自分の分身を作り出そうとすべきなのかという点である。スーパービジョンとは、音楽療法士である私たちを模倣するための方法を、スーパーバイジーに教えるだけのことなのだろうか。私たちが期待しているのは、スーパーバイジーが、私たち自身の態度やバイアスをそのまま取り込んで、私たちのコピーとな

ることなのか。それとは逆に、庭の垣根が、成長し花開こうとする花々を支えているように、スーパーバイジーが療法士として自身のユニークな「考え」を探し出す手伝いをするために、私たちは存在しているのだろうか。

　Lisaと私はさらに、スーパービジョンにおける介入方法をどのように選択するか、という点についても話し合った。学生がある技術を学ぶ必要がある時、私たちは実技を中心とした方法でもってその技術を教えていくのか。スーパービジョンでの問題点が学生の無意識の領域に潜んでいる場合には、内省的なアプローチを用いるのか。そもそも、介入方法の決定にはどのような因子が関与してくるのだろうか。
　このようなジレンマから私たちはさらに、スーパービジョンにおいて、スーパーバイジーの個人的な問題とどのように関わるか、という疑問に直面するに至った。個人的な問題は、スーパービジョンのどこかの時点で浮かび上がってくる。そのような問題に取り組むべきなのか、取り組むタイミング、方法はどうやって決めればよいのだろうか。そのような問題点に取り組むと選択した場合の最善の方法とは。スーパービジョンと療法との境界線はどこに引くべきなのか。スーパーバイジーが学生であるか、駆け出しのプロであるか、高度な訓練を求めているプロであるかという点に応じて考慮すべき、それぞれ異なった問題が存在するのか。
　音楽療法は芸術に基づいた療法であるが、臨床現場ではどのようにして音楽や芸術を実際のスーパービジョンに組み入れていくのか、というジレンマも生じてくる。スーパービジョンにおいて芸術は、どのような機能を持っているのだろうか。スーパービジョンで芸術を用いる時、芸術というプロセスに内在するパワーへの私たちの確信を、スーパーバイジーに対して身をもって示そうとしているのだろうか。そのようなことをするのが重要なのだろうか。芸術に基づくスーパービジョンによってもたらされる独自の視点とは何だろうか。

　以上のようなジレンマがいくつか整理されたことで、本書のうちに、これらの疑問点に対する答えを見つけられるのではないかと期待する読者もいるかもしれない。しかし本書は、スーパービジョン実施法について明確な指針を述べるものでもなければ、上に提起された数多くの疑問点に対する絶対的な答えを出すものでもない。本書で得られるのは、スーパービジョンにおいて用いることが可能なアイディアや、枠組み、構造、テクニックなのである。読者には、スーパービジョンに関するアイディアの源泉として本書を読み進んでいただきたい。
　本書のいたるところで読者は、スーパービジョンのアプローチや手法が実に多様であるばかりか、時に相反しているように思われることもあるだろう。この領域は、音楽療法の実践に対する多様な理論的、哲学的アプローチによって成り立っていることから、スーパービジョンにもまた、数多くの方法が存在するのである。
　読者は、自分で共鳴できる、そして実行する上でさし障りのないようなスーパービジョン手法を知る一方で、目新しく、現時点で自分が行なっているアプローチと

は全く異なる方法にも出会うことだろう。読者には、スーパービジョンに対する各自の哲学を確立し、自分なりの疑問を創り出すことを目的に、さらには、音楽療法のスーパーバイザーとしての自己の体験と成長に、ここで述べられたアイディアを生かすことが可能かどうか、生かすとしたらどのようにするかという点を見極めることを目的に、本書を用いるよう希望する。

概要

第Ⅰ部　文献、倫理、多文化的アプローチ

　第1部では、すべてのタイプの音楽療法スーパービジョンに共通のテーマが概観される。McClainによる文献レビュー（第2章）では、専門家前段階のスーパービジョン、および専門家対象のスーパービジョンの双方が取り上げられている。専門家前段階のスーパービジョンについての文献レビューは、主にアメリカにおける音楽療法の養成に限定されている。

　スーパービジョンの人間関係は、療法の人間関係と同様に、しばしば複雑で入り組んだものとなるが、Dileo（第3章）は、スーパービジョンの人間関係における倫理について論じるとともに、適切な関係の維持および倫理基準について明確な指針を与えている。Estrella（第4章）は、多文化主義が私たちの領域に与えた影響について検証している。彼女は、そこに関わってくる諸事項の重要性を明確に解き明かすとともに、私たちの仕事に取り入れるべき多文化的視点に立脚したカウンセリングに関するコンピテンシー*について記述している。

*　訳者注：職業的専門性。

第Ⅱ部　専門家前段階のスーパービジョン

　音楽療法の養成は世界中で実に多様である。アメリカにおいてだけでも、入学時のレベルは学士と修士に分かれる。音楽療法の資格を目指す人にとって、どうすれば最もよいのかということを決める作業は容易なことではなかった。事実、世界中の様々な訓練上のアプローチについて1冊の本を書くことができるくらいであり、各々のアプローチにおけるスーパービジョンの特質について語るなど、言うまでもない！　専門家前段階という言葉は、音楽療法士の資格をまだ取得していない人を指すために選択された。この言葉は学生、インターン生、あるいは実習生から、さらに広い範囲にわたって使われている。

　専門家前段階のスーパーバイザーは、私たちの職業における中心的存在である。彼らは、私たちの学生の専門家としての成長に有益かつ不可欠な、実践現場での臨床体験を自ら提示しながら伝えていく。当然、本書のこの部分においては、臨床現場で生まれるスーパービジョンの人間関係および発達のプロセスを理解するための、特定の枠組みが提供され、さらに専門家をスーパーバイズするための様々な技

法が紹介される。

　Summer（第5章）とHanser（第6章）は、実習生対象のスーパービジョンにおける異なったアプローチを紹介している。Summerが指摘しているように、実習は音楽療法の学生にとってしばしば厳しい試練の場となる。この領域における学生の能力はかくあるべきだと決められている場合に、このようなことが起こる。これらの章では、実習生の開始時に特有な課題、および実習初期における問題と取り組む上でのスーパービジョンの方法が明確にされている。

　Feiner（第7章）、Farnan（第8章）、そしてThomas（第9章）は、個人のスーパービジョンを中心に取り上げている。著者らは、実習における発達段階について異なった説明をし、この領域で現在使われているコンピテンシーが、いかにしてインターン実習の間に取り上げられるかという点について書いている。スーパーバイザーとして異なる理論的アプローチが、事例を挙げて紹介されている。Shulman-Fagen（第10章）は、臨床現場から離れた場でのインターン実習のグループ・スーパービジョンについて、そして芸術がどのように組み込まれているかということについて紹介している。Stige（第11章）は、ノルウェーにおける彼の専門家前段階のスーパーバイザーとしての体験について記述していて、専門家前段階のうちから、スーパーバイザーとしての資質の成長をいかにして促すか、という点に焦点を当てている。この章では、多くの音楽療法スーパーバイザーがいない地域において、音楽療法の養成プログラムを開発しようとしている人達のためのアイディアが提供されている。

第Ⅲ部　専門家のスーパービジョン（下巻）

　何年も前ならば、インターンを終えた音楽療法士が再びスーパービジョンを受けるということはほとんどなかった。最初の資格を取得した時点で、音楽療法について知っておくべきことはすべて学習し終えたと考える者もいた。しかし近年、このような考え方が変わってきた。音楽療法という領域が絶え間なくその奥行きを深め、幅を広げているのに伴って、専門家になっても臨床家としての成長を続けていくことが不可欠である、と理解されるようになってきたのである。そして彼らは、音楽療法以外の領域の専門家が手がけるスーパービジョンではなく、自ら音楽療法士でもあるスーパーバイザー、つまり音楽および芸術を介した創造的探索という、人間の変容をもたらしうる体験を直に理解している人との取り組みを通じて、止むことのない成長を続けている。だが、その一方でこれは、音楽療法における有能なスーパーバイザーを訓練していくことが極めて重要である、ということに他ならない。

　したがって第3部では、音楽療法の専門家が抱えるスーパービジョンに対する様々なニーズを取り上げる。そして、専門家を対象としたスーパービジョンを、いくつかのタイプに分けて検証していくことから始めよう。Baratta, Bertolami, Hubbard, MacDonald, Spragg（第12章）は、ピア・スーパービジョン*について、

---

*　訳者注：ほぼ同じレベルの同僚、仲間同士で行なうスーパービジョン。

そして学生から専門家への移行期に際してこのピア・スーパービジョンが果たす役割について論じている。Amir（第13章）は、イスラエルの教育現場で働く新米の音楽療法士を対象としたスーパービジョンを紹介している。Stephens Langdon（第14章）は、音楽を中心とした体験的グループ・スーパービジョンという形態について論じている。AustinとDvorkin（第15章）は、経験を積んだ専門家のためのピア・スーパービジョンの役割について論じている。さらに、Frohne-Hagemannの統合的アプローチ（第16章）や、LeeとKhareの音楽中心的アプローチ（第17章）、Jahn-Langenbergの精神力動的視点（第18章）といった、特定のスーパービジョンのアプローチも取り上げられている。

現在、音楽療法および表現療法において博士課程のプログラムが増えてきているが、専門家前段階の学生を対象にスーパービジョンを行なう博士課程の学生が経験する、並行プロセス（parallel process）という問題を検証する機会も、ますます多くなってきている（Bruscia、第19章）。

第Ⅳ部　専門機関におけるスーパービジョン（下巻）

近年になって、音楽療法の上級トレーニングとしての特定のアプローチを確立し、定義づけていくという傾向が大きくなってきている。これは、専門機関における訓練として定義づけられ、通常は修士課程修了後にする上級レベルの、かつ特定の専門分野の音楽療法の研究を意味し、さらなる上級の資格につながるものである。

この部には、三つの音楽療法のモデルが紹介されている。Scheiby（第20章）は、Mary Priestleyによって確立され、分析的音楽療法士（AMT）という資格につながる、分析的音楽療法におけるスーパービジョンについて論じている。Ventre（第21章）は、音楽とイメージ協会会員（FAMI）という資格につながる、ボニー式誘導イメージと音楽（GIM）におけるスーパービジョンを紹介している。Turry（第22章）は、Nordoff-Robbins音楽療法士（NRMT）という資格につながるNordoff-Robbins音楽療法におけるスーパービジョンについて記述している。

おわりに

スーパービジョンについてのさらなる研究、スーパーバイザーの適切な教育、そして専門家前段階や、専門家としての成長過程、大学でのトレーニングにおけるスーパービジョンの役割を理解することは、音楽療法の発展に欠かすことができない。スーパービジョンに対する私たちの考え方を体系づけ、共有するというプロセスに着手することにより、音楽療法という領域における知識の幅を広げ、奥行きを深めるとともに、成長してやまぬ私たちの専門分野に対して、大きな影響を及ぼすことが可能になる。

参考文献

Nordoff, P., and Robbins, C. (1977). *Creative Music Therapy*. New York: John Day Company.

第I部
文献、倫理、多文化的アプローチ

第2章

音楽療法スーパービジョン 文献レビュー

Frances J. McClain
哲学博士，認定音楽療法士，Queens College音楽療法主任
ノース・カロライナ州，Charlotte

　この文献レビューは、二つの部分から成っている。第1の部分は、専門家前段階の養成におけるスーパービジョンである。ここでは、音楽療法における初歩的な資格の取得へとつながる養成が対象となっている。第2の部分は、専門家の訓練におけるスーパービジョンについてであり、専門家が求める臨床的スーパービジョンも含まれている。

専門家前段階のスーパービジョン

　アメリカでの専門家前段階の訓練として、プレインターン実習とインターン実習がある。これらの実習は、継続的な訓練として、大学での授業と並行してあるいは教科学習がすべて終わった時点で提供される。文献レビューによると、「プレインターン実習」として、「実習科目」「フィールドワーク」「実践体験」等の複数の語が同義語的に用いられている。本稿においてプレインターン実習は、大学での教科学習の課程全体において、およびインターン実習に先だって行なわれる、あらゆる形態の臨床的状況を指すものとして用いられる。プレインターン実習とインターン実習の枠組みと体験には大きな違いがあるが、いずれも学術的理論と臨床実践の統合を目指している（Bruscia, 1987; Hanser, 1987）。最初のプレインターン実習の体験から、インターン実習終了までの間、その重要な構成要素となるのがスーパービジョンである。

　文献では、スーパービジョンとは、教えること、モデリング、観察、指導、学生のスキルおよび行動に対する評価等の概念を含む包括的な専門用語である。プレインターン実習とインターン実習では、その方法も実施時間もそれぞれ異なるが、スーパービジョンが双方にとって不可欠である点には変わりがない。

インターン実習は明確に定義され、体系化されているのが一般的であるのに対して、プレインターン実習は必ずしもそうではない。過去において、現在においてもなお、しかるべきプレインターン実習段階の訓練およびスーパービジョンを欠いていることが、教育者、臨床家、学生にとっての不安材料となっている*。

プレインターン実習の訓練で学生は、自分を観察してもらうことを望んでいるが、同時に彼ら自身も音楽療法士を観察したいと思っている、という点が重要である（McClain, 1993）。過去においては、音楽療法士にスーパービジョンを担当してもらうことが必ずしも可能ではなかったが、代替的な方法として二つのやり方が考えられてきた。まず一つは、実習クラスやセミナーというかたちでスーパービジョンと体験学習を行なうものである（Bruscia, 1987; Hanser, 1980; Krout, 1982; Tims, 1989）。もう一つは、スーパーバイザー／監督者およびコーチとして、上級の学部生を起用するというものである（Hanser, 1978; Prickett, 1987）。

プレインターン実習と同様に、インターン実習においてもスーパービジョンを改善する必要がある。この問題、およびこれに関連するテーマについては、『Music Therapy Perspectives』誌の「臨床的訓練における諸問題」という欄で、スーパーバイザー、学生、臨床家らによる議論が行なわれた。この欄の著者であるFarnanは、多様なスーパービジョンの手法を活用すること（1994）、そしてインターンとスーパーバイザーの間のより密接な連携とコミュニケーションを図ること（1996）の必要性を訴えた。

統合後のアメリカ音楽療法協会（AMTA: American Music Therapy Association）においては、旧全米音楽療法協会（NAMT: National Association for Music Therapy）、および旧アメリカ音楽療法協会（AAMT: American Association for Music Therapy）のモデルによって、スーパービジョンに対する指針が規定されているが、実施方法はそれぞれに異なる。

AAMTによるモデルでは、資格を持った専門家から臨床現場において、毎日スーパービジョンを受けること、および音楽療法の教員から継続的にスーパービジョンを受けることが規定されている。また、いずれの学位プログラムでもそれぞれに、臨床スーパーバイザーとしての最低資格条件が定められている（AAMT教育のガイドライン）。

NAMTによるモデルでは、インターン生はスーパーバイザーによる個別面接を毎週1時間、スーパーバイザーによる観察および建設的フィードバックを週平均4時間受ける権利があると規定されている。グループによるスーパービジョンが推奨されているが、それで個人スーパービジョンの代わりとすることはできない（NAMT臨床訓練のガイドライン）。とはいえ、どちらのモデルでも、上述のようなスーパービジョンに限定されているわけではない。スーパービジョンはむしろ、インターン実習の全段階にわたって、正式／非公式な形の両方において提供される。

スーパーバイザーの主要な役割は、モデリングをすること、ファシリテーターと

*　Alley, 1978; Braswell, Decuir, Brooks, 1985; Braswell, Maranto, Decuir, 1979と1980; Galloway, 1966; Gault, 1978; Graham, 1971; Madsen, 1965; Maranto, 1987と1989; Steele, 1989; Tims, 1989。

して機能すること、コンピテンシーと呼ばれるスキルと能力を評価することである。この専門的コンピテンシーというテーマは、数多くの研究における関心の対象とされてきたとともに、カリキュラム主体の教育をコンピテンシー主体の教育へと転換するための原動力の一つとしても機能してきた。

　文献によると、コンピテンシーはおおむね、四つのカテゴリーに分類できる。1) 学術的／理論的、2) 臨床的／音楽療法的、3) 音楽的、4) 個人的なカテゴリーである。プレインターン実習およびインターン実習での体験に頻繁に関わってくるのが、このうちの2番目から4番目である。以下の臨床訓練関連の研究においては、プレインターン実習において取得されることが最良であるコンピテンシー、インターン実習を成功させるために最も必要とされるコンピテンシー、インターン実習中に習得されるコンピテンシー、初歩の専門家に必要とされるコンピテンシーが、それぞれどのようなものであるのかについて取り上げられている＊。

　あるタイプのコンピテンシーを習得する上で、ある特定の環境が他の環境よりも相応しい場合があるが、コンピテンシーをスキルの連続体として促えることも重要である。現実では、コンピテンシーが教室で教えられ、プレインターン実習の現場で実践され、インターン実習において磨きをかけられることもある。

　プレインターン実習の訓練であっても、臨床実習であっても、スーパービジョンには様々な方法とテクニックがある。BrusciaとMaranto（1988）は、スーパーバイザーが最も好むのが観察およびフィードバックであり、スーパービジョンの面談あるいは話し合い、モデリング、書式あるいは記入式の評価がそれに続くということを発見した。

　さらに、ビデオ撮影も、フィードバック方法の一つとして検討されてきた。文献レビューによると、自己分析 vs インストラクターによる分析（Greenfield, 1978）、主観的分析 vs 客観的分析（Alley, 1980; Madsen, Alley, 1979）、即時的あるいはその場でのフィードバック vs ビデオ分析（Anderson, 1982; Hanser, Furman, 1980）、視覚的フィードバック（Greenfield, 1980）vs 聴覚的合図（Adamek, 1994; Furman, AdamekとFurman, 1992）が研究の対象とされてきた。これらの研究はすべて、あるタイプのフィードバックの重要性を認めているが、フィードバックのタイプよりもそれが存在すること自体が最も重要であると唱えたKillian（1981）と同意するようだ。

　フィードバックの方法に違いがあるように、スーパービジョンのアプローチにも違いがある。他の学問領域から借用して、音楽療法に応用可能なスーパービジョンの理論的モデルもいくつか存在する。学生が、様々な成長段階やレベルを辿っていくと考えられていることから、それらのモデルのいくつかは発達モデルに基づいている。スーパーバイザーは、インターンのニーズ、好み、コンピテンシーが変化するに従って、自らの役割も変化するということを知っている（Memory, Unkefer, Smeltekop, 1987; Stephens, 1987）。発達の展開は、学術的、臨床的、音楽的コンピ

＊ Alley, 1978; Boyle, Krout, 1988; Braswell, Decuir, Brooks, 1985; Braswell, Decuir, Maranto, 1980; Brookins, 1984; Bruscia, Maranto, 1988; Bruscia, Hesser, Boxill, 1981; Cassity, 1987; Darrow, Gibbons, 1987; Decuir, Jacobs, 1990; Hanser, Furman, 1980; Jensen, McKinney, 1990; Kim, 1990; Maranto, 1988; Petrie, 1989; Standley, 1985; Taylor, 1987; Ten Eyck, 1985; Wright, 1992.

テンシーにおける成長だけでなく、個人的成長にも関わっていく。悩みやバーンアウトといった学生の感情も研究の対象とされてきた（Glider, 1987）。MadsenとKaiser（1999）は、プレインターン生が抱く不安を研究し、GrantとMcCarty（1990）は、インターン実習におけるインターン生の感情の段階を月ごとに調べた。興味深いことに、プレインターン生が抱く不安の一部は、インターン実習初期にインターン生が訴える不安と似ていた。このような感情の理解を通してスーパーバイザーは、インターン生が新しい環境へよりスムーズに移っていけるように援助する。

　臨床訓練とは、学生およびスーパーバイザーの職業的権利と責任を伴う相互作用的プロセスである。スーパーバイジーが、スーパーバイザー、クライアント、他の職員と接する上で、倫理上問題のない行動ができるように、教室や臨床の現場における倫理教育により大きな重点を置く必要がある（Maranto, Wheeler, 1986）。倫理面での問題点については、本書の第3章で幅広く論じられている。

　また、教育者およびスーパーバイザーが、協調のための努力、質の高いスーパービジョン、公平な成績評価および情報提供、ビデオ録画時の保護といった倫理的な行動を示していくことも、同様に重要である（Hadsell, Jones, 1988; Maranto, 1987c）。さらに、学生には、彼らに何が期待されているのかについての明確な説明を受けること、良い役割上のモデルがあること、定期的なフィードバックを受けること、明確に説明された問題領域およびそれに対する改善策を提示されること、そして他のスタッフの尊敬を受けることに対する権利がある。それに加えて学生には、専門家としての外見、行動を示し、コミュニケーションをとること、きちんとした態度を示すこと、フィードバックを受け入れ自らも提供すること、時間を守り、締切りを守ること、心配事や問題点を報告することにおける責任がある（Beck, MacLean, Pinson, 1986）。

　インターン実習に変化と柔軟性をもたらそうとする議論が重ねられてきた*。音楽療法という職業の統一、発展に伴って、そのような声はさらに強まってきた。

　しかし、NAMTとAAMTによるインターン実習のモデルは、関連領域の療法においていくつも存在するタイプの内の、二つを示しているに過ぎない。Farnan（1998）は、芸術療法、ダンス療法、作業療法、理学療法、治療的レクリエーションのモデルを検討した上で、音楽療法インターン実習現場の準備、承認、維持のあり方に、もっと柔軟性を持たせる必要があると示唆した。そのような柔軟性の1例として、一人のインターン生を対象とする1回限定の臨床プログラムとして立案された「体験的インターン実習のモデル」がある（Niles, 1996）。このモデルでは、一人のインターン生が複数の施設において複数のスーパーバイザーの元で働くことができる。他にも、伝統的な西洋のモデルを超えることの必要性を強調したアプローチがある。Marks（1992）は、世界的な視野を確立するために、国際的なインターン実習を推薦している。Moreno（1988）とTroppozada（1995）は、民族の多様性に対応するためには、多彩な民族的および文化的背景を抱えたクライエントとセ

* Boone, 1989; Briggs, 1987; Bruscia, 1987; Gaston, 1964; Graham, 1971; Maranto, 1989; Standley, 1989.

ッションができるように、より多文化的な訓練が必要であると指摘した。音楽療法カリキュラムの多くにおいてはそのような訓練は提供されていないことから、学生がインターン実習で、民族的に多種多様なクライエントとその音楽に触れることもありえる（多文化に関するテーマの幅広い議論については第4章参照）。したがって、臨床現場のスーパーバイザーが、インターン生の訓練に別の側面をさらに加えるというユニークな機会を持つことも考えられる。

ひとたびインターン生が臨床訓練を終了し、就職すると、音楽療法士としてより高い評価を得るとともに、上級のスーパービジョンの必要性も生まれてくる。

専門家のスーパービジョン

音楽療法の目覚しい発展に伴い、よりレベルの高い臨床訓練が必要となってきた。音楽療法士は、専門家によるスーパービジョンを望みかつ必要としているが、多くの臨床家が以下のニーズを挙げている。

1) 大学院の学位、継続的な教育、あるいは大学卒業後の研究機関での訓練を求めていること。
2) 新しい専門領域やモデルを模索していること。
3) より多くの管理職としての役割や、職業的な責任を負う機会を体験していること。
4) 臨床的環境および実践のあり方がより多様となった中で仕事をしていること。
5) より質の高いケアおよび治療の実践を主張していること。
6) 個人的な探究およびエネルギーの充電の機会を求めていること。

高度なスーパービジョンに対するニーズが以上のように多様であるのと同様に、スーパービジョンのプロセスに影響を及ぼす因子も様々である。スーパーバイザー、スーパーバイジーの双方が、自分が受けた訓練、バックグラウンド、自分が好んで実践してきたセラピーやスーパービジョンのモデル、職業的な成長のレベルといった因子を、スーパービジョンのプロセスに持ち寄る（Brown, 1997）。これらの因子と、それ以外の因子によって、専門家のスーパービジョンに必然的に奥行きと幅が生まれる。

では、専門家のスーパービジョンに期待される高度な知識、およびスキルの一端として、何があるのだろうか。Bruscia（1986）が特定したいくつかの臨床的コンピテンシーとして、主要な理論、文献、役割および責任、成長と発達の段階、集団力動および対人関係における力動、介入の種類、適切な目標設定、フィードバック、評価に関する知識と理解が挙げられる。

Hesser（1985）は、上級レベルのコンピテンシーが、三つの段階から成る成長の展開の中で獲得されると考えている。第1段階でスーパーバイジーは、入門レベルのコンピテンシーの獲得およびその向上に集中する。第2段階でスーパーバイジーは、自分の専門領域を特定する。そして、専門領域の仕事を始めるとともに、自分

自身の理論的枠組みの構築にとりかかる。この段階は、個人的な問いかけと考察の時期である。第3段階でスーパーバイジーは、療法士としての個人的なスタイルを形成していくことに焦点を合わせる。スーパーバイザーは、スーパーバイジーが自分の枠組みや方法を治療的プロセスに応用していく上で援助する。

　専門家のスーパービジョンの訓練は、療法士が多様なモデルや理論的視点を知り、体験し、自らの専門性を深めていくための機会を提供する。そのようなモデルの一つとして、精神分析的モデルがある。Dvorkin（1999）は、精神分析的枠組みにおいては、スーパーバイザーはセッションをしながら、スーパーバイジー─セラピストおよび教師という二つの役割を担うことになると考えている。

　スーパーバイジーが、職業上あるいは私生活における何らかの側面で生じる感情を、言語化することが余りに困難な場合、スーパーバイジーはそれを、音楽的な形で表現するよう求められる。この状況でスーパーバイザーは、スーパーバイジーに耳を傾け、相互に交流するセラピストとなる。教師としてのスーパーバイザーは、スーパーバイジーが療法士としての自分の有効性を高めるような相互作用を、どのように選択していくかについて学んでいくための援助をする。

　Frohne-HagemannもまたDvorkinと同様に、スーパーバイザーをカウンセラーとして見ている。彼女の統合的モデルのスーパービジョン（1999）には、スーパーバイジーが自分の治療的取り組みを理解し、解明し、改善するのを援助する上で、以下の四つの段階が存在する。1）知覚し、関わる、2）取り組み、理解する、3）多視野的な気づきを得る、4）統合および訓練、である。

　上級のスーパービジョンは、スーパーバイザー、スーパーバイジーの両者にとって多様で複雑なものとなりうると同時に、報われ甲斐のあるものともなる。そのようなスーパービジョンは、療法士が、客観性、感受性、知識、プロ意識について、モデルとなれるようなスーパービジョンをしている他の療法士とともに取り組むことが出来る場合にこそ、非常に有益なものとなる。

謝辞

　私の博士号取得のアドバイザーとして、研究の初期に良き助言を与えてくださったDr. Kenneth Brusciaに感謝の意を表します。

参考文献

Adamek, M. S. (1994). Audio-cueing and immediate feedback to improve group leadership skills: A live supervision model. *Journal of Music Therapy*, 31, 135-160.

Alley, J. M. (1978). Competency based evaluation of a music therapy curriculum. *Journal of Music Therapy*, 15, 9-14.

Alley, J. M. (1980). The effect of self-analysis of videotapes on selected competencies of music therapy majors. *Journal of Music Therapy*, 17, 113-132.

Alley, J. M. (1982). The effect of videotape analysis on music therapy competencies: An observation of simulated and clinical activities. *Journal of Music Therapy*, 19, 141-160.

American Association for Music Therapy (AAMT) (1989). *Education and Training Manual on AAMT Approval of Educational Programs in Music Therapy*. Philadelphia, PA: Author.

Andersen, J. F. (1982). The effect of feedback versus no feedback on music therapy competencies. *Journal of Music Therapy*, 19, 130-140.

Beck, J. B., MacLean, B. and Pinson, J. (1986). The clinical training committee speaks out. *Music Therapy Perspectives*, 3, 47-49.

Boone, P. M. (1989). Future trends and new models for clinical training. *Music Therapy Perspectives*, 7, 96-99.

Boyle, M. E, and Krout, R. (1988). *Music Therapy Clinical Training Manual*. St. Louis, MO: MMB Music Inc.

Braswell, C., Decuir, A., and Brooks, D. (1985). A survey of clinical training in music therapy: Degree of compliance with NAMT guidelines. *Journal of Music Therapy*, 22, 73-86.

Braswell, C., Decuir, A., and Maranto, C. D. (1980). Ratings of entry level skills by music therapy clinicians, educators and interns. *Journal of Music Therapy*, 17, 133-147.

Braswell, C., Maranto, C. D., and Decuir, A. (1979). A survey of clinical practice in music therapy, Part II: Clinical practice, education and clinical training. *Journal of Music Therapy*, 16, 65-69.

Briggs, C. (1987). A creative arts therapy model for education and clinical training in music therapy. In C. D. Maranto and K. Bruscia (eds.), *Perspectives on Music Therapy Education and Training*. Philadelphia, PA: Temple University, Esther Boyer College of Music.

Brookins, L. M. (1984). The music therapy clinical intern: Performance skills, academic knowledge, personal qualities and interpersonal skills necessary for a student seeking clinical training. *Journal of Music Therapy*, 21, 193-201.

Brown, S. (1997). Supervision in context: A balancing act. *British Journal of Music Therapy*, 11, 4-12.

Bruscia, K. (1986). Advanced competencies in music therapy. *Music Therapy*, 6, 57-67.

Bruscia, K. (1987). Variations in clinical training: AAMT and NAMT. In C. D. Maranto and K. Bruscia (eds.), *Perspectives on Music Therapy Education and Training*. Philadelphia, PA: Temple University, Esther Boyer College of Music.

Bruscia, K. (1989). The content of music therapy education at undergraduate and graduate levels. *Music Therapy Perspectives*, 7, 83-87.

Bruscia, K., and Maranto, C. D. (1988). Academic and clinical training programs. In C.D. Maranto and K. Bruscia (eds.), *Methods of Teaching and Training the Music Therapist*. Philadelphia, PA: Temple University, Esther Boyer College of Music.

Bruscia, K., Hesser, B., and Boxill, E. (1981). Essential competencies for the practice of music therapy. *Music Therapy* 1, 4-49.

Cassity, M. (1987). Functional piano skills for music therapy interns. In C. D. Maranto and K. Brusica (eds.), *Perspectives on Music Therapy Education and Training*. Philadelphia, PA: Temple University, Esther Boyer College of Music.

Darrow, A., and Gibbons, A. (1987). Organization and administration of music therapy practica: A procedural guide. In C. D. Maranto and K. Bruscia (eds.), *Perspectives on Music Therapy Education and Training*. Philadelphia, PA: Temple University, Esther Boyer College of Music.

Decuir, A., and Jacobs, K. (1990). A comparison of clinical evaluations and student self-evaluations of undergraduate practicum experiences in music therapy. *Music Therapy Perspectives*, 8, 20-22.

Dvorkin, J. (1999). Psychoanalytically oriented music therapy supervision in T. Wigram and J. De Backer (eds.), *Clinical Applications of Music Therapy in Developmental Disability, Paediatrics and Neurology*. London: Jessica Kingsley Puhlishers.

Farnan, L. (1994). Issues in clinical training. *Music Therapy Perspectives*, 12, 70-71.

Farnan, L. (1996). Issues in clinical training. *Music Therapy Perspectives*, 14, 70-71.

Farnan, L. (1998). Issues in clinical training: Comparison of internship models. *Music Therapy Perspectives*, 16(1), 7-8.

Frohne-Hagemann, I. (1999). Integrative approaches to supervision for music therapists. In T. Wigram and J. De Backer (eds.), *Clinical Applications of Music Therapy in Developmental Disabilities*. London: Jessica Kingsley Publishers.

Furman, C., Adamek, M., and Furman, A. (1992). The use of an auditory device to transmit feedback to student therapists. *Journal of Music Therapy*, 19, 40-53.

Galloway, H. P. (1966). Articulation problems in the academic and clinical training of music therapists. Unpublished master's thesis, Florida State University. In C. D. Maranto and K. Bruscia (eds.), *Master's Theses Index and Abstracts* (1988). Philadelphia, PA: Temple University, Esther Boyer College of Music.

Gaston, E. T. (1964). Developments in the training of music therapists. *Journal of Music Therapy*, 1, 148-150.

Gault, A. W. (1978). An assessment of the effectiveness of clinical training in collegiate music therapy curricula. *Journal of Music Therapy*, 15, 36-39.

Gibbons, A., and Darrow, A. (1987). College/university music therapy clinics: Financial considerations. In C. D. Maranto and K. Bruscia (eds.), *Perspectives on Music Therapy Education and Training*. Philadelphia, PA: Temple University, Esther Boyer College of Music.

Glider, A. S. (1987). Trainee distress and burn-out: Threats for music therapy. In C. D. Maranto and K. Bruscia (eds.), *Perspectives on Music Therapy Education and Training*. Philadelphia, PA: Temple University, Esther Boyer College of Music.

Graham, M. (1971). A new approach to student affiliation in music therapy. *Journal of Music Therapy*, 8, 43-52.

Grant R., and McCarty, B. (1980). Emotional stages in music therapy internship. *Journal of Music Therapy*, 17, 102-118.

Greenfield, D. G. (1978). Evaluation of music therapy practicum competencies: Comparison of self- and instructor ratings of videotapes. *Journal of Music Therapy*, 15, 13-20.

Greenfield D. G. (1980). The use of visual feedback in training music therapy competencies. *Journal of Music Therapy*, 17, 94-110.

Hadsell, A., and Jones, J. L. (1988). Music therapy practicum: A cooperative effort. *Music Therapy Perspectives*, 5, 57-59.

Hanser, S. B. (1978). A systems analysis model for teaching practicum skills. *Journal of Music Therapy*, 15, 21-35.

Hanser, S. B. (1980). *Music Therapy Practicum: A Manual for Behavior Change Through Music*. Stockton, CA: University of the Pacific.

Hanser, S. B. (1987). Observation and feedback techniques for student practica. In C. D. Maranto and K. Bruscia (eds.), *Perspectives on Music Therapy Education and Training*. Philadelphia, PA: Temple University, Esther Boyer College of Music.

Hanser, S. B., and Furman, C. E. (1980). The effect of videotape-based feedback vs. field-based feedback on the development on applied clinical skills. *Journal of Music Therapy*, 17, 103-111.

Hesser, B. (1985). Advanced clinical training in music therapy. *Music Therapy*, 5, 66-73.

Jensen, K., and McKinney, C. (1990). Undergraduate music therapy education and training: Current Status and proposals for the future. *Journal of Music Therapy*, 27, 158-177.

Killian, N. (1981). Effect of instructions and feedback on music teaching skills. *Journal of Music Therapy*, 18, 166-173.

Kim, S. K. (1990). Competency ratings in applications to the American Association for Music Therapy for Certification. 1981-1987. *Music Therapy*, 9, 82-102.

Krout, R. E. (1982). Supervision of music therapy practicum within a classroom setting. *Music Therapy Perspectives*, 1, 21-24.

Madsen, C. (1965). A new music therapy curriculum. *Journal of Music Therapy*, 2, 83-85.

Madsen, C. M., and Alley, J. M. (1979). The effect of reinforcement on attentiveness comparison of behaviorally trained music therapist and other professionals with implications for competency-based academic preparation. *Journal of Music Therapy*, 16, 70-82.

Madsen, C., and Kaiser, D. A. (1999). Pre-internship fears of music therapists. *Journal of Music Therapy*, 26, 17-25.

Maranto, C. D. (1987a). The California Symposium: Summary and recommendations. *Music Therapy Perspectives*, 6, 82-84.

Maranto, C. D. (1987b). Continuing themes in the literature on music therapy education and training. In C. D. Maranto and K. Bruscia (eds.), *Perspectives on Music Therapy Education and Training*. Philadelphia, PA: Temple University, Esther Boyer College of Music.

Maranto, C. D. (1987c). Ethical issues in music therapy education. In C. D. Maranto and K. Bruscia (eds.), *Perspectives on Music Therapy Education and Training*. Philadelphia, PA: Temple University, Esther Boyer College of Music.

Maranto, C. D. (1988). Practica and internship. In C. D. Maranto and K. Bruscia (eds.), *Methods of Teaching and Training the Music Therapist*. Philadelphia, PA: Temple University, Esther Boyer College of Music.

Maranto, C. D. (1989). California symposium on music therapy education and training: Summary and recommendations. *Music Therapy Perspectives*, 7, 108-109.

Maranto, C. D., and Wheeler, B. (1986). Teaching ethics in music therapy. *Music Therapy Perspectives*, 3, 17-19.

Marks, D. (1992). Music therapy clinical internship training in Canada: Profiles and perspectives. *Music Therapy Perspectives*, 10, 99-104.

McClain, F. (1993). *Student evaluations of practicum training in music therapy*. Unpublished doctoral dissertation, Temple University, Esther Boyer College of Music.

Memory, B. C., Unkefer, R., and Smeltekop, R. (1987). Supervision in music therapy: Theoretical models. In C. D. Maranto and K. Bruscia (eds.), *Perspectives on Music Therapy Education and Training*. Philadelphia, PA: Temple University, Esther Boyer College of Music.

Moreno, J. (1988) Multicultural Music Therapy: The world music connection. *Journal of Music Therapy*, 25, 17-27.

National Association for Music Therapy (NAMT) (1997). *Clinical Training Guidelines*. Silver Spring MD: Author.

Niles, S. (1996). Experimental internships. *Music Therapy Perspectives*, 14, 12-13.

Petrie, C. F (1989). The identification of a contemporary hierarchy of intended learning outcomes for music therapy students entering internship. *Journal of Music Therapy*, 26, 125-129.

Prickett, C. A. (1987). The effects of self-monitoring on positive comments given by music therapy students' coaching peers. *Journal of Music Therapy*, 24, 54-75.

Standley, J. M. (1985). An investigation of the relationship between selected characteristics, education values and teaching competencies of freshmen music education/therapy majors. *Journal of Music Therapy*, 22, 2-11.

Standley, J. M. (1989). A prospectus for the future of music therapy education standards, requirements and professional designations. *Music Therapy Perspectives*, 7, 103-107.

Steele, A. L. (1989). Clinical practice: One operational format. *Music Therapy Perspectives*, 6, 16-17.

Stephens, G. (1987). The experiential music therapy group as a method of training and supervision. In C. D. Maranto and K. Bruscia (eds.), *Perspectives on Music Therapy Education and Training*. Philadelphia, PA: Temple University, Esther Boyer College of Music.

Taylor, D. B. (1987). A survey of professional music therapists concerning entry level competencies. *Journal of Music Therapy*, 24, 114-145.

Ten Eyck, S. G. (1985). The effect of simulation and observation training on the music therapy behaviors of undergraduate music therapy/music education majors in a field teaching experience. *Journal of Music Therapy*, 22, 160-182.

Tims, F. (1989). Experiential learning in the music therapy curriculum. *Music Therapy Perspectives*, 7, 91-92.

Troppozado, M. (1995). Multicultural training for music therapists: An examination of current issues based on a national survey of professional music therapists. *Journal of Music Therapy*, 32, 65-90.

Wright, L. (1992). A levels systems approach to structuring and sequencing pre-practica musical and clinical competencies in a university music therapy clinic. *Music Therapy Perspectives*, 10, 36-44.

第3章

スーパービジョンにおける倫理的諸問題

Cheryl Dileo

哲学博士，認定音楽療法士，Temple大学音楽療法教授
ペンシルベニア州，Philadelphia

はじめに

スーパービジョンは、以下のような意味において、専門的な音楽療法の発展を促すための土台となっている。1）学生が、音楽療法を十分な能力でもって、かつ倫理にかなったかたちで実践する上で不可欠なスキルを学習するための、基本的な手段の一つである。2）この領域においてすでに仕事に従事している音楽療法士のスキルを高め、向上させるための主要な手段の一つである。3）音楽療法の様々な専門的方法のための高度な訓練を受けている音楽療法士にとって不可欠である。

音楽療法スーパービジョンにおける倫理というテーマが、文献で幅広く論じられることはなかったが（Maranto, 1987）、このテーマは、以下の二つの理由から極めて重要なものである。1）本章でこれから述べるように、スーパービジョンのプロセスは、多くの重要な倫理的問題を意味する、2）スーパービジョンの主たる目的は、専門家前段階の者に倫理的行動を教えること、そして、専門家段階のスーパーバイジーの倫理的行動をチェックすること、である。このように倫理は、スーパービジョンのプロセス自体にとって土台となるべきものであるとともに、スーパービジョンの中で伝えられるべき重要な内容である。スーパーバイザーには、教師として、と同時に、倫理的行動の模範を示す者として振る舞う責任がある。「スーパーバイザーが伝える内容、スキル、模範こそ、倫理的な実践の促進にとっての鍵となる部分である」（Vasquez, 1992: p.196）。

スーパービジョンにおける役割

スーパービジョンには、スーパーバイザーとスーパーバイジーという単純な二者関係ではなく、音楽療法スーパーバイザー、スーパーバイジー、クライエントから成る三者関係が必然的に関わってくる。これらの三者がすべて、スーパービジョン

関係の一員となるリスクを負う。そこに関わるスーパーバイジーとクライエントは、スーパーバイザーの持っている臨床的知識やスキル、そして倫理的基準の消費者および享受者となり（Kurpius, Gibson, Lewis, Corbet, 1991; Upchurch, 1985）、それらが適切さを欠いた場合には、悪影響を受けることも考えられる。

音楽療法におけるスーパーバイザーの特質は、数多くの、時には相反することもある重い責任を引き受けることであり、それを正確に記述するのは難しい。複数の役割の間に対立が生じるからこそ、倫理的に優れた決定を行なうことが求められる。スーパーバイザーには、教師、管理者、評価者としての役割が期待されている。同時にもう一つ、「セラピーに似た」状況になる可能性がある、スーパーバイジーの自己に対する気づきを深めるという役割もある（Kurpiusほか, 1991; Newman, 1981）。さらに、これらの役割すべてに付随するパワーにより、スーパーバイザーの仕事がしばしば「親のような」ものと受け取られるため、事態はより一層複雑さを増してしまう。

音楽療法スーパーバイザーが倫理的に傷つきやすい存在であるのは、以下のような理由からである。1) スーパーバイザーとスーパーバイジーの役割の間にある力の差、2) スーパービジョン関係に固有の「治療的」側面、3) スーパービジョンに関わる両者間の役割の対立。これらの多様なスーパーバイザーの役割には、以下のものが含まれる。1) クライエントの福利を守ること（常に最優先される）、2) スーパーバイジーの福利を守ること（2番目に尊重される）、3) 社会一般の福利を守ること、4) 音楽療法という職業の福利を守ること、である。スーパービジョンが「セラピーのような」性質を持つことから、スーパーバイザーが客観性を欠いた場合、あるいは判断を誤ったり、自らの力を乱用した場合には、クライエントとスーパーバイジーの双方が傷つけられる可能性がある（Sherry, 1991）。

スーパーバイザーの責任およびスーパーバイジーの権利

音楽療法スーパービジョンがどのような状況や役割で行なわれるのであれ、スーパーバイザーが果たすべき倫理的義務は、次の三つの主要な領域の訓練を提供し、それらの領域における成長を促すということである。すなわち、倫理的機能性、職業を全うする能力、個人的な機能性、である（Vasquez, 1992）。Corey, Corey, Callanan（1998: pp.292-293）は、スーパービジョンの対象者に対してスーパーバイザーが負うべき特定の責任をいくつか挙げている。これらの責任は、いくつかのカテゴリーに分類される。1) スーパービジョンを実施する能力、2) スーパービジョンについての適切な情報を提供すること、3) スーパービジョンのニーズについてスーパーバイジーと共に決定すること、4) スーパーバイザーとして適切な役割（コンサルタント、インストラクター）を選択し、これをスーパーバイジーとの間で明確にすること、5) 臨床的および倫理的能力を育むこと、6) 知識に基づき、かつ自らのスタイルに沿った方法でスーパービジョンを行なうこと、7) 定期的な面

談を設け、適切なタイミングでフィードバックを提供すること、8) 個人としての気づきを深め、臨床での意思決定能力を向上させ、自信を高めるようなスーパービジョン的介入をすること、9) 様々な文化的背景を持つグループと仕事をする能力を高めること、10) スーパーバイジーが自らの能力の限界を特定する援助をすること、11) スーパービジョンに参加するクライエントをモニターし、クライエントがリスクを負わないことを保障し、記録保管における秘密性を守ること、12) 職業的および倫理的基準を教示し、手本を見せること、13) 治療において使用されたテクニックおよび方法をチェックすること、である。

　TylerとTyler（1997）は、臨床的な取り組みに適用されるのと同様の倫理的基準が、スーパービジョンの関係にも当てはまると示唆している。すなわち、スーパービジョンにおけるスーパーバイジーの権利が明示されることで、彼らが自らの期待を特定し、決定を下し、プロセスの中で能動的な役割を担うことができるようになるのである。TylerとTylerはさらに、スーパーバイジーが有する権利を挙げている。1) 気を散らすものがなく、邪魔が入らないセッション、2) スーパービジョンで使われたアプローチに対する気づき、3) スーパーバイジーとクライエントの資料に関する秘密性の保護。ただし法的に開示を求められた場合を除く、4) スーパービジョン中の記録を自由に閲覧できること、5) スーパービジョンの質について、スーパーバイザーにフィードバックできること、6) 必要に応じて他の専門家に助言を求めてよいこと、である。

スーパービジョンにおける倫理的項目の特性

　スーパービジョンにおける特定の倫理的項目が**表1**（次頁）に紹介されている。これらの項目の多くは、本章の先の部分で取り上げられている。

情報の秘密性

　スーパービジョンは二者関係ではなく、三者関係から成り立つことから、自分の治療がスーパービジョンの対象となっているクライエントには、前もってスーパービジョン実施について知らせるとともに、それに対する同意を得なければならない。臨床的情報がどのように共有されるのかという点、匿名性の保持がどのように行なわれるのかという点に関して、具体的かつ詳細な情報が、インフォームド・コンセントの手続きの一環として提示されなければならない。

　同様にスーパーバイジーも、スーパービジョンのプロセスにおいて得られるスキルや能力、個人的な機能性、倫理的行動を含めた情報が共有されるのか、共有されるのであれば誰とどのように共有されるのか、という点を知っておかなければならない。秘密性を維持し保護するための手段を講ずる必要があるが、このような手段の限界についても理解しておく必要がある。

表1
スーパービジョンにおける
倫理的項目

I. スーパーバイザーの専門的能力
- 個人的な機能性
- 資格／訓練
- 特定の臨床領域に関する専門的能力
- スーパーバイジーの様々なタイプのニーズに対処する専門的能力

II. スーパービジョンの適切さ
- 義務／責任の遂行
  - スーパービジョンに向けての準備
  - スーパーバイザー、スーパーバイジー両者によるスーパービジョンの適切な目標の設定：スーパービジョンに対する期待、および詳細な内容についての適切な議論
  - スーパーバイジーのニーズと関心への配慮
  - 適切なスーパービジョンの方法
    （体験的な方法に必要なスーパーバイジーのための保護策）
- 限界の理解
- 役割のモデリング
- 文化の多様性および性別に関わる問題に対する敏感さ
- スーパービジョンの評価の適切さ

III. スーパーバイザーの行動
- 性別および他の役割におけるステレオタイプな行動
- 性差別
- ネガティブな逆転移感情（過度の依存性を生み出すこと）
- 二重関係を築くこと
- 倫理的な役割のモデリング

IV. スーパーバイザーの力／権威の乱用
- スーパーバイジーを虐待すること
- セクシャル・ハラスメント
- 信念を押しつけること

V. インフォームド・コンセント
- クライエントから同意を得ること
- スーパーバイジーから同意を得ること

VI. 評価
- 評価基準の明確化
- 適切なタイミング、適切な内容、かつ客観的なフィードバック
- スーパーバイジーが問題点を改善する機会
- スーパービジョンに関する情報が誰とどのように共有されるのかについての情報提供

VII. スーパーバイジーの行動（ネガティブな転移感情）

スーパーバイザーの専門的能力

　音楽療法スーパービジョンに関する能力は、臨床的あるいは教育的能力の枠内に収まるものではなく、「心理療法的スキル、教育的スキル、評価におけるスキルのユニークな組み合わせである。さらに、職業に対する前向きな姿勢を伝えるといった、特定の個人的資質も含まれる」（Newman, 1981: p.691）。

　優れたスーパーバイザーになるには、音楽療法におけるスーパービジョンの方法に関する教育と、様々なスーパービジョンの方法による訓練、および対処が困難で多様な文化的背景を持つ人たちと仕事をした経験も必要である（Corey, Corey, Callanan, 1998）。スーパーバイザーにはまた、特定の臨床領域における能力と深い知識があることも要求される。

　スーパーバイザーは、職業的成長の様々な発達段階について理解し、スーパーバイジーのニーズに応じたスーパービジョンの方法を用いなければならない。そのためには、指導することと任せること、答えを教えることと自分で問題を解決させること、挑戦することと受け入れること、コントロールすることと自由にさせることの間の、絶妙なバランスが必要である。

　スーパーバイザーはまた、スーパービジョンのプロセスについて、スーパービジョンの力動について、そして自分のスーパービジョンの手法について、幅広く理解していなければならない。スーパービジョンのスタイルは、質問の仕方で明らかになる。例えば、

　「あなたに何が起こっていますか、あなたはクライエントに対してどのように反応していますか、あなたの行動がクライエントにどのような影響を及ぼしていますか、どのクライエントにあなたは抵抗を感じますか、クライエントと関係するあなたのやり方の中で、あなたの価値観はどのように現われているでしょうか、このスーパービジョン・セッションにおける私たちの関係は、どのようにあなたとあなたのクライエントとの関係を反映していますか、クライエントに感じている困難な問題について、このセッションで話しても良いと感じていますか」（Corey, Corey, Callanan, 1998: p.294）。

　スーパーバイザーは、スーパーバイジーのニーズによっては、自分の手法に限界があることも理解していなければならない。

　スーパービジョンはセラピーではないが、個人的な成長と職業的な成長の双方を促すことを意図する。したがって、スーパーバイザーは、スーパーバイジーがクライエントとの関係、およびスーパーバイザーとの関係に関する自己の気づきを深めることを促す。

　しかしながら、最も根本的な部分にあるのは、「スーパーバイザーがどのような人間であるのかという点こそ、スーパービジョンのプロセスにおいて最も重要な要素であるということである。スーパーバイザーがどのような方法やテクニックを使うかということよりも、スーパーバイジーと効果的で協力的な作業関係を築く能力

の方が重要である」(Corey, Corey, Callanan, 1998: p.293)。

　音楽療法スーパーバイザーが感情的に不安定であったり、不安定になったりする場合、スーパーバイジーは、クライエント以上に大きなリスクに直面することとなる。クライエントは比較的簡単に、音楽療法というサービスを終わらせることができるのに対して、専門家前段階のスーパーバイジーは、成績の評価や長期にわたるキャリアへの影響を怖れて、簡単には打ち切ることができないからである（Keith-Spiegel, Koocher, 1985）。

　専門家前段階のスーパーバイジーにとって、「良い」スーパービジョン、「悪い」スーパービジョンとはどのようなものかについて、いくつかの研究がされてきた。Allen, Szollos, Williams（1986）は、博士課程の学生の心理療法スーパービジョンにおける最良の体験、最悪の体験について、スーパービジョンの実施状況、スーパーバイザーの個人的資質、相互作用の様々な因子という観点から調査をした。それによると、質の高いスーパービジョンの指標は、スーパーバイザーの専門的技術の熟練、信頼できること、スーパービジョン経験の長さ、そして、テクニック上のスキルではなく個人的なテーマに焦点を当てる場合が多かった。高く評価されるスーパーバイザーは、行動療法よりも精神分析の流れに属し、スーパーバイジーとの間に援助的な関係を築くことができ、明確な期待を示し、フィードバックを提供できる者であった。最悪の体験の特徴は、スーパーバイザーが権威的な行動や性差別的な行動をする場合に見られた。

　RosenblattとMayer（1975）は、専門家前段階者による記述に基づいて、ストレスを感じさせたり、不満足感を与えたり、あるいはスーパーバイジーの反感を招いたりするようなスーパービジョンのスタイルがどのようなものであるかを、明らかにした。以下のようなスタイルが特定された。1) 押さえつけるタイプのスーパービジョン（臨床に関わる決定に関して専門家前段階の者に不適切な自主性が与えられること、あるいは過度に厳しいスーパービジョン）、2) 漠然としたスーパービジョン（スーパービジョンがほとんど行なわれない）、3) 非援助的なスーパービジョン（冷たく、無関心な、あるいは敵意のある関係によって、専門家前段階の者の不安感を悪化させる）、4) 治療的スーパービジョン（専門家前段階の者に見られる臨床的弱点のすべて、あるいはその大半が、人格上の欠点に起因するものとされ、そのような欠点について順次探究される）。ここに挙げられた四つのスーパービジョンのスタイルの中で、スーパーバイジーを最も苦しめるのが治療的スーパービジョンだった。というのも、人格上の欠点は簡単に、あるいは速やかに直すことが不可能である以上、そのようなスーパービジョンは、臨床的な能力に関する不安のもととなるからである。さらに、このような「告発」に対する反発はすべて抵抗と解釈されてしまう可能性があり、そのことがさらに、スーパーバイザーの正しさを証明することになりかねない。「治療的」スーパービジョンを受ける者は、傷つきやすく無防備であると感じていた。

スーパービジョンにおける力関係

　専門家前段階の療法士を担当する音楽療法スーパーバイザーの役割は、ある程度、「職業上の保護者」になぞらえることができる（Alonso, 1985; Jacobs, 1991）。スーパーバイザーは、職業的な自己形成期にある人間を育み、ガイドし、支えるからである。このような役割は本質的に上下関係を伴い、スーパーバイザーは、弱い存在である専門家前段階の者に対する力と責任を持つことになる。その一方、療法士／臨床家としてスーパーバイザーは、専門家前段階の者の能力を評価し判断する上で（療法士としての自分の役割とは質的に異なるものである）必要とされる力の大きさに、不安を抱くこともあるだろう（Alonso, 1985）。人生において自らに力があると感じることは、どんな人間にとってもある意味で危険なものであるように、スーパーバイザーも自分自身のニーズを満たす目的で、この力を乱用しがちである（Jacobs, 1991）。スーパービジョンにおけるこの力の乱用が、多くの倫理問題の根底にある。さらに、スーパーバイザーが、「施設側から援助されていない、大事にされていない、安い給料しかもらっていないと感じている場合、スーパービジョンの時間をそのような葛藤のはけ口としてしまう深刻な危険性が存在する」（Alonso, 1985: p.103）。

　Pinderhughes（1989）は、スーパーバイザーがスーパービジョンにおける縦の関係を利用しようとする傾向、すなわち、自分自身が価値のある、有能な存在であるという感情を高める目的で、「下位の者を一段下の立場に置く」（p.111）という傾向があるのではないかと論じている。実際、自らがスーパーバイジーと競い合うような立場に置かれていると感じているスーパーバイザーにとって、スーパーバイジーは脅威の対象となりえる。こうして専門家前段階の者は、力の乱用のターゲットとして格好の餌食となり、さらに自分のクライエントとの関係においてこのような行動を真似するようになることさえある（Jacobs, 1991）。

　スーパーバイザーの役割が本質的にパワーを伴うものであるという点は、スーパーバイジーのスーパーバイザーに対する依存心という問題の原因ともなる。スーパーバイザーのパワーは、多くの場合、地位や専門的能力、年齢の違いが元となってさらに強められてしまうため、スーパーバイジーはほとんど不可避的に下位の者としての立場に置かれざるをえない。スーパーバイザーに対する依存心は、スーパーバイジーの抱くポジティブな感情とネガティブな感情の双方を刺激する可能性がある。例えば、スーパーバイザーの能力への賞賛、尊敬、畏敬の念のみならず、両者の能力にこのような差があることに対する不安、嫉妬、怒りといった感情も刺激されるのである。また、スーパーバイザーに対する依存心が、親／権威に関わる問題をスーパーバイジー側に引き起こすこともある。

　専門家であれ専門家前段階であれ、どのようなかたちであるにせよ、スーパーバイザーのパワーの乱用の被害者となったスーパーバイジーは、報復に対する不安、援助を失うことへの怖れ、スーパーバイザーから「異常扱い」されることへの怖れ、

あるいは自分の訴え（スーパーバイザーに逆らう内容）が、スーパーバイザーより上の立場の者から無視されたり拒絶されたりすることへの怖れといった、力関係における不利な立場から派生する問題があるがゆえに、そのようなパワーの乱用に対して行動を起こすことはほとんどない（Jacobs, 1991）。

スーパーバイザーによる信念の押しつけ

音楽療法スーパーバイザーは、クライエントに関する治療的決定を下す際の援助をするという点で最も重要な人物であり、実際、クライエントの福利に対して最終的な責任を負う。しかしながら、過度に指示的なスーパービジョンは、倫理的問題を呈することにもなる。というのも、「クライエントにとって何が最善なのかということに関して、スーパーバイザーが自分の考えを押しつけるという行為が、逆らいがたい指示という形になることもあるからである。その結果スーパーバイジーは、スーパービジョンで失敗することや、スーパーバイザーを個人的に侮辱することを怖れて、無理にでもそうしなければならないと感じてしまう。また、スーパーバイザーが、スーパーバイジーやスーパーバイジーのクライエントに対して抱く不明確な個人的感情の結果、ある信念に基づいて行動しているのだとしても、スーパーバイジーとそのクライエントが傷つくことは起こりうる」（Kurpiusほか, 1991: p.51）。

専門家段階および専門家前段階のスーパービジョンの双方において、理論面での方向性の違いによる価値観の対立が生じる可能性は常に存在する。Allen, Szollos, Williams（1986）は、心理学の学生が受けたスーパービジョンでの最良の体験と最悪の体験を検討した中で、次のような点を明らかにした。「良いスーパーバイザーは、彼らとスーパーバイジーが持つ価値観、経験、個人のプライバシーにおける違いを尊重することができる。彼らは、このような多元論的で押しつけがましさのない姿勢をとりながら、心理療法のプロセスの理解のために、有用で理論に裏づけられた概念的枠組みを提供し、実践的なスキルを教え、スーパーバイジーが新たな方法を試みるよう励ました」（p.97）。

音楽療法スーパーバイザーは、自分自身のニーズを満たそうとするあまり、過度に指示的なスーパービジョンに陥る可能性があることを意識しなくてはならない。また、様々な理論的方向性における自分の専門的能力の限界をわきまえる一方で、他の理論に対してオープンである必要がある。さらに、スーパーバイジーと明確な意思疎通を保ちながら、スーパーバイジーの音楽療法へのアプローチが、彼／彼女のニーズにとって最良のかたちであるように計らう。

転移および逆転移

音楽療法スーパービジョンでは、スーパーバイザーの役割がしばしば「親のよう

な」ものとなり、スーパービジョンも「セラピーのような」ものとなりえる。そして、スーパービジョン自体に強い感情が伴うという以上の理由から、スーパーバイジーが強い転移反応を体験する場合がある。これは、専門家段階および専門家前段階のスーパービジョンの双方で生じうる。

　転移とは、スーパーバイザーに対して学生が抱く感情でありながら、実際には学生の人生の初期における重要な関係（多くの場合、主要な保護者との関係）に源を発する感情が置き換えられたものである。逆転移とは、スーパーバイザーが学生に対して抱く感情の源が、実はスーパーバイザーの人生の初期における人間関係にあるものである（Jacobs, 1991: p.131）。

　スーパーバイジーが、スーパービジョン関係という状況の中で探究すべきテーマは多い。しかし、スーパーバイザーの逆転移がスーパービジョンの成否に影響を与えることもある。例えば、専門家前段階の初心者は、実習体験やインターン体験が始まったことに対する不安や、恐怖、心配、圧倒されるような感じを抱く。それに対してスーパーバイザーは、そのような感情が学習体験においてきわめて普通で、かつ典型的なものであると、共感とともに彼らに伝えて安心させようとした上で、このような感情に関する議論を終わらせてしまうこともある。その結果、専門家前段階の者は、感情を認めることや、このような感情を探究するということは不適切であるというメッセージを受け取り、この種の個人的な事柄の検討は大学の外で行なうべきものであると考えてしまう（Jacobs, 1991; Schmidt, 1976）。専門家前段階の者が感じた不快な感情に対して、スーパーバイザー自身が不快感を抱くことによって、スーパービジョンにおける人間関係で実は起こっていることを矮小化したり、無視するようになったりするという現象もありうる。

　Jacobs（1991）は、スーパーバイジーの転移を数多く記述しているが、そのうちの一部を**表2**（次頁）に挙げる。

　スーパーバイザーが、スーパービジョン関係における自らの力を自分自身の感情的ニーズを満たす目的で用いる場合、スーパーバイジーに対するスーパーバイザーの逆転移反応が起こる。逆転移は例えば、以下のような様々なかたちで生まれる。1) 曖昧な境界の設定（性的関係、治療的関係、その他の二重関係）、2) 力の乱用（過度な依存心の助長、信念の押しつけ、虐待、報復）、3) 不充分あるいは能力不足のスーパービジョン。

　スーパービジョン関係においてパワーの違いが存在することから、特に専門家前段階のスーパーバイジーは、スーパーバイザーの行動（逆転移）に対して抗議することに怖れを抱いてしまう。スーパーバイザーは、どのような転移反応であっても、それが不適切なもの、専門家として相応しくないものである等のレッテルを貼り、転移がスーパービジョンの力動に起因するものではなく、スーパーバイジーの個人的な欠点のせいであると決めるだけの力を持っている。それに加えてスーパーバイザーは、専門家前段階の者の個人的問題に関して自分が知り得た事柄を、スーパー

表2
スーパーバイジーの転移の可能性

スーパーバイザーに対して子どもとして反応する、よくある転移の例	
子どもとしてのスーパーバイジー	スーパーバイザーへの転移
● 批判される／援助されない	● フィードバックを受け入れにくい
● 感情の欠落	● ニーズが満たされることを期待する
● 家族の面倒をみる者	● 自分自身のニーズを認めようとしない
● 親を「喜ばせる」者	● 承認を求める
● 反逆者	● スーパーバイザーの専門的能力あるいは権威を信頼しない

スーパーバイザーに対してクライエントとして反応する、よくある転移の例	
クライエントとしてのスーパーバイジー	スーパーバイザーへの転移
● 力の欠如	● 境界を維持することの責任
● 過剰な信頼	● スーパーバイジーの利益の為にパワーを乱用する
● 療法に関する知識の欠如	● 治療プロセスを明確化する責任
● 感情的なもろさ	● 無力感をカバーする力
● 個人的な探究への期待	● 役割の混乱

バイジーを非難するための根拠として利用することもできるのである（Rosenblatt, Mayer, 1975）。

　スーパービジョンに伴う秘密性は、スーパービジョンのプロセスにおける転移反応、逆転移反応について議論することが、スーパーバイザー、スーパーバイジー双方にとって困難かつ不快に感じられるという結果をもたらしかねない。スーパーバイジーは、そのような議論に関するスーパーバイザーの不快感を防ぐような行為へと、容易に引き込まれてしまう可能性があり、その結果、スーパーバイジーとしての自分自身のニーズを省みずに、スーパーバイザーを気づかうという不当な役割を引き受けてしまう（Jacobs, 1991）。

　Jacobs（1991: p.134）は、専門家前段階の者が「機能していない」スーパービジョン体験あるいは関係を見極める手がかりとして、以下のような質問リストを提供している。これらの質問はまた、スーパービジョンを受ける専門家段階の者にとっても重要であろう。

- 学生は、自分自身にとって不快であると感じられるような感情、または、スーパーバイザーと快適に取り組む上での障害となっているような感情を、スーパーバイザーに対して抱いているか。

- スーパーバイザーが学生と関わるスタイルを、学生は良いと感じているか。
- 学生が自分のスーパーバイザーに対してする反応は、混乱を招くようなものか、あるいは通常他の人物に対してする反応と違うと思うか。
- スーパーバイザーは必要に応じて学生の相談にのることができるか。何らかの重要な事柄が生じたと学生が伝えた場合に、スーパーバイザーは学生のために時間をとってくれるか。
- 学生が自分のスーパーバイザーによって判断されたり、レッテルを貼られたと感じたことがあったか。スーパーバイザーは、スーパーバイジーの何かがおかしいと思わせるようなことをするか。
- 葛藤が生じた場合、スーパーバイザーは、状況下にある自分の役割を認めることができるか、それとも、スーパーバイザーは学生に自分が悪いと感じさせ、問題の原因は自分にあると思わせてしまう傾向にないか。
- 学生が、自分はスーパーバイザーに不当に利用されている、あるいは虐待されていると感じることがあるか。
- 学生が研修現場のアドバイザーと情報を共有することを、スーパーバイザーが認めなかったことがあるか。

一般的に見られるこのような転移反応および逆転移反応を理解し、それらを適切に対処することによって、スーパービジョンの効果が増大されるばかりでなく、スーパーバイジーの専門家としての成長や個人的成長にも貢献する。

二重関係

二重の役割関係を持つことと、確立された二者間の境界を侵すことは、スーパーバイジーが搾取されているという、深刻な問題の表われである（Kitchener, 1988; Stout, 1987）。二重関係は、スーパーバイザーがスーパービジョンの対象となる者に対して、本来の役割に加えて、往々にして問題のある別の役割を担ってしまう場合に生まれる。スーパーバイザーとスーパーバイジーとの間の力関係の差によって、スーパーバイジーはこのような追加的な役割を担うことに対して、同意する、あるいはしないと十分に伝えられない（Jacobs, 1991）。専門家前段階の場合、二重関係はより深刻である。専門家段階のスーパーバイジーの場合は、スーパーバイザーとの力関係には交渉の余地が残されている。

二重関係は、以下のような深刻な結果を招くことが往々にしてある。1）秘密性が侵害される、2）スーパーバイジーの自律性が損なわれる、3）スーパービジョンあるいは治療のプロセスが損なわれる、4）クライエントのニーズが最も重要なものとして考慮されなくなる、5）客観性が損なわれる（Kitchener, 1988）。

スーパーバイザーとスーパーバイジーの間に見られる二重関係の例としては、以下のものが挙げられる。1）スーパービジョン以外の金銭的関係を持つこと、2）ス

第3章 スーパービジョンにおける倫理的諸問題

ーパーバイジーから高価な贈り物を受け取ること、3）友人または親戚に対してスーパービジョンを行なうこと、4）スーパーバイジーと社会的関係を築くこと、5）スーパーバイジーと情緒的関係を築くこと、6）スーパーバイジーを研究上の被験者にすること、7）かつてクライエントだった者に対してスーパービジョンをすること、8）専門家前段階のスーパーバイジーと、新しい学内関係を築くこと、9）スーパーバイジーと性的関係を持つこと、10）スーパーバイジーにセラピーを提供すること、等である。

スーパービジョンには「治療的」側面があることから、専門家前段階の者に治療を提供することが、最も多く見られる二者間の境界の侵害であろう。Roberts, Murrell, Thomas, Claxon（1982）は、カウンセラー教育の教員の35％が、自分が担当する学生、またはその他の学生に対してカウンセリングを提供することが許容されると考えていることを発見した。Pope, Tabachnik, Keith-Spiegel（1987）はさらに、彼らの研究対象となった心理士のわずかな一部が、学生に対してセラピーを提供することが時に、あるいはしばしば受容されると考えていたと発表した。実際に、回答者のおよそ30％が、そのような行為を行なったことがあった。

個人的な気づきを促すことがスーパービジョンには不可欠な要素であるが、ではどの時点からそれがセラピーになってしまうのだろうか。スーパービジョンにおける個人的な探求は、クライエントに対するスーパーバイジーの関係、および彼らのクライエントに対する無力感に焦点を当てるべきである。

二重関係という問題に対して繊細に対処するには、音楽療法スーパービジョンにおけるスーパーバイジーの自己探求の主な焦点を、クライエントとの相互関係およびクライエントに対する無力感に絞るべきである。スーパービジョンにおいて、音楽療法実践の障害となっているような個人的問題の明確化に、焦点を当てることは可能である。しかしその場合は、他の専門家の元でこの問題と取り組むように伝えるべきである。専門家前段階の者を対象とするスーパービジョンでは、スーパービジョン／セラピーという二重関係を避けるために、この種の深いレベルでの取り組みを行なうべきではない。これに対して、専門家段階の者に対するスーパービジョンにおいては、スーパーバイジー側の目標および意図によって、このような二重関係が回避される場合もあれば、歓迎される場合もある。

体験プロセス志向の音楽療法が、専門家前段階の者に対するスーパービジョンとして行なわれる場合、二重関係という問題はより顕著になる。本気で*参加することが求められる体験的方法と、スーパーバイジーの個人情報の開示は、注意深く扱われなければならない。このような方法を用いる際には、適切な境界と保護手段を設けるとともに、インフォームド・コンセントも得なければならない。また、そのようなスーパービジョンへの参加のあり方（自分で自身に向き合うのか、あるいは他者をロールプレイすることによって向き合うのか）に関する選択権が、専門家前段階のスーパーバイジーに与えられなければならない。この方法を用いることの目

* 訳者注：自分自身に向き合うことに対して腹をくくった状態。

的、取り組みの対象となりうる素材のタイプの限界（例えば、深い部分に関わる自己探求）についても、知らされる必要がある。さらに、個人情報がさらけ出されたとしても、専門家前段階の者に、それが評価や成績に含まれることはないという点を保証しなければならない（Dileo, 2000）。

　二重関係のいくつかは、他にも増してその危険性が大きい。では、完全に非倫理的な二重関係と、慎重に扱われれば容認可能な二重関係の間の線引きは、どうすればよいのだろうか。二重関係が不可避である場合、スーパーバイザーの負うべき責任とはどのようなものだろうか（Kitchener, 1988）。

　Kitchenerは、以下のような二重関係が厄介なものになると述べている。1）両者の役割期待の内容が次第に対立するようになる、2）両者の役割義務が違うものになっていく、3）両者間の役割の力および権威が増大する。以上三つの基準のすべてに合致する厄介な二重関係の例として挙げられるのが、スーパーバイザーとスーパーバイジーの間に恋愛あるいは性的関係がある場合である。これら三つの領域の各々が侵されれば侵されるほど、ダメージが生じる可能性も増大する。厄介な二重関係は、相手を搾取すること、客観性が損なわれること、ダメージの危険性が高まることにつながる可能性が高い。

　その一方で、二重関係がすべて非倫理的であるというわけでもない。例えば、スーパーバイジーがかつてのスーパーバイザーと友人になるといった、利害の対立が最低限である、あるいは小さい場合には、二重関係が非倫理的であると見なされることはない。しかしながら、スーパーバイザーは、このような状況にあってもなお、役割に関わる葛藤が起きる可能性があることをチェックし、意識するとともに、もしそれが実際に生じた時にはその影響を軽減する責任を負っている（Kitchener, 1988）。

性的関係

　二重関係および境界の侵害という観点から見て特に問題となる領域として、スーパーバイザーとスーパーバイジーの性的関係がある。性的関係は、そこに関わる人間の間に力の不一致が存在するという理由から、その他の境界の侵害に比べて、潜在的により危険なものである。そして、以下のような事態が生じることにより、スーパービジョン自体がダメージを被ることとなる。1）スーパーバイザーがこの種の力の乱用を手本として示すことで、今度はスーパーバイジーがクライエントとの関係において同種の行動をとる可能性が高まる、2）並行関係を明るみに出すことに対する怖れから、セックスおよび性的魅力に関連した問題について、スーパーバイジーが議論しなくなる、3）評価における客観性が損なわれ、キャリアへの不安というプレッシャーを感じて、スーパーバイジーが大人しく従ってしまう*。

　現在、音楽療法分野における性的関係の発生状況について入手可能なデータは存在しないが、心理学関係で入手可能なデータには警鐘を鳴らすだけの理由があるよ

---

* Bartell, Rubin, 1990; Conroe, Schank, Brown, DeMarinis, Loeffler, Sanderson, 1989.

第3章　スーパービジョンにおける倫理的諸問題

うだ。

　Pope, Schover, Levenson（1980）およびPope, Levenson, Schover（1979）によると、臨床スキルを教える心理士は、教員、評価者、セラピストとしての役割を同時に遂行する。教育者としての心理士は、学生のニーズを満たすことを最重要課題とすることで、報酬が支払われ、地位が与えられる。しかし、「学生を通して性的願望および性的ニーズを満足させるような教員にとっては、学生の利益を第一として保つことは極めて困難になる」と彼らは述べている（Pope, Levenson, Schover, 1979: p.158）。性的関係の存在はまた、評価者およびセラピストとしての心理士の役割にも深刻な影響を及ぼす結果、客観性、公正性が損なわれ、スーパービジョンの効果も脅かされることとなる。このような役割においては、性的関係にあるスーパーバイザーとスーパーバイジーとの間の力の不一致を乱用する、あるいは操作することが必ず起きる。

　Pope, Levenson, Schover（1979）によると、専門家の立場にある回答者481名のうち、10％は学生時代に教員と性的接触を持ったことがある一方、13％が自分の学生と性的関係を持ったことがあると回答した。さらに、博士課程を修了した女性の25％は養成期間中に少なくとも1名の心理学の教員と性的関係を持った。

　別の研究で得られた結果では、臨床心理学科の女性464名のうち、17％は養成期間中に1名ないしそれ以上の心理学の教員／スーパーバイザーと性的関係を持ったことがあり、31％は教員から性的誘いかけの対象になった（Glaser, Thorpe, 1986）。

　さらに、心理学のスーパーバイザーの3％が、スーパーバイジーと性的関係を持ったことがあると報告した一方、心理士の8％が、現在の、あるいはかつてのスーパーバイザーと性的関係を持ったと報告する研究もある*。LambとCatanzaro（1998）は、調査対象となった専門家のうち12％が、クライエント、スーパーバイジーあるいは学生であった際に、性的境界の侵害に巻き込まれたことを発見した。さらに、クライエント、スーパーバイジー、あるいは学生時に性的境界の侵害に巻き込まれた専門家は、同じ職業上の役割を得て、自分自身が同じような侵害者となる確率が高い（Bartell, Rubin, 1990）とされるが、LambとCatanzaro（1998）の研究ではそのような結果にならなかった。

　「性的な親密さは、注意深く、公正で、妥当な評価の実施に不可欠な公平無私さに深刻なダメージを与えうる。性的行為は、少なくとも以下の二つの文脈で生じうる。まず、ロマンチックで情熱的な恋愛におけるような、深い親密さの表現である場合。次に、売春や演劇界での『配役のコーチ』との関係のように、性的行為によって学業面での手加減を求める場合である。ロマンチックな関係およびビジネスライクなやりとりという側面の双方とも、何がベースとなって評価されたかという、深刻な疑問を生じさせる」（Pope, Schover, Levenson, 1980: p.159）。

　スーパーバイザーと専門家段階のスーパーバイジーとの間の性的関係もまた問題となる。スーパーバイザーとスーパーバイジーの関係とは、専門家同士の関係であり、両者間の契約には、何がスーパーバイジーにとって最良なのかという点に従っ

* LambとCatanzaroとの私的なやりとり、1998（Ronan-woodburn, 1994）。

て、スーパーバイザーが信頼に足る人物として振る舞う義務も含まれているのである。したがって、このような信頼を傷つけるような行為はなんであれ、契約違反となる。性的行為は、個人的関係を深めるかもしれないが、職業的関係を損ない、信頼を傷つけることになる（Bartell, Rubin, 1990）。

セクシャル・ハラスメント

境界の侵害におけるもうひとつのタイプに、セクシャル・ハラスメントがある。これは、あからさまな場合も、そうでない場合もあり、何らかの形での仄めかしや、しつこいからかい等を伴う。セクシャル・ハラスメントとは、その数多い形態のうちのいずれであっても、常に巻き込まれたスーパーバイジーの品位を傷つけることになる。

スーパーバイジーに対して常に尊敬の念を持って接するとともに、スーパービジョン関係に本質的に付随する力が引き起こしうる可能性を常に意識することで、セクシャル・ハラスメントは回避できる。スーパーバイザーは、「スーパーバイジーとの関係において重大な誤りが生じないよう、自らの個人的ニーズおよび職業的ニーズをモニターする」という大きな責任を負う（Vasquez, 1992: p.201）。

性別に関する問題

音楽療法のように、女性の専門家が主流を占める分野では、教育的／スーパーバイザー的役割における男性の割合が、その分野全体の現状と一致しないという現象が見られる。一般会員に占める男性の割合が13％であるにもかかわらず（AMTA, 1999）、大学のカリキュラム責任者の38％は男性によって占められている。このような状況では、スーパーバイジーに対して、男性の方が有能で、優れていると思わせることのないように、性役割に対する問題への配慮が必要となる。スーパーバイザーは、社会における男性と女性との力の差の根底にある、社会性に関わる諸問題を理解しておかねばならない。そのような知識を持つことは、セラピーの中で表面化する問題において、少なからぬ意味を持ってくるからである（Vasquez, 1992: p.200）。

スーパーバイザーは、スーパーバイジーの性別およびスーパーバイジーの発達に応じて生まれる違いを考慮する必要がある。例えば、女性のスーパーバイジーの一部には、クライエントと過度に同一化する傾向が見られるのに対して、一部の男性は、より認知的な方法でクライエントと接する。そして、このような違いから、女性の場合にはより認知的な介入が、男性の場合にはより感情的な介入が求められることが示唆される（Stoltenberg, Delworth, 1987）。

スーパーバイザーのサポートというテーマは、育むという面に重点が置かれるスーパービジョンのスタイルに、より反応する女性の場合重要である。そのほか、ス

ーパーバイジーは、同性のスーパーバイザーとの間に、より緊密な関係を築くことができるということもある（Worthington, Stern, 1985）。また、StoltenbergとDelworth（1987）は、倫理や個人差の探究には同性の組み合わせが特に効果的であるのに対して、異性の組み合わせは、クライエントおよびクライエントの抱える問題に対する別の見方をもたらすと示唆している。

スーパービジョンの終了は、男女双方のスーパーバイジーに問題を提起する。StoltenbergとDelworth（1987）の観察によると、女性のスーパーバイジーは、スーパービジョンおよび臨床での取り組みの双方において「さよなら」を言うことに問題を抱くことがあるのに対して、男性スーパーバイジーが問題を抱えるのは「こんにちは」を言うことに関してである。スーパーバイザーが同性の場合、問題はさらに難しくなる。女性同士の場合は、「さよなら」を言うことが後回しにされ、どっちつかずの状態が生み出される傾向がある。それに対して、男性同士の場合、「さよなら」があまりに唐突に起こり、感情がないがしろにされるケースが見られる。

Ellsworth（1989）は、アイデンティティに対する隠喩として「声」という語を用いた。男性と女性との間に見られる文化的相違のために、男性と女性では、それぞれ異なる「声」で意思疎通を図ろうとする傾向が見られるとしている。Gilligan（1982）は、モラルに関する意思決定における性差を検討し、女性はケアの声で話すのに対して、男性は正義の声で話すと主張している。ケアの声では、愛、聴いてもらうこと、親密さ、自己と他者の保護といった問題が話される一方、正義の声では、公正さ、平等、正しいことと間違ったこと、相互関係が話されるとされる（Gilligan, Ward, Taylor, 1988）。スーパービジョンにおいて聴くこと、「声」に注意を向けることはスーパーバイザーの責任である。両方の声が、スーパービジョンにおける力動というコンセプトを理解するための手段を提供するからである（Twohey, Volker, 1993）。「スーパーバイザーにとって、自身の内、およびスーパーバイジーの内の正義の声とケアの声を意識することが重要であり」、それによって「スーパーバイザーは性の違いを無視したり、否定したりすることなく、男女両性具有者の特性を身につけることができるようになるのである」（Twohey, Volker, 1993: p.195）。

多文化に関する問題

「倫理にかなったスーパービジョンは、個々人の違いがスーパービジョン過程に反映されるような手段を含むものである」（Corey, Corey, Callanan, 1998: p.296）。多文化的意識には、人種、性、民族的ルーツ、文化、性的嗜好、社会的／経済的地位、宗教、障害、年齢に関わる個々人の違いについての理解が含まれる。

Ivey（1986）は、「共感には、個々人および文化の両方に関する理解が必要であ

る」と述べている（p.320）。療法士にとってこのような理解が不可欠である以上、スーパーバイジーおよびスーパーバイジーのクライエントの両方に対して、倫理的責任を負うべきスーパーバイザーにとってはなおさらである（Stoltenberg, Delworth, 1987）。Corey, Corey, Callanan（1998）は、スーパービジョンにおける多文化的問題についての理解、およびそれに対処する能力を考慮することなしに、スーパーバイザーとしての専門性について評価を下すことはできないとしている。多文化性というテーマを、スーパーバイジーとともに積極的に取り上げるスーパーバイザーならば、スーパーバイジーがクライエントに関わる同様の問題を探求する際の手本を示す者となりうる。Cook（1994）は、スーパービジョンにおいて様々な直接的な質問をすることで、スーパーバイジーの文化的相違に関する理解の仕方、彼らの反応や応答の仕方が明確になるとしている。

　BernardとGoodyear（1992: pp.205-208）はさらに、多文化的認識を促す上で強調されるべき六つの領域を上げている。1）偏見のない、多元的な考え方、2）文化に対する意識と情報、3）問題意識を高めること、4）体験的な訓練、5）民族的少数集団との交流、6）民族的少数集団との実習（このテーマに関する詳細は第4章を参照されたい）。

スーパーバイジーの専門的能力を伸ばす

　スーパービジョンにおける主な倫理的責任は、スーパーバイジーが臨床実践において十分な能力を獲得し、自分のクライエントに対して適切な治療を提供できるようにすることである。これには、専門家の組織によって規定された特定の能力を獲得すること、そしてスーパーバイジーの限界をしっかりと把握するという意味も含まれている。このような責任を果たすための方法として、以下のものが挙げられる。セッションの観察および録音や録画、クライエントについての議論、治療計画書の評価、音楽的スキルのアセスメント、セッションをともに行なう、手伝うこと等である。

　スーパーバイジーにとって、サービスを提供する臨床集団について知ることに加えて、自分のクライエントの性別や文化に関わる問題、そしてそれらの問題に対する自分自身の反応や、自らのうちに存在するかもしれない偏見について理解することも重要である（Vasquez, 1992）。スーパーバイジーに自分の価値観に対する理解を促すこと、そして自分の価値観が臨床実践にどの様な影響を及ぼすかという点についての議論を促すことは、重要な課題である。

　音楽療法に関わる専門的能力を向上させることは、スーパービジョンの存在理由である。この、専門的能力という語は、広い意味で言えば、倫理的行動、および個人的な機能性をも内包するものであるが、これら二つの領域に関しては以下で取り上げる。

スーパーバイジーの倫理的行動を促す

　スーパーバイザーはしばしば、「その職業全体の門番であり、実践における倫理的基準に関与することが不可欠である」（Corey, Corey, Callanan, 1998: p.293）。BernardとGoodyear（1992）は、スーパーバイザーは、自らが教えたいと望むことを、まず手本で示すべきであると述べている。

　Rest（1984）は、道徳的あるいは倫理的行動を構成する要素として、以下の四つを特定した。1）他者の福利に対して自分の行動がどのような影響を及ぼしているか、という観点から状況を解釈すること、2）行動上の道徳的な振る舞いについて明確に表現すること。例えば、特定の状況下における道徳的な理想となるものを特定すること、3）異なる理想から生まれる様々な価値の中から、行動の土台となる一つを選択すること。自らの道徳的理想の実現を試みるべきかどうかを決定すること、4）自らが行なおうと意図したことを成し遂げること（p.2）。

　Restのモデルに従って倫理的行動を促進するために、音楽療法スーパーバイザーは、共感や、意思決定能力（ルールに従うことの対極にある能力）、個人としての動機および価値観への気づき、個人的な自信および自己主張の能力を向上させることにも、焦点を当てるだろう。倫理的問題をいかに評価するかについては、Kitchener（1988）が、スーパーバイジーにとって有益な五つの倫理的原則を提示した。1）自律性（選択する自由および自らの決定に対する責任）、2）非有害性（クライエントに対していかなる害も与えないこと）、3）有益性（クライエントにとって良いことを行なうこと）、4）正しさ（公正さ）、5）信頼性（正直さ、および責任の履行）。その他、音楽療法士のための倫理的な意思決定のモデルが、Dileo（2000）によって提示された。

スーパーバイジーの個人的な機能性を伸ばす

　スーパービジョンにおける第3の倫理的責任は、スーパーバイジーの個人的な限界および弱点、特にこれがクライエントとの関係においてどのように現れているかという点を考慮しながら、アセスメントをすることである。これは、スーパーバイジーの限界や弱点を知らずにいることが、クライエントに損害をもたらすばかりか、社会一般、スーパーバイジー自身、さらにはスーパーバイザーにとってもリスクの源となることを理解することから始まる（Vasquez, 1992: p.199）。スーパービジョンが最終的に目指すのは、スーパーバイジーの自己への気づきを促すことを通して、スーパーバイジーが以下の点を特定する能力を獲得することである。1）臨床過程にとって不利益となりうるようなスーパーバイジー自身の問題、2）能力不足、境界の侵害、あるいは非倫理的、非職業的な行動によって起こりうる問題。

　先に述べたように、クライエント—セラピストという二重関係が生じてしまう危険性があることから、専門家前段階の者を対象としたスーパービジョンにおいては

特に、スーパーバイジーの個人的成長を扱うにはチャレンジが必要となる。スーパーバイザーが、スーパーバイジーの個人的成長と気づきを促すという点、さらに、そのために必要な自己の探究とセラピーとの間の線引きが微妙であるという点において、スーパービジョンとは、セラピーのようなものである。スーパーバイザーは、スーパービジョンにおいて個人的問題への取り組みが可能な場合と、他の療法士に回す必要があることを心得ておかねばならない。この微妙な線引きにうまく対応するための確固たるルールは存在しない。しかしながらスーパービジョンにおいて、クライエントとの関係という文脈で個人的探究を続けることが、その出発点となる。それを超えた段階からは、スーパーバイザーは、スーパービジョンのプロセスにおける力動と内容と、二重関係の形成につながるような逆転移的傾向を、注意深くモニターしなければならない。

スーパーバイザーのチャレンジとしてもう一つ、臨床実践の障害になるほど深刻で多様な欠陥がスーパーバイジーにしばしば見られるという点、そして、そのような欠陥が専門家の間でも比較的広範囲に存在するという点を理解することが挙げられる。Vasquez（1992）は、専門家の心理士を対象とした調査において、その59.6％が、効果的に仕事をこなすことが出来ないほどの欠陥がありながら、仕事に携わった経験があると認めているというデータを引用している。(Pope, Tabchnik, Keith-Spiegel, 1987)。さらに、2％〜19％の者が悩みを抱えているとする複数の研究も挙げている[*1]。

*1 Boice, Myers, 1987; Farber, 1985; Helman,Morrison, Abramowitz, 1987; Thoreson, Miller, Krauskopf, 1989.

*2 Deutsch, 1985; Pope, Tabachnick, Keith-Spiegel, 1987: Thoreson, Miller, Krauskopf, 1989; Vasquez, 1992.

スーパーバイジーが抱える欠陥の徴候としては以下のものがある。精神障害および抑うつ、薬物乱用、過度の悲嘆、病気の再発、孤独、夫婦間の不和である[*2]。

療法士は、このような問題への対処についてなかなか話したがらないが（Deutsch, 1985）、スーパービジョンは、スーパーバイジーが自らの問題を特定し、治療的選択肢を見つけるための絶好のチャンス、リソース（資源）、サポートの場となりうる（Vasquez, 1992）。

専門的能力の獲得に至る発達的な課題は、しばしば訓練生の悩みの原因となる。しかし、このような悩みは、前述の悩みとは区別されるものであり、スーパービジョン的介入において取り組み可能である場合も多い（Vasquez, 1988）。この点に関しては以下のセクションで取り上げることとする。

専門家前段階者の欠陥を特定する

Lamb, Cochran, Jackson（1991）、およびLamb, Presser, Pfost, Baum, Jackson, Jarvis（1987）は、心理学のインターン生が抱える欠陥を特定し、それに対応するための手順を考案した。彼等は、広義の専門的機能における三つの側面（知識および専門的基準の適用、コンピテンシー、個人的な機能性）に基づき、「欠陥とは次

の一つ、あるいは一つ以上の形で現れる専門家としての機能における障害である」と定義している。1）専門的基準を獲得し、自らの専門的活動のレパートリーに取り入れることができない、もしくは、そうする気がない、2）専門的スキルを獲得し、必要とされるコンピテンシーのレベルに達することができない、3）専門的機能に影響を及ぼすような個人的ストレスや心理的障害、感情的な反応をコントロールできない（Lambほか, 1991: pp.292-293）。Lambらはその他に、問題行動と欠陥行動を識別するための基準も提案した。問題行動は、注意と改善が必要とされる行動であるが、スーパーバイジーの異常あるいは過度の行動であると判断されるほどではない。例としては以下のようなものが挙げられる。すなわち、臨床的な仕事に関する不安、クライエントの様々な多様性に対する不快感、施設側の要求に対する理解の欠如あるいはそれらへの不服従。それに対して、欠陥としては以下のようなものが挙げられる。a）問題行動が特定されても、インターンがそれを認めない、理解しない、取り組もうとしない、b）問題行動が、学際的あるいは教育的訓練によって改善されうるような、単なるスキルの未熟さを反映するものではない、c）インターンによって提供されるサービスの質が、一貫して好ましくない影響を受けている、d）問題行動が、複数の専門的機能領域に及んでいる、e）問題行動が対処されないままにしておくと、倫理的および法的問題へと広がっていく可能性がある、f）スーパーバイジーに対して過度の注意が必要とされ、g）フィードバック、改善への努力、あるいは時間の経過にもかかわらず、インターンの行動に変化が生じない、h）インターンの行動によって施設の世間的イメージが否定的な影響を受ける（Lambほか, 1987: p.599）。Lambら（1991）はさらに、問題行動と欠陥行動を見分けるための基準をいくつか追加した。1）特定の行動がどこで起こるのか、また、その行動が評価基準の対象に含まれているか、2）クライエントおよび施設に対して好ましくない結果をもたらすか、3）問題となっている行動を目撃したのは誰か、頻度はどれくらいか、4）専門家前段階者の意識およびフィードバックへの反応、5）フィードバックの記録、6）職業上および倫理上の両面における行動の深刻度。

　Vasquez（1992）は、スーパーバイザーの義務とは、上記の点に関する適切なフィードバックを提供し、問題改善のための方法について助言を行ない、必要とあればスーパーバイジーの臨床活動を中止させることであると強調している。このうちの3番目の義務は、スーパーバイザーにとって決定を下すのが極めて困難なものである。それには、社会に対する自己主張性、誠実さ、道徳的責任感、自我の強さが要求されるが、スーパーバイジーやクライエント、そして仕事を守るために求められる重要な倫理的責任が、うやむやにされたり回避されたりする傾向も見られる（Vasquez, 1992: p.200）。スーパービジョンに関わる者に対するそれぞれの責任についての葛藤がありえるとはいえ、最優先すべきはクライエントの福利である。

結論およびヒント

　本章は、音楽療法における倫理的問題について論じることをその目的としてきた。スーパービジョンの目標は、以下のように定義された。1）スーパーバイジーの専門的能力を向上させること、2）倫理的行動を促すこと、3）個人的な機能性を向上させること。ここでは、これらの目標達成に向けてのアドバイス、および達成の障害となる問題について取り上げた。

　音楽療法の領域についての結論およびヒントを、いくつかここで取り上げる。

　まず、スーパーバイザーには訓練が必要である。スーパービジョンの諸モデル、スーパービジョンのプロセス、およびこのプロセスを遂行する上で必要なスキルに関する深い知識が必要である。このためにはスーパービジョンを提供するすべての者にとって、大学院および専門職レベルの訓練がより受けやすくなる必要がある。スーパービジョンについての知識やスキルは、音楽療法の臨床経験のみによって得られるものではなく、それらを獲得しようとする意図的な努力によって実現される。

　スーパーバイザーの訓練は、大学院課程や学会、ワークショップ等において受けることができる。このようなニーズについて長年議論されてきたが、今こそ、より公式の意見を確立させるべき時期に来ている。適切かつ綿密な訓練が修了証でもって認知されるべきである。

　学部の音楽療法課程において、大学院生がスーパーバイザーの役割を負うのが一般的であるが、大学院生もまた、音楽療法の教員からのスーパービジョンおよび訓練を密に受けなくてはならない。

　スーパーバイザーはまた、スーパーバイザーとしての自らの仕事について、スーパーバイジーおよびその他の人からのフィードバックを通して評価されることが望ましい。そのためにスーパーバイザーは、自己との対峙および自己への気づきについての手本を示すべきである。

　スーパービジョンのコンピテンシーには、スーパーバイジーおよびクライエントの性や文化についての問題に対する敏感さも問われる。特定の性別による違いを意識し、発達論的な諸モデルの知識が必要である。さらに、スーパーバイジーの多文化性に対する意識を促し、彼らの民族的および職業的アイデンティティの統合を援助するスキルも必要とされる（Corey, Corey, Callanan, 1998）。

　スーパーバイザーは助言とサポートを必要とする。スーパーバイザーは、自分の仕事の最高水準を維持するために、スーパービジョン、助言、サポート、セラピーを受けることが望ましい。スーパービジョンというサポートのサービスは、上述と同様の枠組みにおいて受けられるとよい。

　スーパーバイジーの権利、および何が期待されているかについてのコミュニケーションが必要である。スーパーバイジーには、プライバシー、払われるべき敬意、尊厳、適正な訴訟手続きに関する彼らの権利についての情報が不可欠である。さらに、スーパーバイジーおよびコンピテンシーという点で期待されていること、スー

パービジョンの方法、体験的な訓練、秘密性の保護、採点評価の方法、期待に応えられなかった場合に考えられる結果、そして適正な訴訟手続きに関する情報が提供されなくてはならない。

結論として、以下の文章を引用する。

「スーパービジョンというプロセスは、スーパーバイジーとの親密かつ緊張した関係を伴う。だからこそ、私たちが提供しようとするスーパービジョンのコンピテンシーを確実なものにするとともに、自分に欠けている領域に関する助言や訓練を受ける必要がある。スーパーバイジー、そして、間接的にはスーパーバイジーのクライエントに対する私たちの有用性は、臨床スーパーバイザーとしての私たちの倫理的責任をどこまでまっとうできるかという点によって、大きく左右される」(Vasquez, 1992: p.201)。

参考文献

Allen. G., Szollos. S., and Williams, B. (1986). Doctoral students' comparative evaluations of the best and worst psychotherapy supervision. *Professional Psychology: Research and Practice*, 17, 91-99.

Alonso, A. (1985). *The Quiet Profession: Supervisors of Psychotherapy*. New York: Macmillan.

American Music Therapy Association. (1999). *AMTA Member Sourcebook*. Silver Spring, MD: Author.

Bartell, P. A., and Rubin, L. J. (1990). Dangerous liaisons: Sexual intimacies in supervision. *Professional Psychology: Research and Practice*, 21, 442-450.

Bernard, J. M., and Goodyear, R. K. (1992). *Fundamentals of Clinical Supervision*. Boston, MA: Allyn & Bacon.

Boice, R., and Myers, P. E. (1987). Which setting is happier? Academe or private practice? *Professional Psychology: Research and Practice*, 18, 526-529.

Conroe, R., Schank, J., Brown, M., DeMarinis, V., Loeffler, D., and Sanderson, B. E. (1989). Prohibition of sexual contact between clinical supervisor and psychotherapy students: An overview and suggested guidelines. In B. E. Sanderson (ed.), *It's Never OK: A Handbook for Professionals on Sexual Exploitation by Counselors and Therapists*. St. Paul, MN: Department of Corrections, Task Force on Sexual Exploitation by Counselors and Therapists.

Cook, D.A. (1994). Racial identity in supervision. *Counselor Education and Supervision*, 34(2), 132-141.

Corey, G., Corey, M. S., and Callanan, P. (1998). *Issues and Ethics in the Helping Professions*. Pacific Grove, CA: Brooks/Cole Publishing Company.

Deutsch, C. (1985). A survey of therapists' personal problems and treatment. *Professional Psychology: Research and Practice*, 16, 305-315.

Dileo, C. (2000). *Ethical Thinking in Music Therapy*. Cherry Hill, NJ: Jeffrey Books.

Ellsworth, E. (1989). Why doesn't this feel empowering? Working through the repressive myths of critical pedagogy. *Harvard Educational Review*, 59(3), 297-324.

Farber, B. A. (1985). Clinical psychologists' perceptions of psychotherapeutic work. *Clinical Psychologist*, 38, 10-13.

Gilligan, C. (1982). *In a Different Voice*. Cambridge, MA: Harvard University Press.

Gilligan, C., Ward, J. V., and Taylor, J. (eds.). *Mapping the Moral Domain*. Cambridge, MA: Harvard University Press.

Glaser, R. D., and Thorpe, J. S. (1986). Unethical intimacy: A survey of sexual contact and advances between psychology educators and female graduate students. *American Psychologist*, 41, 43-51.

Helman, I. D., Morrison, T. L., and Abramowitz, S. I. (1987). Therapist flexibility/rigidity and work stress. *Professional Psychology: Research and Practice*, 18, 21-27.

Ivey, A. E. (1986). *Developmental Therapy: Theory Into Practice*. San Francisco: Jossey-Bass.

Jacobs, C. (1991). Violations of the supervisory relationship: An ethical and educational blind spot. *Social Work*, 36(2), 130-135.

Keith-Spiegel, P., and Koocher, G. P. (1985). *Ethics in Psychology: Professional Standards and Cases*. New York: Random House.

Kitchener, K. S. (1988). Dual role relationships: What makes them so problematic? *Journal of Counseling and Development*, 67, 217-221.

Kurpius, D., Gibson, G., Lewis, J., and Corbet, M. (1991). Ethical issues in supervising counseling practitioners. *Counselor Education and Supervision*, 31, 48-57.

Lamb, D. H., and Catanzaro, S. J. (1998). Sexual and nonsexual boundary violations involving psychologists, clients, supervisees and students: Implications for professional practice. *Professional Psychology: Research and Practice*, 29(5), 498-503.

Lamb, D. H., Cochran, D. J., and Jackson, V. R. (1991). Training and organizational issues associated with identifying and responding to intern impairment. *Professional Psychology: Research and Practice*, 22, 291-296.

Lamb, D., Presser, N., Pfost, K., Baum, M., Jackson, R., and Jarvis, P. (1987). Confronting professional impairment during the internship: Identification, due process and remediation. *Professional Psychology: Research and Practice*, 18, 597-603.

Maranto, C. D. (1987). Ethical issues in music therapy education and supervision. In: C. D. Maranto and K. Bruscia (eds.), *Perspectives on Music Therapy Education and Training*. Philadelphia, PA: Temple University, Esther Boyer College of Music.

Newman, A. (1981). Ethical issues in the supervision of psychology. *Professional Psychology: Research and Practice*, 12, 690-695.

Pinderhughes, E. B. (1989). *Understanding Race, Ethnicity & Power*. New York: Free Press.

Pope, K. S., Levenson, H., and Schover, L. R. (1979). Sexual intimacy in psychology training: Results and implications of a national survey. *American Psychologist*, 34(8), 682-689.

Pope, K. S., Schover, L. R., and Levenson, H. (1980). Sexual behavior between clinical supervisors and trainees: Implications for professional standards. *Professional Psychology*, 11(1), 157-162.

Pope, K. S., Tabachnick, B. G., and Keith-Spiegel, P. (1987). Ethics and practice: The beliefs and behaviors of psychologists as therapists. *American Psychologist*, 42, 993-1006.

Rest, J. R. (1984). Research on moral development: Implications for training counseling psychologists. *The Counseling Psychologist*. 12. 19-29.

Roberts, G. T., Murrell, P. H., Thomas, R. E., and Claxton, C. S. (1982). Ethical concerns for counselor educators. *Counselor Education and Supervision*, 22, 8-14.

Rosenblatt, A., and Mayer, J. E. (1975). Objectionable supervisory styles: Students views. *Social Work*, 20, 184-189.

Schmidt, T. M. (1976). The development of self-awareness in first-year social work students. *Smith College Studies in Social Work*, 46, 218-235.

Sherry, R. (1991). Ethical issues in the conduct of supervision. *The Counseling Psychologist,* 19(4), 566-584.

Stoltenberg, C. D., and Delworth, U. (1987). *Supervising Counselors and Therapists: A Developmental Approach.* San Francisco: Jossey-Bass Publishers.

Stout, C. E. (1987). The role of ethical standards in the supervision of psychotherapy. *The Clinical Supervisor,* 5(1), 89-97.

Thoreson, R. W., Miller, M., and Krauskopf, C. J. (1989). The distressed psychologist: Prevalence and treatment considerations. *Professional Psychology: Research and Practice,* 20, 153-158.

Tyler, J. M., and Tyler, C. L. (1997). Ethics in supervision: Managing supervisee rights and supervisor responsibilities. In: *The Hatherleigh Guide to Ethics in Therapy.* New York: Hatherleigh Press.

Twohey, D., and Volker, J. (1993). Listening for the voices of care and justice in counselor supervision. *Counselor Education and Supervision,* 32, 189-197.

Upchurch, D. (1985). Ethical standards and the supervisory process. *Counselor Education and Supervision,* 25, 90-98.

Vasquez, M. J. T. (1988). Counselor-client sexual contact: Implications for ethics training. *Journal of Counseling and Development,* 67, 238-241.

Vasquez, M. J. T. (1992). Psychologist as clinical supervisor: Promoting ethical practice. *Professional Psychology: Research and Practice,* 22(3), 196-202.

Worthington, E. L., Jr., and Stern, A. (1985). Effects of supervisor and supervisee degree level and gender on the supervisory relationship. *Journal of Counseling Psychology,* 32(2), 252-262.

第4章

音楽療法スーパービジョンに対する多文化的アプローチ

Karen Estrella

芸術修士，認定音楽療法士，認定芸術療法士，精神衛生カウンセラー
Lesley大学助教授
マサチューセッツ州，Cambridge

はじめに

2002年、そして第10回音楽療法世界会議を目前にして、音楽療法が世界的な存在であるということは明らかである。1999年、初のアメリカ開催となったワシントンDCにおける第9回音楽療法世界会議には、40を超える国々からの参加者が集まった。音楽療法は今や国際的な流れの中で世界的規模の職業となった（Maranto, 1993）。このような国際的視点は早くも1974年、第1回音楽療法世界会議がパリで開催された時点で、すでに音楽療法士たちの認識するところとなっていた*。1978年、第1回音楽療法トレーニング・シンポジウムがドイツで開催されたのを機に、音楽療法士らは、音楽療法における異文化の問題にようやく目を向け始めるようになった。もちろん1978年当時はまだ、カウンセリング、心理学、ソーシャルワーク、教育分野における文化的影響が認識されることはほとんどなかった。ワールド・ミュージックが世界的に広まるのはまだ先のことであった。主流文化において民族的少数集団（マイノリティ）の存在が認識されることもほとんどなく、インターネットという手段を通して世界的コミュニティが誕生するのもまだ先のことだった。実際、私たちの多くが抱いていた国際的なイメージ自体が、当時広く見られた広告キャンペーンに影響されていたものだったとも考えられる。世界中から集まった人々が手を携え、「私は、完全なハーモニーで歌うことを世界に教えたい」と口ずさむようなキャンペーンである。そしてそこには、私たちにとっての「完全なハーモニー」という語が、英語に基づくものであり、全音階的な西洋の和声構造に基づくものであるという認識はほとんどなかった。

アメリカの音楽療法士が、音楽のみならず、職業としての音楽療法に対する、世界全体からの影響を認める方向へ向かうようになったのは、それから10年後に、Morenoの草分け的な論文「多文化的音楽療法―世界音楽の結びつき」（1988）が発

---

* Moreno, Brotons, Hairston, Hawley, Kiel, Michel, Rohrbacher, 1990.

表されてからのことであった。Morenoは「アメリカの音楽療法士には、自民族中心主義がより強く見られる傾向、セラピーにおいて主に西洋指向のクラシック、ポピュラー、フォークの伝統に由来する音楽を使用する傾向が存在する」(p.18) と記述した。当時、一部のクライエントにとって非西洋的な音楽の方がより適切であるという認識はほとんどなく、多くの音楽療法士は、西洋クラシック音楽以外の形態の音楽について正式な訓練を受けたことがなかった。Morenoは、アメリカの音楽療法士に対して世界中の音楽的伝統に触れることを促すと同時に、音楽療法界に対しても、音楽療法のカリキュラムや世界音楽講座、民族音楽学講座を通じて、訓練中の音楽療法士に非西洋的な音楽を直接体験させることを課すというかたちで、このような視点を尊重すべきであると主張した。こうして、アメリカの音楽療法士らも、世界音楽を理解することで、自分の実践にもたらされるメリットが大きくなるという点を、ようやく認識し始めたのであった。

　1990年、Morenoと彼の同僚らは、アメリカの音楽療法士に対して、音楽療法の国際的な実践を理解するにあたり、より積極的な役割を果たすように呼びかけた。「この分野においてこれほどの国際的な発展が見られる以上、自民族中心主義的な態度が容認されえないのは明白である」(p.41)。Morenoらはさらに、異文化的な音楽が行動に及ぼす影響について、より深く理解することを目指した国際的な音楽療法研究プロジェクトをスタートさせるよう提案した。しかしながら、このような動きははたして、主流の文化の中で抑圧されている人々の文化をも含めた、多文化的影響を認識するための呼びかけだったのだろうか。音楽療法は、自らのうちに「西欧的世界観および北米的世界観」があること、そしてこれらの世界観が「精神保健カウンセリング」や創造的芸術療法という分野の土台となっていることを認識するようになってきたのだろうか (Lewis, 1997: p.123)。これはよくわからない。アメリカの音楽療法士の大半は、米国内の多様な人種および民族集団内、そしてそれらの集団の間に存在する違いすら、ほとんど理解していなかったのは言うまでもない。音楽療法に関して国際的なレベルにおいて存在するはずの違いを、ほとんど理解していなかったように思われる。アメリカの音楽療法士はさらに、国際的に実践されている音楽療法と、アメリカで行なわれている音楽療法が、一致している、同調していると受け止めていたようだ。

　本章は、多文化的な音楽療法に関する文献、特に音楽療法の臨床的スーパービジョンに関するものを概観することをその目的とする。音楽療法の多文化的アプローチは、研究領域としてほとんど手つかずの状態にある。そのため、専門家としての文化的コンピテンシーを高め、文化的感受性の高いスーパービジョンの提供を望む音楽療法スーパーバイザーが直面すると思われる主要な問題点を、関連する学問分野における同様の取り組みの動向を織り交ぜながら、概観してみよう。

アメリカにおける音楽療法士の養成

　音楽療法において、アメリカでの養成が主流であるという点に対して関心が向けられることは、1990年代以前にはほとんどなかった。Brotons（1995）は、1960年代、アメリカが音楽療法の養成のための最善かつ唯一の場所であった頃に、ヨーロッパの先駆者らもアメリカで養成されていた事実を指摘している。旧全米音楽療法協会の国際関係委員会が1989年に実施したアンケート調査では、35カ国の学生がNAMTの養成プログラムに登録していたことが明らかにされた*。1990年の時点で、70を上回る正式なNAMT養成プログラムがあったのに加えて、旧アメリカ音楽療法協会（American Association of Music Therapy）によって承認されたプログラムも開設されていたことから、音楽療法教育および養成に対するアメリカ型のアプローチが、この領域において主流であったのは明らかである。このような数字がありながらも、1980年代全体を通して、音楽療法の国際的広がりがアメリカ国内で認識され、関心が向けられることはほとんどなかった。実際、1985年、ジェノヴァで開催された第5回音楽療法世界会議に参加したアメリカ人音楽療法士は、3名に過ぎなかった（Morenoほか, 1990）。

＊ Brotons, Graham-Hurley, Hairston, Hawley, Michel, Moreno, Picard, Taylor, 1997.

　さらに、ヨーロッパや南米で活動していた音楽療法士の多くが、アメリカで養成されていたという状況もあった。それでもなお、世界の音楽療法士養成を、アメリカが支配していることに対する異文化的意味合いが認識されることは、ほとんどなかった。また、これらの外国人学生や外国人療法士が、音楽療法という領域に持ち込んでいたはずの、独自の視点について認識されることも全くなかった。アメリカの音楽療法の養成自体に数多くの理論的視点が存在していたこと、多文化的視点に対するカウンセリング界や教育界の認識が限られていたことがおそらくは原因となって、音楽療法とは、「文化の制約を受けない」専門分野であり、他の音楽的伝統を取り入れることだけで、あらゆる文化へと簡単に順応しうるものであるとの見方が広く行きわたっていた。アメリカの音楽療法に対するヨーロッパの影響を否定できないとはいえ（Juliette AlvinとMary Priestleyのことを思い起こしてもらいたい）、それらのアプローチは、文化的にヨーロッパ的なカラーの強いアプローチとしての域を、依然として脱していなかった（Morenoほか, 1990）。

　アメリカにおける音楽療法士養成の大半は、従来からの精神保健および特殊教育での取り組みを背景にしながら、アメリカとヨーロッパの心理学的理論および構造に根ざしている。現アメリカ音楽療法協会（American Music Therapy Association）のウェブサイト（http://www.musictherapy.org）に掲げられている現時点での音楽療法の定義は、次のようなものである。「音楽療法とは、健康上あるいは教育上の問題を有する個人の心理的、身体的、認知的、あるいは社会的機能に好ましい変化をもたらすことを目的として、有資格者の指示により音楽を用いることである」。この定義は、音楽療法士の一般的な使命を表わしたものであるが、そこには、「個

人の心理的、身体的、認知的、あるいは社会的機能の好ましい変化」とは何であるのかについての暗黙の了解が含まれている。しかしながら、「問題」あるいは「好ましい変化」を的確に定義する上で、文化に対する理解が不可欠であるということが、ここ30年の間に心理学界において明らかにされてきた。健康と病理の定義、治療方法に対して、そして「心理的、身体的、認知的、あるいは社会的機能」が概念化されるまさにその途中で、文化が及ぼしている影響について、音楽療法界は、今になってようやくその全体を認識し始めたに過ぎない。

心理的、身体的、認知的、社会的機能は、文化によって規定される。さらに、「何が問題となるのかを規定し、そのような問題の性質と原因を説明づけるのが文化である」（Cheung, 2000: p.124）。Toppozada（1995）は、低所得層のプエルトリコ人の両親が、学習障害あるいは軽度精神遅滞と診断された自分の子どもに関して、障害という言葉を拒絶したとする研究を引用している。「この両親にとっては、正常についての境界線が異なっていたのである」（p.67）。実際、感情や自己の境界について人がどのように体験するかという点は、文化によって決定される部分が大きい*。最新の心理学研究によって、西洋の文化における自己とは、自分に固有の感情、思考、願望とともに、皮膚で覆われた、自己充足的で、自律的な存在として概念化されていることが明らかにされた（このような自己概念はフェミニズム論者からの批判にさらされているとはいえ、この、自律的で自己規定的な人間こそ、アメリカ社会の主流によって最も高い評価を受けている概念である。このテーマについての詳細はMiller, 1986; Miller, 1991を参照されたい）。

これとは対照的に、多くの非西洋社会における自己は、「ある人間の社会的ネットワークにおける位置づけによって心理的に形成される」（Christopher, 1999: p.147）。個人主義的文化においては、内的属性が発見され、具現化され、あるいは確認されるのに応じて、「独立した」自己に意味が与えられるのに対して、集団主義的文化においては、自己の一部を成している人間関係の度合いに応じて、「相互依存的な」自己に意味が与えられるのである（自己決定の自由がより高く評価されるようになるにつれて、後者の文化におけるフェミニストから、このような概念に対する批判もなされている。Kitayama, Markus, Kurokawa, 2000: p.94参照）。私たちが自分自身をどのように捉え、感情をどのように体験し、健康や問題をどのように定義し、世界観をどのように形成するのかという点に関して、文化が影響を及ぼしているのであれば、私たちがクライエントのアセスメントや診断を行ない、治療を計画し、クライエントと関わる上で、文化が作用していることは明らかである。

カウンセリングおよび音楽療法教育における多文化的養成

Ponterotto, Casas, Suzuki, Alexander（1995）は、1995年の時点で、心理学のカウンセリング・プログラムの42〜59％において、多文化的カウンセリング科目の

* Christopher, 1999; Dosamantes-Beaudry, 1997; Kitayama, Markus, Kurokawa, 2000.

履修が課せられていると指摘している。このような要請に応じて、多文化的訓練、カウンセリングのカリキュラム、多文化的コンピテンシーに関するテキストや論文が出版されるようになった（Ponterottoほか, 1995; Pope-Davis, Coleman, 1997参照）。音楽療法においては、音楽療法士に対する多文化的訓練をテーマとした論文が2件発表された。「音楽療法士のための多文化的訓練―職業的音楽療法士に対する全国調査に基づく現在の問題点についての考察」（Toppozada, 1995）、および「音楽療法における多文化的視点―文献、教育カリキュラム、米国内の文化的に異なる諸都市における臨床実践についての考察」（Darrow, Molloy, 1998）である。

　Toppozada（1995）によると、彼女の調査対象となったアメリカ人音楽療法士300名のうち、回答者の大半が、セッションで用いる音楽を選択する際に、クライエントの文化的背景を考慮すべきであるということに同意し、クライエントの文化的背景が重要でないという考え方には、反対の意を示したという。Toppozadaは、このような結果が、「多文化主義の潜在的重要性」を基本的に支持する姿勢を明らかにするものであるとし、一方、全体的なコメントの部分で、調査対象となった音楽療法士の一部が、クライエントの「肌の色を意識しない」アプローチをとり、世界人としての視点からクライエントに接することを望んでいることがわかった（pp.79-80）。このような状況は、219名の音楽療法士を対象としたDarrowとMolloy（1998）の調査においても見られた。DarrowとMolloyは、回答者の75％が様々な文化の音楽をよく知っており、また自分のクライエントたちに固有の音楽文化をある程度は知っているとしたものの、文化的違いに関する知識や、様々な文化の音楽の使用が自分の臨床実践において重要であると感じている者は、50％に過ぎなかった。また、回答者の42％はこの質問に対して「どちらでもない」に印をつけ、このような問題が自分にとって重要であるか否かについては意見がなかったことを明らかにした。

　訓練に関してToppozada（1995）は、回答者のほとんどが、多文化的訓練を受けたのが大学での授業ではなく、臨床の場であったと指摘している。そしてここでもまた、DarrowとMolloy（1998）の調査との一致が見られ、多文化の音楽の訓練を職場で受けた回答者が78％であったのに対して、授業で受けた者は27％だったことが明らかにされた。1988年に、Morenoが世界音楽講座あるいは民族音楽学講座の履修を求めるように呼びかけたにもかかわらず、それから10年を経てもなお、NAMTは、音楽療法プログラムにおいて（音楽あるいはセラピーに固有の）多文化主義に関する学習を提供するようには要求していなかった。実際、DarrowとMolloyが無作為的に抽出した25件のNAMTプログラムのうち、主要な授業科目の一環として多文化的音楽療法科目の履修を要求しているのは4件に過ぎなかった。その他の大半は、選択科目としての多文化関連科目（25件中16件）に頼ったり、その科目での主要なテーマではないかたちで多文化的問題が触れられるような副次的科目（25件中19件）に頼っている状態であった。このような結果に相応して、多文化的音楽について、または異質の文化を持つクライエントを対象とした仕事に

ついて、適切な訓練を受けたと感じる回答者も13％に留まった。さらに残念なことに、音楽療法関連の文献でも、多文化的問題に関する音楽療法士の知識を補うようなものは、ほとんど存在しなかった。DarrowとMolloy（1998）によると、1970年から1994年にかけて発表された音楽療法関連文献で、多文化的問題を取り上げたものは10件に過ぎなかった。

多文化的訓練に関して正当な音楽療法の資源が欠如していること、そして音楽療法士の大半が多文化的問題を職場で学ぶものであると認識していることから、多文化に対する訓練に関して現時点での責任の大部分を負うのは、音楽療法士のインターン実習や職場である。大半の音楽療法士にとって、セラピーに対する多文化的アプローチを学ぶのは、現場での訓練（スーパービジョン、ワークショップ、施設による訓練）を通してである。それでは、多文化的な訓練とは何を意味するのだろうか。現時点において、精神保健分野のプロフェッショナルたちは、多文化的カウンセリングのコンピテンシーをどのように理解しているのだろうか。これらの疑問に対する答えを十分に吟味するにはまず、「多文化主義」を定義する必要がある。

多文化主義およびその背後にある哲学的仮説

アメリカにおけるカウンセリングは、ここ30年間、多文化主義の大きな運動を経験してきた。カウンセリング、心理学、ソーシャルワークの分野において、多文化主義を取り入れようとするこの圧倒的な動きは、精神分析理論、行動主義、人間主義的心理学と同等の影響力を持つものとして、「第4勢力」（Pedersen, 1991）と称されてきた。精神保健領域の実践家らが、顕著になりゆく「文化の多様化」、および「人口構成の急激な変化」がもたらす影響に対して理解を深めたことに直接呼応するかたちで誕生したのが、多文化的カウンセリングであった（D'Andrea, Daniels, 1997: p.291）。実践的な次元において、精神保健分野の専門家達は、文化的、民族的、人種的に幅広い背景を持つ人々のニーズに応えるようなサービスを提供しなければならない、と認識するようになった。実践家らはさらに、自分たちの治療モデルについて慎重に検討することを始め、それらのモデルを社会的、政治的文脈に位置づけて考えるようになっていった。最終的には、ますます多様性を高めつつある人々に効果的に対応するためにも、そのような治療モデル自体の見直しを求める声が高まってきた。

Sue（1996）は、多文化的カウンセリングおよびセラピーが初期に与えた影響を、以下の5点にまとめた。

- 従来のカウンセリングおよび心理療法モデルでは、カウンセリングのプロセスにおける人種、文化、民族の重要性が適切に考慮されてこなかった。
- 文化的に異質な人々の歴史、体験、ライフスタイル、世界観が理解されてこなかった。

- ヨーロッパ―アメリカ的な規範が正常と異常の判断基準として使用されるとともに、「良いカウンセリング」の特徴も、そのような規範に基づいていた。
- カウンセリングのプロフェッショナルは、自分のクライエントの生活に影響を及ぼしている社会政治的な力を把握し、それらに対処するのに必要とされる知識や介入スキルに関する適切な訓練を受けておらず、その専門的役割もしばしば余りに狭いものとして定義されてきた。
- 養成プログラムにおいて、文化的意識が高く、かつ有能な精神保健のプロフェッショナルを生み出すことを意図するのであれば、これらのプロフェッショナルに対する教育および養成のあり方を変える必要がある（p.279）。

多文化的な運動はまた、実践家、研究者、大学関係者の間で、カウンセリングおよび心理学において政治的議論を行なうことの役割に関する、激しい議論を呼び起こした*。多文化的アプローチに関する議論を、人種主義、政治的抑圧、あるいは特権や権力に関する議論から引き離すことは可能か。文化を把握することは本当に必要か。「すべての人々を平等に扱う」ことは可能か。普遍主義的なアプローチの中で適切なものは存在するか。実践の過程で起こる文化的多様性の問題について理解すべき数多くの点を、一人の人間がすべて理解することは可能か。あらゆる音楽的伝統やあらゆる文化集団について学習しようとするのは、馬鹿げたことではないか。そのような試みをしないことは、非倫理的だろうか。一人ひとりの人を単純に人間として敬意を持って接するだけでは不十分なのか。以上のような疑問が、多文化的カウンセリングのアプローチに見られる、多様な視点の特質を明らかにしてきた。

* Barongan, Bernal, Comas-Diaz, Iijima Hall, Nagayama Hall, LaDue, Parham, Pedersen, Porche-Burke, Rollack, Androot, 1997；Fowers, Richardson, 1997；Teo, Febbraro, 1997.

多文化主義における哲学的仮説

多文化的カウンセリングにおける多数の視点を総括しようという試みは、動く被写体をスチールカメラで捉えようとするのに少々似ている。カウンセリングおよび心理学において多文化的な運動が展開してきたのに伴い、膨大な数の文献が発表された。そこでは、文化、人種、民族の重要性を理解する上で、多様なアプローチが見られるとともに、仮説も優先事項もそれぞれに異なっていた。CarterとQureshi（1995）は、過去30年にわたる多文化主義者らの哲学的アプローチに関して、5項目から成る実用的な分類法を提案した。1）普遍的（universal）、2）遍在的（ubiquitous）、3）伝統的（traditional）、4）人種中心的（race-baced）、5）汎国家的（pan-national）アプローチである。CarterとQureshiはさらに、他の研究者らと同様に（Leach, Carlton, 1997参照）、養成プログラム、さらにはスーパーバイザーが多文化的養成理念を規定し、発展させる責任を担うと主張している。とはいえ、そのような理念を規定するのはかなり難しい。多文化主義者らによって提案された優先事項や仮説が、その数の多さに加えて、時には互いに矛盾しているようにも思われるからである。実際、CarterとQureshiの分類法から、多文化的カウンセリング

のアプローチがいかに幅広いものであるかがわかるだろう。

　CarterとQureshi（1995）が「普遍的」アプローチと名づけた第一のアプローチは、「すべての経験にとって代わるような人間の絆が存在する」と仮定されている（p.245）。この普遍的アプローチにおいては、私たちの経験やアイデンティティは人種、性別、民族、あるいはその他の関係集団に由来するが、もっとも重要なのは、人としての「個別性」に備わるユニークさであるとされる。このアプローチは時に「超文化的」（transcultural）アプローチとも呼ばれ（Fukuyama, 1990）、「文化的多様性を超越するような普遍的なプロセス」に重点が置かれる（p.7）。最も大きな論争の的となっている点は、このアプローチの支持者の一部が唱えたように、文化的相違に焦点を当てることで私たちは、一見矛盾しているように見えるが、ステレオタイプ化を助長してしまうことである（Lloyd, 1987）。文化的相違に焦点を当てることで私たちは、ある人間の全体を捉えることができなくなるという説もある。これに対して、この普遍的アプローチに対する批判者は、人種、性別、民族性等によって生ずる社会的、政治的な分脈の存在を認めないということは、文化的に多様な人々の治療を正当に行なえないということだと主張している。

　「遍在的」アプローチの基礎となる主な仮説は、「人間のあらゆる違いは、文化的なものとして捉えることが可能」であり（Carter, Qureshi, 1995: p.246）、そのような違いは、賞揚され、「受容され」なくてはならないという考え方である。このような立場では、複数の社会集団への帰属（例えば、低収入、聾の人、カトリック、レズビアン、ラテン系、女性）が認められることとなり、「文化的アイデンティティ」とは選択の問題であるとされる。したがって、社会集団への帰属および文化的アイデンティティをめぐってなされる選択こそが、治療的環境においてまず優先されるものとなる（Carter, Qureshi, 1995: p.247）。文化的帰属関係を共有することで集団の成員は、「異なっていること」という共通の体験をシェアしていると見なされ、その結果ゲイの人、女性、障害者の「文化」が存在することになる。訓練生は、「文化的感受性」の向上を目指すようにと促され、自分の偏見やステレオタイプな考え／行動が明らかにされ、消去される。
　一方、このアプローチに対する批判者は、歴史的に位置づけられるべき権力と抑圧の力動が見落とされていると指摘する。さらに、この立場では、違いの均等化が試みられることにより、一部の社会文化的集団が抱える根本的な体験が否定されることもありうる。例えば、アフリカ系アメリカ人も、女性も、アメリカ社会において双方ともに「抑圧された」文化であるが、双方の抑圧体験は、質的に異なっている。この遍在的アプローチでは、集団帰属の等価性が重視されるあまりに、アメリカ社会において、人種的アイデンティティが性別のアイデンティティをいかに超越しているかという点に関する、根本的な何かが見落とされてしまいがちなのである（Carter, Qureshi, 1995: p.248）。

「**伝統的**」アプローチの主な仮説では、文化とは、「出生、しつけ、環境によって規定されるものであり」、また、自らの出身国によって左右される「共通の社会化体験および環境体験によって規定されるものである」(Carter, Qureshi, 1995: p.244)とされている。このような人類学的定義では、国民的な文化によって規定される共通の言語、親族形態、歴史、道徳観、価値意識、信念、儀式等が考慮される。そして、社会階級、感情的指向性、あるいは性別といった、あらゆる「違いの諸領域」は、自らの国という文脈を通して、その独自の表現につながるようになるが(p.248)、それら自体が「文化」を創造するような特質を備えたものではないと理解される。したがって、すべてのアメリカ人は、人種、性別、民族、あるいはその他の社会文化的違いに関係なく、アメリカ人としての基本的な「文化的アイデンティティ」を体験していると見なされるのである。しかしながら、この伝統的アプローチに対する批判が主に向けられているのは、まさにこの部分である。人種差別主義や、その他の集団間の権力の力動が考慮されない、あるいは見落とされているからである。

「**人種中心的**」アプローチの主な仮説は、「ある人種集団に属するという体験は、あらゆる体験を超越する」(Carter, Qureshi, 1995: p.244)という点に置かれる。特にアメリカでは、アメリカの社会政治的な歴史や、「明らかな人種的／民族的集団」の間に存在する力の違いゆえに(Carter, Qureshi, 1995: p.251)、このようなことが起こる。ここでいう人種集団とは、白人、アフリカ系アメリカ人、アジア系アメリカ人、アメリカ原住民、ヒスパニック、ラテンアメリカ系アメリカ人のことである。人種は、「文化的な特色や特徴を定める目印あるいは基準となり、皮膚の色、身体的特徴、言語によって規定される。そして、分類や集団の格付けを通して与えられた特色や属性は、過去においてそうだったように、これからも変化しないものとして考えられていくだろう」(Carter, Qureshi, 1995: p.251)。民族の存在は認められるものの、人種中心的なこの理論の提唱者らによれば、まず「人種というレッテルに対処すること」なしでは、他の文化に対して敏感になることは不可能であるとされる(Carter, Qureshi, 1995: p.253)。人種的アイデンティティとは、自己への気づきと同時に、白人が支配的集団としての地位と、それに伴う特権と権力を握っているという社会政治的環境への気づき、この双方から成る発達的過程であると理解される。人種中心的アプローチにおいて訓練生は、自分自身の人種的アイデンティティに気づくように、そして、個人レベル、社会レベル、文化レベル、所属する団体での人種主義が、治療関係のみならず、精神保健サービス全体に対して及ぼしている影響を意識するように促される。「人種が、相互的に、そして孤立化を伴って及ぼす文化への影響」を重視した上で、民族的および文化的相違が、人種としての意識の次に来る第二次的なものとして認識されている(Carter, Qureshi, 1995: p.254)。

最後に「**汎国家的**」アプローチの主な仮説は、「文化は、地理的社会的条件に関

係なく、人種集団への所属によって規定される」としている（Carter, Qureshi, 1995, p.255）。人種は、世界的な文脈において文化を規定するものと見なされ、そして、帝国主義および植民地主義の歴史こそが抑圧の心理を理解する鍵になるとされる。汎国家的アプローチの一つに、アフリカ中心主義がある。この主義は、ヨーロッパ的世界観のために、アフリカ人の世界観が歪められ、否定されたとともに、彼らの生物遺伝的な気質、および「アフリカ人としての自己意識」を本当の意味で理解し、尊重することが妨げられたとする（Carter, Qureshi, 1995: p.255）。

「抑圧／解放の心理学」の提唱者らは、汎国家的アプローチを2番目に代表している。彼らのアプローチでは、文化は相互作用的に理解されなければならない。すなわち、抑圧者の文化と非抑圧者の文化は、お互いとの関係において発達してきたものであると理解すべきなのである。プシケ（psyche）*とは社会構造との関係において理解されなければならないものであり、そしてこの社会構造は、あらゆる文化集団の成員にパワーを与えるような構造に変容しなければならないとされる。これらの視点には、世界中の人種がどのように抑圧と結びついているかという点、そして集団が皮膚の色と共通体験によってどのように結びついているかという点に対する幅広い、全世界的な理解を可能にするという利点はあるが、宗教や社会階級といった他の重要な要因が見過ごされる可能性もある。

* 訳者注：プシケ、サイケ、精神と訳される精神分析用語。個人を動かす原動力としての精神的／心理的な構造。

多文化的養成の関連文献——優先事項と相違点——

多文化的カウンセリングおよび養成関連の文献の大半において、特に人種的、民族的、文化的集団（例えば、イタリア系アメリカ人、アフリカ系アメリカ人、メキシコ系アメリカ人等）に焦点が当てられている。同時に、これらの文化に固有の性質や属性に関する知識と意識を深めることが強調されている（Sue, Sue, 1990）。これは、音楽療法における多文化的アプローチに関する初期の数少ない文献でも同様である（レビューはDarrow, Molloy, 1998を参照）。このような「文化固有」のモデルはほとんど、前述の哲学的アプローチの中の三つ、すなわち遍在的アプローチ、伝統的アプローチ、人種中心的アプローチのうちのどれかに該当する。これらの三つのアプローチでは、文化とは自己帰因的なものであるか否かというように、基本的な考え方の重点の置き方が異なっている。各々の重点は例えば、社会政治的歴史および権力の力動を認識することの重要性に置かれるのか、集団内あるいは集団間の相違の存在を認識し、それらを優先的に取り上げることが重要なのか、そして、文化的な知識あるいは文化的な自己認識を深めることがより重要であるか否かという点である。一方、このような文化固有のアプローチに対する批判者らは、このようなアプローチでは、集団内に存在する重要な相違が見落とされる場合が多いと指摘している。音楽療法スーパーバイザーにとっては、カウンセリングおよびセラピーにおける多文化主義への幅広い哲学的アプローチに精通するとともに、自分自身の視点、そして自分が勤務する施設の見解を理解しておくことが重要である。

多文化的カウンセリングの訓練やスーパービジョンについての文献を概観しても

やはり、そこに導入され、優先的に扱われている定義や仮説は様々である。Stone（1997）は、文化に対する「包括的」アプローチと「排除的」アプローチという二つを区別している。

> 「包括的アプローチでは、多文化的なるものを定義するにあたって、幅広くかつ国際的なアプローチがとられ、しばしば人種、民族、国籍、社会階級、宗教、性別、感情的指向性、年齢、障害等の曖昧な用語が内包される。一方、排除的アプローチは、焦点を当てる対象を、米国内の『代表的な人種的／民族的少数者集団』──アフリカ系アメリカ人、アメリカインディアン、アジア系アメリカ人、ヒスパニック、ラテン系アメリカ人──に限定しようとする」（原著［stone, 1997］の強調箇所、pp.264-265）。

Stoneは、「文化」の二つの定義にはそれぞれに長所と短所があると指摘すると同時に、このような区別は実際、二つのグループに分けて定義することになると述べている。いずれの方法も、CarterとQureshi（1995）が提案した分類以上に詳細な相違点を提示していない。

文献中に見られる区別としてもう一つ、「多文化的」アプローチと「異文化的」アプローチが挙げられる。この二つの用語は時に同じ意味で用いられることもあるが、複数の文化的相違が存在するような場合と、明らかに異なる二つの文化に重点が置かれるような場合とに区別して使い分けされることが多い。「多文化的スーパービジョンとは、多数の文化的要因から影響を受けるようなスーパービジョンあるいはカウンセリングの状況を指す」（D'Andrea, Daniels, 1997: p293）。例としてD'AndreaとDanielsは、アフリカ系アメリカ人の十代の少年集団とセッションをしているアジア系の女性スーパーバイジーに対して、白人男性のスーパーバイザーがスーパービジョンを行なうような状況、あるいはラテン系のスーパーバイザーが、多様な文化的／民族的背景を持つスーパーバイジー集団を対象とするような状況を挙げている。「異文化的カウンセリング・スーパービジョンとは、スーパーバイザーとスーパーバイジーが、互いに異なる文化的集団に属しているようなスーパービジョン的関係と定義される」（例えば、白人スーパーバイザーと黒人スーパーバイジー、アジア系アメリカ人スーパーバイザーと白人スーパーバイジー、黒人スーパーバイザーとヒスパニックのスーパーバイジー等）（Leong, Wagner, 1994: p.118）。このような異文化的アプローチでは通常、「代表的な人種的／民族的集団」すなわち、アフリカ系アメリカ人、アジア系アメリカ人、先住民、ラテン系アメリカ人に対して主に焦点が当てられる（Helms, Richardson, 1997を参照）。多文化的アプローチ、異文化的アプローチ双方ともに、あらゆる文化的相違（例えば性別、宗教、民族、社会的／経済的地位）に焦点を当てることで、より遍在的な指向性を帯びることもあるが、文献では、白人と、主だった人種的／民族的集団の成員との間の違

いを取り上げる傾向が依然として見られる。

　さらに、多文化的カウンセリングの関連文献においては、文化固有的アプローチと普遍的アプローチとが区別されることが多い。この二つのアプローチは時に、「エティック」(etic) および「イーミック」(emic) という用語によって区別されることがある。エティックなアプローチとは、「文化的に一般化が可能な、あるいは普遍的な」ものである（Fischer, Jome, Atkinson, 1998: p525）。従来のカウンセリングの大半は、エティックな視点を持つ。例えば、文化的な背景に関係なくクライエントに対して一つの発達モデルを用いる、あるいは人種や民族に関係なく、人間中心療法といった一つの理論的指向性をとる場合である。このようなエティックなアプローチは、文化的な多様性およびクライエントの世界観に対して敏感でないとして批判されている。スーパーバイザーおよび実践家は、カウンセリングを行なう時に、理論および概念が、どのように欧米的価値観を反映しているかを認識できなくてはならない。例えば、子どもの離乳はいつが「正常」なのかという問題は、文化的規範によって規定されるが、そのような文化的規範自体が、フロイトおよび精神分析家が提唱した規範とは大きく異なっている。あるいは、人間中心療法では、自己実現が促されるとともに、人間の成長は自己理解、そして自らの内的資源へのアクセスがスムーズにできるという上に成り立っているとされる。しかしながら、このような視点は、個人主義的な文化の中で育った多数のクライエントにとっては有益かもしれないが、自己に関してどちらかと言えば集団主義的な概念を内包するような世界観を持ち、自分の個人的感情に重きを置かないような価値観を持ったクライエントにとっては、違和感を抱く自己概念ともなりかねない（Sodowsky, Kuo-Jackson, Loya, 1997）。さらに、集団主義的文化の成員は、自らを目立たなくすることで、自分の特徴を消し去り、文化的理想を実現できると理解している場合が多い。自らを目立たなくするという行為こそが、所属感覚の維持と最大化をもたらすのである（Christopher, 1999）。

　多文化主義者の一部は、「改良を加えたエティックな」アプローチを提唱する（Sodowsky, Kuo-Jackson, Loya, 1997）。彼らは、「人種的アイデンティティ、民族的アイデンティティ、世界観、文化変容、文化変容に伴うストレス、移民要因といった多文化的概念」の使用を主張している（p.21）。これらの概念は、心理的過程に対する文化の影響力を理解しようとする考え方を表わすが、それにもかかわらず、その文化内における個人を外側から、あるいは付与された概念を通して理解するシステムであるという特質も備えている。そして、このような側面こそ、このアプローチが、異文化的な性格を持ちながらにして、エティックなものともしている。エティックなアプローチは、諸集団の比較を可能にし、互いに異なる文化的集団間の類似性および相違についての有益な情報をもたらすが、ある特定の文化的集団内における個人の理解を可能にするものではない（p.28）。

ある個人を、その人に固有の文化という文脈のうちに記述するアプローチは、イーミックなアプローチと呼ばれる。イーミックなアプローチは、ある個人の帰属する文化の外にある概念を使わずに、その人が属する文化的集団の世界観から、彼／彼女の行動や信念と関わる概念や意味を発見しようとする。例えば、アフリカ系アメリカ人で8歳男児のクライエントを対象とする場合、私たちは、この少年を彼の家族、コミュニティという文脈、そして彼の個人的発達をその環境という文脈の中で捉えるだろう。アフリカ系アメリカ人の少年についてのステレオタイプな考え方はすべて退けられ、臨床家は、この少年の体験を、彼固有の文化的レンズ（すなわち、性別、人種、民族、社会的／経済的状態、家族構成、文化変容、民族的アイデンティティ等が、彼が身を置き自らを規定している人種的環境、民族的環境、社会的／経済的環境、社会政治的環境の中でどう共存しているのかということ）を通して、理解しようと試みるのである。イーミックな視点に立つと、このような理解は、クライエントの文化的世界および体験の内側からされなければならない。ひとたび用語が、この少年や彼の文化が彼自身を規定する外側で用いられると、それはもうエティックな立場になることを意味する。

　エティックな視点とイーミックな視点の双方を理解するには、臨床家もスーパーバイザーも、ある文化に固有な要因と普遍的な要因とを理解することが求められる。Fischer, Jome, Atkinson (1998) は、文化的に特定の意味を持った文脈において「普遍的な癒しの条件」を用いることにより、双方のモデルの最善の部分を統合することが、臨床家にとって可能になると主張している。彼らは、大半の心理療法モデルに、そして、特定の文化にとらわれない大半の治療の伝統に共通して見られる四つの要因について、その概略を述べるとともに、そのような諸要因こそ、「文化固有的なアプローチと普遍的アプローチとの間のギャップを埋めるための効果的な手段になると考えられる」と主張している (p.525)。四つの要因とは、治療的関係、世界観の共有、変化しようと思うクライエントの期待、クライエントの苦痛を和らげるための儀式あるいは介入である。Fischer, Jome, Atkinsonは、これらのよく見られる要因を、西洋的心理療法の統合理論家達の業績と対比させながらも、やはりこれら理論家の行なってきたものとは違うとしている。そしてFischerらは、彼らのアプローチが、超文化的理論の提唱者らが人類学的アプローチを用いながら、「普遍的な要素が多くの文化をまたいであらゆる心理的癒しおよび霊的癒しにおいて機能している」ことを見つけ出そうとする試みに、より近いものであるとしている (Fischer, Jome, Atkinson, 1998: p.532)。私は、このようなモデルこそ、音楽療法士にとって有益な統合的アプローチをもたらすものであると考える。しかし、音楽療法において、まず多文化的問題に関する養成とスーパービジョンを適切なかたちで行なって、はじめてアプローチの統合が達成される。

多文化的コンピテンシー

　過去10年の間に、多文化的実践というテーマがいくつかの専門家の団体によって取り上げられてきた。1993年、アメリカ心理学協会（APA: American Psychological Association）は、一連の「民族的、言語的、文化的に多様な人々に対する心理的サービス提供者のためのガイドライン」を公表した（APA, 1993）。このガイドラインでは例えば、次のような記述がされている。心理的過程の理解における重要なパラメーターは、民族および文化を認識すること、自分自身の文化的背景／経験、考え方、バイアス、価値観が、どのように心理的過程に影響を及ぼしているかに気づくこと、家族内、およびそれより大きなコミュニティ内に存在する資源を特定すること、クライエントの霊的な、あるいは宗教的な信念、価値観、習慣を尊重すること、その地域に固有の習慣に精通すること、評価を下したり介入を行なったりする際、社会政治的文脈を理解することである。1992年、Sueらは、多文化的カウンセリング／発達協会（Association of Multicultural Counseling and Development）と共同で、31項目からなる一連の多文化的コンピテンシーを提案した（Sue, Arredondo, McDavis, 1992）。このコンピテンシーは、1）自分の仮定、価値観、バイアスに対するカウンセラー側の意識、2）文化的に異質なクライエントの世界観の理解、3）適切な介入方法およびテクニックの開発という、三つの領域における考えと姿勢、知識、スキルから構成されている。そしてこれは、APAによって示されたガイドラインと同様の内容を推薦するとともに、カウンセリングにおける多文化問題を取り上げる養成カリキュラム立案を図る場合に、多くの点でその叩き台ともなってきた。このコンピテンシーは1996年、カウンセラー教育／スーパービジョン協会（Association for Counselor Education and Supervision）によって正式に承認された（Daniels, D'Andrea, Kyung Kim, 1999）。このリストは、文化的能力の高い精神保健分野の実践家となる上で必要とされるコンピテンシーとは何かという点に関して、明確なアウトラインを提供する。

　以下に、Sue, Arredondo, McDavis（1992: pp.123-125）が挙げた多文化的コンピテンシーに手を加えて紹介する。

I. 自身の仮定、価値観、バイアスに対するカウンセラーの意識
　文化的スキルの高いカウンセラーは、以下のような姿勢と考えを持っている。
- 自身の文化的遺産に対する意識および感受性。
- 文化的背景の違いを評価し、尊重すること。
- 自分の文化的背景、体験、姿勢、価値観、バイアスが心理的な過程にどのように影響を及ぼしているかという点への意識。
- 自分のコンピテンシーおよび専門知識の限界を理解する能力。
- 人種、民族、文化、信念という点において、自分とクライエントとの間にある違いを楽に受け止められること。

文化的スキルの高いカウンセラーは、以下のような知識を備えている。
- 自分自身の人種的および文化的伝統に関する的確な知識、そして、それが正常─異常の定義およびカウンセリングの過程に、個人的および専門的な意味でどのような影響を及ぼしているか、という点についての特定の知識。
- 抑圧、人種主義、差別、定型概念が、個人的に、そして仕事において、どのような影響を及ぼしているか、という点についての知識と理解。
- 自分自身の人種主義的態度、信念、感情を認めること。
（この点は、白人のカウンセラーにとって特別な意味を持つ。白人のカウンセラーは、自分たちが、個人、施設そして文化レベルの人種主義から、直接的あるいは間接的に、どのようなかたちで恩恵を受けてきたかについて気づかねばならない）
- 自分が他者に及ぼす社会的影響力に関する知識。

文化的スキルの高いカウンセラーは、以下のようなスキルを持っている。
- 文化的に異質な人々を対象に仕事を行なう際の理解と能力を向上させるような、教育、相談、トレーニングを受けてきたこと。
- 自分のコンピテンシーの限界を認識する能力、そして、相談やさらなる訓練あるいは教育を求めたり、自分より資格がある人や資源に照会することによって、あるいは上記のことを組み合わせながら、足りない部分を埋めようとする能力。
- 自己を人種的、文化的存在として理解しようとする能力。
- 非人種主義的アイデンティティを積極的に追求すること。

II. クライエントの世界観に対するカウンセラーの意識

文化的スキルの高いカウンセラーは、以下のような姿勢と考えを持っている。
- 自分以外の人種および民族集団に対する自分の否定的な感情的反応が、カウンセリングを受けるクライエントへ害を及ぼす可能性があるという意識。
- 自分の考えおよび姿勢と、文化的に異質なクライエントのそれとを、判断することなく対比しようとする意思。
- 自分以外の人種的、民族的少数者集団に対して抱いているかもしれない、自らの定型概念および偏見への意識。

文化的スキルの高いカウンセラーは、以下のような知識を備えている。
- 自分が仕事をしている特定の集団に関する的確な知識。
- 文化的に異質なクライエントの人生経験、文化的伝統、歴史的背景に対する意識。
- 少数者のアイデンティティの発達モデルに関する理解。
- 人種、文化、民族性、その他の要因がどのように、人格発達や職業選択、心

理的障害の徴候、援助を求める行動、カウンセリング・アプローチおよび介入の適切さ、不適切さに影響を与えるかについての理解。
- 人種的および民族的少数者集団の生活に作用している社会政治的影響についての理解と知識。
- 移民、貧困、人種主義、定型概念、無力状態、これらの問題が個人およびカウンセリングのプロセスに対して及ぼしている影響への意識。

文化的スキルの高いカウンセラーは、以下のようなスキルを持っている。
- 様々な民族的、人種的集団における精神保健および精神障害についての主要な研究に精通していること。
- 自分の知識、理解、異文化的スキルを向上させるための教育の場を求める能力。
- カウンセリング以外の場面、例えば地域社会での行事、社会政治的機能、祝典行事、交友、近隣集団等を介して、少数者に属する人物と積極的に関わること。このようにすることで、単に学際的ではない展望が得られる。

III. 文化的に適切な介入方法

文化的スキルの高いカウンセラーは、以下のような姿勢と考えを持っている。
- 信仰の属性やタブーをも含めた、クライエントの宗教的および霊的信仰と価値観に対する敬意。
- 上述のような信仰が、世界観、心理社会的機能、苦悩の表現に影響を及ぼすことに対する認識。
- 地域に固有の援助行動、および援助提供のための地域のネットワークに対する敬意。
- 2国語使用者に敬意を払い、2国語使用者であるカウンセラーを除いて、そのような言語能力を評価できないということ。

文化的スキルの高いカウンセラーは、次のような知識を持っている。
- 文化的制約や階級的制約および1言語のみによるカウンセリングやセラピーが、様々な少数者集団の文化的価値観とぶつかる可能性についての明確な理解。
- 少数者が精神保健サービスを利用するのを妨げている施設側の障害に対する意識。
- アセスメント手段の中で考えられうるバイアスについての知識、および、クライエントの文化的、言語的特質を考慮しながら諸手続きを用い、所見を解釈する能力。
- 少数者の家族構造、上下関係、価値観、考え方についての知識。
- 地域社会の特性、そして、家族内および地域社会内の資源に関する理解。

- サービスを受ける者の心理的福利へ影響を及ぼしかねない、社会レベルおよびコミュニティレベルでの差別的行動への意識。

文化的スキルの高いカウンセラーは、以下のようなスキルを持っている。
- 言語的および非言語的なかたちで幅広い援助的応答を行なう能力。
- 言語的および非言語的メッセージの双方を、正確かつ適切に発信し、また受け取る能力。援助のスタイルやアプローチは文化的制約を受けうることを理解し、そのような援助のスタイルの限界に敏感であること。しかるべき場合には、ある援助のスタイルがもたらすかもしれないネガティブな影響を未然に防ぎ、それを軽減すること。
- 他の人たちの人種主義やバイアスによって問題が生じるのはどのような場合かという点を、クライエントが理解するのを助け、クライエントのために施設独自の介入スキルを用いる能力。
- 文化的に異質なクライエントの治療にあたって、しかるべき場合には伝統的な治療師、宗教的、霊的指導者や実践家に相談を求めること。
- クライエントが要求する言語を使ってクライエントとやり取りする責任を負うこと。必要ならば、文化的知識としかるべき専門的背景を持った通訳を探すか、あるいは知識が豊富で有能な2国語使用のカウンセラーに任せること。
- 従来のアセスメントおよびテスト方法に関して訓練を受け、熟達していること。そして、それらの技術的および文化的制約の両方を理解していること。
- 多様なクライエントの福利のためにテスト方法を用いることが出来る能力。
- 評価および介入実施にあたっての社会政治的文脈への意識、抑圧、男女差別、エリート主義、人種主義といった問題に対する感受性、そして、バイアス、偏見、差別的行動を排除しようとする積極的な努力。
- 自分のクライエントに対し目標、期待、法的権利、自らの指向性といった心理的介入のプロセスについて説明する責任をとること。

音楽療法士にとっての多文化的コンピテンシー

　Bradt（1997）は、彼女の論文「多文化的カウンセリングにおける倫理的諸問題—音楽療法分野へのヒント」の中で、音楽療法士を対象とする倫理綱領において、多文化的な指針が欠落している点をつぶさに観察している。彼女は、音楽療法において多文化主義への関心が欠如している状況を、倫理的実践という文脈の中に据えて論じている。彼女は音楽療法士の教育においては、多文化問題に関心が払われることが不十分であるだけでなく、倫理に関心が払われること自体が不十分であると指摘している。彼女は、「音楽療法士は、文化的知識を持つと同時に、自分自身およびクライエントの考え、価値観、定型概念に関する洞察をしなければならない。音楽療法士は、クライエントに対してアセスメント、診断、目標設定、そして治療

的介入を行なう際に慎重であるとともに、民族的少数者に属するクライエントとセッションをする場合には、言語の壁を克服できるよう努めなければならない」と主張する（p.139）。Bradtはさらに、治療における音楽の使い方に特有の問題が存在するとも指摘する。そして、Moreno（1988）と同じく、音楽療法士は、世界の数多くの文化に見られる音楽に親しむべきであると主張している。彼女は、「様々に異なる文化の音楽が持つ意味」を認識し、尊重することの重要性を繰返し述べている（p.139）。

1994年7月から、『Music Educators Journal』誌に「文化的文脈における音楽」と題された、連載論文が掲載されたことからわかるように、音楽教育者は、音楽療法士より一歩先を歩んでいると思われる。この連載では、民族音楽学者と音楽教育者が招待され、非西洋音楽という文化的文脈について、そしてそのような音楽を多文化的感受性の高い教室にどのように持ち込みうるかという点について、具体的に語られた。これらの論文は、音楽療法士にとっても大きな情報源となる。さらに、Sarrazin（1995）も、音楽教育者（そして音楽療法士）に対して重要な警告をいくつか発している。彼女は、美の意義および美的体験を比較文化的なかたちで把握する必要があると指摘している。すなわち、私たちと異なる文化においては、私たちがふだん音楽を考える際の捉え方とは異なるかたちで、音楽が表現され、知覚され、利用され、概念化されているのである。さらに彼女は私たちが、この音楽の捉え方という部分で、もっとも自民族中心主義的になりやすく、その結果、自分たちの場合と異なる美的機能を音楽が果たしている、という点を考慮することすらできなくなるとも述べている。「芸術とは美である、あるいは美的体験を呼び起こすものであるということを、私たちは根本的な前提事項として受け入れるようになった」（p.34）。Sarrazinによれば、私たちは、音楽が「聴かれる」という目的を満たすものであることが当然であると考えていて、このような考え方をすることで、他の文化においては音楽が同じような美的機能を果たしているとは限らないということが、私たちにとって受け入れがたくなる場合もあるのだと主張する。彼女は、Alan Merriamによって提示された、西洋的な美の概念を構成する六つの要因を挙げている。1）心理的距離、2）形式のための操作、3）感情を生起させるという特質を、厳密に音として知覚された音楽の属性とすること、4）美を芸術の過程あるいは作品の属性とすること、5）何らかのうつくしいものを創造しようとする明確な意図、6）うつくしさ（aesthetic）＊に関する哲学の存在（p.34）、である。

西洋的なうつくしさの通念に当てはまらない音楽の例としてSarrazin（1995）は、アメリカ先住民の文化における音楽を挙げている。アメリカ先住民の音楽、あるいは儀礼／部族音楽は、「芸術のための芸術」というヨーロッパ的概念とは一致しない、と彼女は述べている。どちらかといえば、アメリカ先住民の音楽は、機能的なものである。それは、「ダンスのようなある行為あるいは行動と不可分に結びついている」（p.34）。彼女はまた、土着文化の一部には、音楽という語が独立した概念

＊ 訳者注：キャロライン・ケニー著『フィールド・オブ・プレイ』の付記で、訳者はケニーの理論モデルにおける重要な要素として、aestheticを「うつくしさ」、より一般的なbeautyを「美」と意識的に分けて訳しており、本書でもそれにならうことにした。

として存在すらしない場合もあると指摘する（Campbell, Seeger［1995, p.20］によると、Suya Amazonianの人々は「ngere」という、音楽とダンスを同時に表わす語を持っているという）。アメリカ先住民にとって音楽は日常生活の一部であり、日々の行為や体験、そして聖なる行為や体験と結びついている。例えば、トウモロコシをすりつぶす時の歌や、癒しの儀式のために薬草を選ぶための歌が存在する。「聴くという楽しみのための伝統音楽は存在しない」（Sarrazin, 1995: p.35）。また、音楽そのもののためのアメリカ先住民の器楽音楽も存在しない。音楽は、その機能や行為と不可分に結びついており、各々の楽器は象徴的な意味を持ち、声を中心としている。行為から切り離された音楽の音に意味が与えられるということはない。（アメリカ先住民の器楽演奏の録音や、先住民のフルート音楽のニューエイジ的な演奏、アメリカ先住民の歌の録音もあるが、この種の音楽は、先住民地域社会の伝統的成員の間では論争の的となっている。地域社会の一部には伝統的音楽を現代風に用いるのを歓迎する者がいる一方、音楽の使い方として不適切であると感じる者もいる）。最後になるが、音楽の作曲者という観念も存在しない。「音楽とは、夢またはトランス状態の中で、精霊を介して人間のもとへやってくるものと考えられている」（p.35）。このように音楽の美的価値に対する異なったアプローチから、教室という場での儀式的音楽および部族音楽の使用に対して、アメリカ先住民の一部から論争や反発が沸き起こったというのも説明がつく（Campbell, McAllester, 1994）。

　異文化における音楽の意味を完全に理解するためには、私たち自身の文化的な思い込みについて敏感になることが不可欠である。私たちは、音楽創作や音楽聴取が普通なこと、普遍的なことであると、当然のように捉えているが、この点を認識しなければならない。確かに音楽は普遍的な現象として存在するが、だからといって音楽に関する単一の普遍的概念が存在するわけではない。例えば、労働者階級のアフリカ系アメリカ人女性にとって教会音楽が持つ意味や機能と、上流階級の白人思春期の少年にとってポピュラーなロックンロールが持つ意味や機能は異なっている。音楽体験が文化によってどのように規定され、どのような文脈に位置づけられ、どのような優先順位をつけられているかを知ることが、音楽療法士にとっては重要である。Ansdell（1995）は、受動的聴取と、音楽をともに演奏する中で生じる聴取との違いを論じることを通して、この現象についての研究を始めた。彼は、後者を「演奏中の聴取」あるいは「社会的聴取」と名づけた（p.158）。音楽体験、聴取体験、美的体験に対してこのように多様な理解の仕方があることについて、音楽療法士はもっと書いていかなくてはならない。また、カウンセリング、精神保健、教育、そして音楽といった分野がどれも、主流文化からいかに影響を受けているのかという点も、音楽療法士は知っておく必要がある。音楽療法士はさらに、自分自身の文化の影響、クライエントの文化の影響、そして音楽療法という分野自体の文化的影響を特定する能力も持たなければならない。

BernardとGoodyear（1998）は、カウンセリングや心理療法に主流文化が反映されている点を理解することが重要であり、同時に、カウンセリングおよび心理療法自体が、一つの文化を形作っているという点を理解することも不可欠であると指摘する。カウンセリングおよび心理療法という文化には、独自の言語が存在するのである。そこには、独自の規範、考え方、慣習があり、また独自の管理形態が見られる。それゆえに、音楽療法もまた、ある一つの文化を体現する。音楽療法という文化の中で、音楽がどのように使われるのかということが、独自の意味を帯びるようになる。音楽療法においては、治療的関係は音楽的関係を通して変えられ、伝えられる。Ansdell（1995）は、音楽、そして音楽の質を、自分が対象とする「人々に届くもの」とすることが、音楽療法士のスキルであると述べている（p.16）。音楽療法という出会いにおいては、音楽、創造性、そして創造的過程に対して特別な位置づけがされる。だからこそ、私たちは音楽療法士として、自分自身の仕事としての文化的期待および実践と、クライエントの文化的期待および実践とが、どのように共存していくのかという点について、責任を負わねばならない。

スーパービジョンの多文化的アプローチ

多文化的感受性の高い実践を行なおうとする臨床家からの要望の高まりに伴い、多文化的および異文化的な訓練やスーパービジョンに関する文献も増えてきた（Leong, Wagner, 1994; Pope-Davis, Coleman, 1997）。しかし、多文化的カウンセリング教育に関する文献に比べると、多文化的スーパービジョン関連の文献はかなり限られている（Bernard, Goodyear, 1998）。これはおそらく、スーパービジョンに関する文献自体が少ないという事情を反映したものであろう。BernardとGoodyear（1998）は、スーパービジョンの訓練が実施される回数が少ないことが、研究によって明らかになったと指摘している。スーパービジョンは従来から、先輩の療法士に任されてきているが、この背景には、良い療法士であれば良いスーパーバイザーであるという考えが存在している（Bernard, Goodyear, 1998: p.5）。しかし、残念ながらそのような考えが常に正しいわけではなく、精神保健の分野において、スーパーバイザーがスーパービジョンの正式な訓練を受けるように要求するケースが増えてきている。スーパービジョンに対する方針という点では、音楽療法は進歩的であるように思われる。すなわち、1994年に、旧全米音楽療法協会は、音楽療法インターン対象の訓練施設としての認可を求める施設に、「責任者は、音楽療法サービス自体においてインターン実習後3年の経験を有し、なおかつ、音楽療法インターン生へのスーパービジョンに関する5時間のCMTE（音楽療法の継続的な教育）のワークショップ、あるいはスーパービジョンに関するその他の修了証が発行される訓練を終了していなければならない」と要求している（American Music Therapy Associationのウェブサイトに掲載されている、臨床訓練に関する方針）。

臨床的スーパービジョンは、以下のように定義される。

「ある専門領域の、より上級のメンバーから、同一の専門の、より初級のメンバーに対して提供される介入。この関係は、評価を伴うものであり、時間を要し、そして、初級の人の専門的機能の向上、その人が担当するクライエントに提供される専門的サービスの質についてのチェック、そして特定の専門領域に入ろうとする者に対する門番としての機能を、その目的として同時に有する」（Bernard, Goodyear, 1998: p.6）。

　スーパービジョンは、専門学位を得て卒業するのに先だって、実習科目およびインターン実習体験において、しばしば大学の内外の両方で実施される。さらに、大学卒業後の臨床においても、多くの専門家が、まず職業的な免許と証明書取得の準備としてスーパービジョンを受ける他、その後も、継続的な専門家としての成長の一環として、そしてクライエントに対する治療のコーディネーションの一環として、スーパービジョンを受けている。

　スーパービジョンとは、理論と実践の掛け橋となるものである。臨床家は、彼らの臨床における要求に応えていこうとする一方で、スーパービジョンにおいては自分の専門に関わる理論を理解し、それを応用しようとする。スーパービジョンでは、クライエント、療法士、スーパーバイザー、施設あるいは経営者のすべてが、各々の意見を持っている。スーパーバイザーとスーパーバイジーは、クライエントのニーズと、さらに大きな臨床的枠組みからの期待の両方に応えなければならない。

　音楽療法のスーパービジョンという枠の中で、この職業自体も声を上げるべきだと私は訴えたい。音楽療法士は、大半の精神保健関連の機関において少数者の立場に置かれていることから、自分の仕事を弁護し、説明し、わかりやすく伝えなければならないという、特定の重圧にさらされる場合が多い。音楽療法士が他の音楽療法士によるスーパービジョンを受ける際、そのスーパーバイザーはある特有の役割と機能を担うこととなる。スーパーバイジーに対する役割モデルとして、専門分野全体の門番として、さらに専門分野に固有のテクニックおよび方法に関する訓練のファシリテーターとしてのスーパーバイザーの役割が、しばしば強調される。同時に、スーパーバイジーにとっては、その分野に固有の役割モデル、訓練者、あるいは助言者となるべき人間が、過去に接した教員以外に誰もいないという場合も多い。このことが、スーパービジョン関係に対して負荷を加え、この負荷は、スーパーバイジーが勤務する機関や施設とスーパーバイザーとの関係によって、さらに大きくなる。音楽療法士が、音楽療法以外の精神保健領域のプロフェッショナルからスーパービジョンを受ける場合、スーパーバイジーは、音楽療法における自分の体験や介入を、常にスーパーバイザーが理解し重視するような言葉に置き換える必要に迫られることも多い。音楽療法士のスーパービジョンというテーマを正当に取り上げたいのであれば、スーパービジョンにおける音楽療法という「文化」が果たす役割の影響に関して、多文化的諸問題と合わせて、さらなる考察を試みるべきである。

カウンセリングにおける多文化的問題と同様に、スーパービジョンにおける多文化的問題もまた、多様であり複雑であり重要である。それらには、Sue, Arredondo, McDavis（1992）の提案による、先に挙げた多文化的コンピテンシーで取り上げられている問題点と並行する部分も多い。彼らのリストには、自分自身の文化的仮説、価値観、バイアスに対するカウンセラーあるいはスーパーバイザーの意識、あるいは意識の欠如に関わるテーマ、文化的に異質なクライエントの世界観に対するカウンセラーあるいはスーパーバイザーの理解のありように関するテーマ、あるいは文化的に異質なスーパーバイジーの世界観に対するスーパーバイザーの理解のありように関するテーマ、適切かつ文化的感受性の高い介入方法およびテクニックを、セラピーとスーパービジョンの双方で向上させることに関するテーマが挙げられている。さらに、スーパーバイザーは教員とともに、臨床家の文化的コンピテンシーに対する責任を負っている。すなわち、スーパーバイザーはクライエントの福利に対する最終責任を負っているのだが、そのような責任は、スーパーバイジーの文化的知識、感受性、スキルの範囲にまで及ぶ。また、スーパーバイザーは、スーパーバイジーのコンピテンシーを評価するという役割を果たしていることから、スーパーバイジーとの関係において力のある立場に立っている。しかし、このような力は、スーパーバイザーの担う責任のゆえに与えられるのではなく、スーパーバイザーが有する資格および過去に受けた訓練の結果として与えられるものである（Cook, 1994）。スーパーバイザーは、自らの評価に伴う力が、スーパービジョンにおける文化についての議論に、どのような影響を及ぼすかという点を意識しなくてはならない。以上のような諸問題に見られる複雑さを考慮すると、Bernard（1994）が観察しているように、「多文化的力動への意識が始まる場としては、スーパーバイジーにとって、そしてなによりもスーパーバイザーにとって、スーパービジョンが適切な場であるとは言えない」（p.160）ということが明らかである。

さらに、音楽療法士に対する多文化的教育の現状を考えると、大半のスーパーバイジーとスーパーバイザーは、多文化的コンピテンシーのトレーニングに参加する機会が限られているということが言えるだろう。Stone（1997）は、多文化的トレーニングという負荷を、実習現場は担うべきではないと指摘する。文化的相違が存在するようなクライエント／療法士という二者関係、あるいはスーパーバイジー／スーパーバイザーという二者関係の状況へ学生が送りこまれるのに先だって、スーパーバイザー、スーパーバイジー双方ともに、多文化的カウンセリングの訓練をある程度受けておくべきである。このような教育を通してこそ、「スーパーバイザーとスーパーバイジーの双方が、治療の実践における文化的要因についてさらに学ぶことができるような、効果的なスーパービジョンの環境を用意する能力が育てられる」（p.272）。音楽療法士は、カリキュラムの一部に多文化的アプローチを音楽、そしてセラピーに取り込むことに着手しなければならない。さらに、スーパーバイザーは、音楽療法の実践に伴う多文化的問題について教育を受ける必要がある。

LeongとWagner（1994）は、多文化的スーパービジョン関連の文献レビューにおいて、文献中で取り上げられている問題の大半は、スーパーバイザー側の無知によるものであると指摘している。スーパービジョンあるいは多文化的問題についてしかるべき訓練を受けていないスーパーバイザーが多い点を考えると、これは驚くことではない。しかしながら、音楽療法のスーパーバイザーにとって参考となる文献が増えている以上、多文化的問題に対していつまでも無知なままではいられなくなっている。Steward, Wright, Jackson, Jo（1998）は、スーパーバイザーが、自分自身の多文化的意識、知識、スキルについて訓練を受けるのと同時に、スーパーバイジーの多文化的意識、知識、スキルに対する評価の実施についても訓練を受けることが重要であると論じている。彼らは、D'Andrea, Daniels, Heck（1991）の考案による多文化的意識／知識／スキルに関する調査用紙[*1]、およびLaFromboise, Coleman, Hernandez（1991）の考案による異文化カウンセリング・インベントリー改訂版[*2]を使用した。音楽療法スーパーバイザーは、このような手段に精通すべきであり、それらについて充分に学んだのちに、まずは教育手段として、そして評価尺度としてそれらを用いていくべきである。さらに、文化的コンピテンシーに対する評価には、クライエント（特に、スーパーバイザーおよび臨床家が白人で、クライエントが有色人種である場合）からのフィードバック、そして広範な多文化的カウンセリングについての訓練経験に富んだ同僚からのフィードバックも取り入れるべきである[*3]。音楽療法スーパーバイザーはまた、ほとんどの大学で提供されている多文化的トレーニング関連の上級科目、そしてこのテーマに関する継続的な教育を受けるというチャンスを、十分に活用しなければならない。

音楽療法スーパービジョンにおける人種問題

音楽療法スーパーバイザーが、自らの仮説、価値観、バイアスについての意識を深めていくに伴い、多文化的スーパービジョン関連の文献で指摘されている数多くの多文化的問題を特定し、それらに取り組むことが可能になる。多文化的スーパービジョンに関する文献、および経験的研究の大半において焦点が当てられているのは、スーパーバイザーとスーパーバイジーとの間に文化的相違が存在する場合に生じる問題に対してである。それらの文献の多くは比較文化的とされてはいるものの、実際には、スーパーバイザーとスーパーバイジーとの間の人種的由来の違いを特に取り上げたものが大半である。Bernard（1994）は、このような現象の背後に、人種問題に対してアメリカ人が依然として抱える過敏さが存在していると指摘する。

一方、Cook（1994）は、スーパーバイザーは人種的アイデンティティについての諸モデルに精通すべきであると主張するとともに、有色人種のアイデンティティ・モデルと白人のアイデンティティ・モデルの双方について記述している。彼女は、「スーパービジョンのパートナーに見られる人種的アイデンティティに対する考え方、臨床施設の状況、あるいはその他の要因」によって、「人種的認識の階層

[*1] MAKSS: Multicultural Awareness, Knowledge, and Skills Survey.

[*2] CCCI-R: Cross-Cultural Counseling Inventory.

[*3] Stewardほか、1998；さらに、多文化的コンピテンシーに関するアセスメント表についての説明は、Coleman, 1997 を参照。

関係」が生まれうると指摘する（p.135）。彼女の説では、人種的アイデンティティの発達という面で、スーパーバイザーとスーパーバイジーがどの程度類似しているか、いないかという点によって、人種は様々に異なるかたちで認識されるようになる。

　アメリカで白人音楽療法士が優勢であることを考えると（Toppozadaは1995年に、旧NAMTの会員の回答者の91％が白人であったと指摘した）、白人の人種的アイデンティティについて理解することが特に重要である。歴史的に見ると白人のアメリカ人は、自分たちの特権および文化的なカプセル化が原因となって、自分たちが「人種を持たない」存在であると感じてきた。白人の特権とは、主流文化に属するという事実によって、白人が労せずして得てきた利益と定義される。そのような利益として、以下のものが挙げられる。

　　「自らの人種のために、毎日の生活の中で質問をされたり疑いの目を向けられたりしないこと。自分の価値観と歴史が、メディアや大衆文化によって正当であると評価され、さらにその評価が強化されることを経験すること。集団内あるいは人種問題に関する議論において、白人全体の代弁者となる必要がないこと。警察、雇用者、その他から、人種のために目をつけられるのを怖れなくてもよいこと。白人の特権の享受者であることで、白人主流文化の外に位置するあらゆるものを軽んじたり、気づかないでいることが容認されること」（Fong, Lease, 1997: pp.391-392）。

　文化的なカプセル化の特徴とは、自らの文化的前提に従って現実を規定したり、文化的相違を軽視したり、他者の行動を判断する上で自己準拠の規準を押し付けたり、自分自身の文化的バイアスに関心を払わなかったりすることである（Pedersen, 1995）。ヨーロッパ系の白人音楽療法士の多くにこのようなプロセスが見うけられるとはいえ、白人音楽療法士が全員そうであるというわけではない。その他の様々な社会人口学的変数（民族、社会／経済的地位、性別、感情的指向性）によっても、前述のような人種に関して考慮すべき事項に対する白人カウンセラーの意識のレベルが変わってくる*。

　Daniels, D'Andrea, Kyung Kim（1999）は、スーパービジョンにおける人種問題を取り上げた最近の論文の中で、スーパーバイザーが白人でスーパーバイジーが民族的少数者である場合に、両者間の文化的相違が原因となって生じる問題点を三つ指摘している。すなわち、対人関係のスタイルの違い、カウンセリングの目標の違い、スーパービジョンのプロセスにおけるスーパーバイザーとスーパーバイジーの役割に対する捉え方の違いである。FongとLease（1997）もまた、対人関係におけるスタイルの違いについて言及しているが、彼らはこの問題を、「コミュニケーションの問題」と位置づけている（p.395）。FongとLeaseによれば、文化的相違の

＊　Smith, 1991; Richardson, Molinaro, 1996 Rowe, Bennett, Atkinson, 1994を参照されたい。

存在に気づいていない白人スーパーバイザーは、基本的な言語的および非言語的手がかりについての解釈を誤ることがありうるとされる。すなわち、スーパーバイザーが、アイコンタクト、うなずき、大声で早口で話すといった行動や、直接的で課題に焦点をおいた対人関係のスタイルを、標準的なものと見なし、アイコンタクトの少なさ、静かで丁重な話し方、間接的なアプローチを、不安、能力のなさ、自尊心の低さの表われであるとして、誤って解釈するようになってしまう。ところが実際には、これらの行動は、権威に対する尊敬や敬意、対人的接触を維持するために対立を回避することの重要性、所属することを優先するために自己を目立たなくさせることの重要性といった、異質の文化的価値観を表わしているかもしれない（Priest, 1994 も参照）。対人関係およびコミュニケーションのスタイルにおけるこのような違いは、文化を問わず、男性と女性の間にも見られる。BernardとGoodyear（1998）は「スーパービジョン関係において男女の違いが存在する場合には、パワー、フィードバックへの感受性、コミュニケーションのスタイル、葛藤の解決、境界に関わる問題がすべて、**スーパーバイザーとスーパーバイジーの両方に生じる**」としている（p.46）。

多文化的スーパービジョンの段階モデル

スーパーバイザーとスーパーバイジーが文化的に異質である場合、治療の目標設定に対してスーパーバイザーがとるべき基本的アプローチに関する違い、およびスーパーバイジー／スーパーバイザーの役割の理解における違いが生じやすい。治療計画に対するアプローチ、スーパービジョンに対するアプローチにも、世界観や価値観が反映される。このような違いに気づき、それを容認し、活用することがスーパーバイザーの責任である。Priest（1994）によると、有能な多文化的スーパーバイザーの大半は、多文化的スーパービジョンにおける以下の六つの段階を経てきた。第1段階においてスーパーバイザーは、文化的相違を否定し、違いがスーパービジョンに対してどのように影響しているかという点に気づかない。第2段階では、文化的相違が認識されるが、スーパーバイザーは、その気づきにどう対処すべきかがわからず、新しい文化について学ぶことに圧倒されてしまうと感じてしまいがちである。第3段階においてスーパーバイザーは、複数の文化の間の違いと類似性を特定しようと試み、スーパービジョン関係にこれらの文化がどのように影響を及ぼすかを理解しようとする。第4段階でスーパーバイザーは、自分自身の文化的アイデンティティを理解しようとするとともに、自己のアイデンティティおよび自己の価値が、文化的文脈において規定されたものであると意識しようとする。第5段階になるとスーパーバイザーは、文化的相違を尊重するとともに、そのような文化的属性がスーパーバイジーの臨床的能力にどのように貢献できるのかを特定する。第6段階においてスーパーバイザーは、専門家であると同時に、複数の文化様式に対して敬意を抱くことが出来るようになる。このようなスーパーバイザーは、文化的視

野を広げる目的で、複数のスーパービジョン手法や臨床的スキルを用いることができる。Bernard（1994）は、スーパーバイザーがこのモデルの最初の4段階を、スーパービジョン前段階の訓練で通過しておくことを提案している。これらの4段階は実際、スーパーバイザーの人種的アイデンティティの発達に相応する。これらの段階がどれほどの重要性を持つかという点は、スーパーバイザーの自らの文化的アイデンティティに対する意識の程度によって左右される。

BernardとGoodyear（1998）、Priest（1994）、RemingtonとDaCosta（1989）は、スーパーバイザーが文化的少数派の一員であり、スーパーバイジーが文化的多数派の一員である場合に見られるユニークなチャレンジについて論じている。その一つに、スーパーバイジーが否定的な結果を予想したり、あるいはスーパーバイザーの能力に疑問を持ったりすることがある（Priest, 1994）。スーパーバイザーは、スーパービジョン関係において早めに文化的論点を取り上げるのが望ましい。パワーと評価という問題が存在するために、スーパーバイジーがスーパービジョンの二者関係に影響を及ぼすような、文化的テーマを取り上げることが妨げられるからである。また、スーパーバイザーは、他のスーパーバイザーからの助言を得ながら仕事をするのが望ましい。民族的少数派に属するより多くのスーパーバイザーが訓練や助言を受けること、そしてより多様なクライエント層のニーズに応えられるような、セラピーとスーパービジョンの従来のモデルを改良した新しいモデルが開発されることが望ましい。文化的に異質なスーパーバイザーからスーパービジョンを受けるという体験をスーパーバイジーが経ていくことで、従来のモデルや方法にも変化が生まれるだろう（Stone, 1997）。

Porter（1994）は、スーパーバイジーの多文化に対するコンピテンシーを向上させる、多文化的スーパービジョンの段階モデルについて記述している。このモデルは、スーパーバイザーの文化的コンピテンシーについての仮説を提示している。

第1段階においては、スーパーバイザーがスーパーバイジーを、文化的感受性の高い異文化的な視点に導入していく。「治療とのあらゆる関係において文化が明らかにされるとともに、文化的に相対的なアプローチと個別的なアプローチが、精神保健についての普遍主義者の仮説と比較される」（p.46）。この段階は課題中心的で、構造化された、教育的なものであり、スーパーバイジーのコンピテンシーを高め自信を深めさせるとともに、防衛的態度を弱めることを意図する。この段階はまた、スーパーバイザーとスーパーバイジーが、自分たちの間に関係を築き上げる機会ともなる。

第2段階において、社会文化的な枠組みと抑圧の分析が導入される。スーパーバイザーはスーパーバイジーに、症状に対して軽蔑的であったり、病理学的な視点を含むような「距離を置いた臨床的な視野」から離れることを促す。そしてクライエントの行動を形成することになった文化的、歴史的、社会的要因と関連づけて、ク

ライエントの行動を見る文脈的視点に立つように促す。クライエントの生活に影響を及ぼしている文化変容、人種主義、階級差別、その他の抑圧といった問題が、クライエントの精神保健に関する問題や悩みの理解の鍵になるものとして把握される。この段階では、クライエントの強い面を尊重すること、そして、クライエントの文化的資源について把握することが不可欠である。

第3段階で、スーパーバイジー自身のバイアス、定型概念、人種主義が探究される。Porterが示唆しているように、この段階は「スーパービジョンのプロセスにおいて、最も個人的で困難な段階である……この段階は最も脅威を感じるものであり、療法士とスーパーバイザーの間に多大な信頼が必要とされる。」(p.50)。このレベルに入る前に、スーパーバイザー自身が自らのバイアスを探究しておくことと、信頼関係とオープンなコミュニケーションが成立している段階に達していることが必要である。そしてここでもまた、パワーの問題に目を向けなければならない。評価という問題が、この過程とどのように関わっていくのかという点について、スーパーバイジーが明白に理解することが不可欠である。

第4段階では、クライエントへの介入や、スーパーバイジーの専門的成長が、個々のクライエントを越えた、集合的解決および社会行動という領域にまで広がっていく (p.52)。

Sinacore-Guinn (1995) は、別の多文化的感作化の段階モデル、特に文化および性別に対して敏感な診断能力の向上に関連したモデルについて記述しているが、これは、スーパービジョンのモデルとしても活用可能であると私は考える。まず、第1段階において学生（またはスーパーバイザー）は、診断で一般的に用いられるアプローチの中に備わっている文化的および性的バイアスを、批判的に分析するよう促される。第2段階で学生は、自分自身の生活の中に存在する文化システムの検討を迫られる。第3段階になると学生は、自己の内にある相反する文化的葛藤を明確にする。第4段階において学生は、一連の事例研究において文化的および性的問題の分析を行なう。第5段階において学生には、理論的方向性と文化的コンピテンシーを統合することが求められる。

以上のような多文化的スーパービジョンの諸モデルはすべて、高い多文化的感受性を備えた治療を実現するための出発点となる。これらのモデルが実践されることになれば、LeongとWagner (1994) が、多文化的スーパービジョン関連文献についての広範なレビューの中で指摘した基本的な問題の一部が解決可能となるだろう。指摘された問題を次に挙げる。(a) スーパービジョン関係を歪めるような、あるいは患者との対処に影響を及ぼすような人種的／民族的な問題について議論しないでいること、(b) 過去に否定されていた人種的／民族的な問題を「過度に埋め合わせようとする取り組み」、(c) スーパーバイザーおよびその知識や地位に対する過度の依存、(d) 民族的少数派に属するスーパーバイジーに、民族的少数派の

事例しか割り当てないこと（p.120）。

おわりに

　多文化的カウンセリングのコンピテンシーは、音楽療法士のレパートリーの一部となるべきものである。ここに挙げた概念や構成概念も、転移や逆転移といった概念と同様に、あたりまえのもの、熟知されたものとならなければならない。音楽療法士は、多様な種類の世界の音楽や、その文化における音楽の意味と機能について知っているだけでなく、自分自身とクライエント双方のアイデンティティ形成過程において、カウンセリングおよび精神保健関連のサービス提供や、専門領域としての音楽療法の実践に際して、文化がどのような影響を及ぼしているかという点にも関心を払うべきである。

　音楽療法スーパーバイザーはまた、自分の生活に対して、音楽療法という出会いに対して、そしてスーパービジョン体験に対して、文化がどのような影響を及ぼし、どのような役割を果たしているのかという点についての訓練を受けるとともに、それらに敏感になることを通して、音楽療法界全体を前進させるための積極的な役割を担っていかねばならない。アメリカの音楽療法士が多数の外国人学生にスーパービジョンを行なっている以上、スーパービジョンにおける多文化的問題に対して、音楽療法スーパーバイザーが意識を向けることが絶対に必要である。（1997年のアンケートでは、14カ国からの外国人学生49名中38名が、アメリカ国内において音楽療法インターン実習を行なうことを予定しているという結果だった［Brotonsほか，1997］）。我が国での多文化的養成に関するインターン実習の前段階の現状を考えると、スーパーバイザーは、スーパーバイジーの文化的コンピテンシーを向上させると同時に、それに対する評価を下すという責任を負わねばならない。スーパーバイザーは、多文化的トレーニングを取り入れた教育プログラムを要求することも出来る。カウンセリングにおける膨大な量の文献、そして多文化的な運動がある以上、音楽療法においても、全てのレベルの学生に多文化的トレーニングを課すようにしなければならない。最後に、スーパーバイザーには、自分の勤務する施設に対して、社会的公平性や多文化主義といった問題に対して関心を向けさせる責任もある。

　音楽療法士には、音楽に対する文化の影響という問題を検討、研究するというユニークな責任が課せられている。音楽療法セッション中の相互的な音楽体験に対して、文化はどのような影響を及ぼすのか。音楽体験やうつくしさの定義に対して、文化はどのような影響を及ぼすのか。音楽療法スーパービジョンのプロセスに対して、文化は具体的にはどのような特定の影響を及ぼすのか。音楽療法スーパーバイザーが関心を払うべき、文化に関わる特別なテーマが存在するのか。私たちは音楽療法士として、人間の境界を超越し、個々人へ共通の言語を提供する音楽の力をひしひしと感じている。では、音楽は「文化を超越し、人類に対して普遍的に話しか

けること」ができるのだろうか（Jorgensen, 1998: p.84）。もしそうならば、音楽に見られるこのような超越的機能との関係において、文化はどのような役割を担っているのだろうか。音楽療法スーパーバイザーは、カウンセリングおよび精神保健分野の多文化主義者からのチャレンジに対して、このような質問に答えていかねばならない。スーパーバイザーとは、スーパーバイジーが他者を力づけられるように、スーパーバイジーを力づけることができる者なのである。音楽療法士は、音楽体験に備わっている文化的多様性を探究する人である。そして、クライエントは、自己のすべてを音楽療法という出会いの場へ持ち込んでくる。音楽療法スーパーバイザーは、スーパーバイジーのすべてが［クライエントによって］見られているのと同じように、この全体像を見ることが出来るように、スーパーバイジーを援助しなければならない。

謝辞

私を支え、編集に関してご助力頂いたDr.Paul Efthimに感謝の意を表します。

参考文献

American Psychological Association (1993). Guidelines for providers of psychological services to ethnic, linguistic and culturally diverse populations. *American Psychologist*, 48, 45-48.

Ansdell, G. (1995). *Music for Life: Aspects of Creative Music Therapy with Adult Clients*. London and Bristol, PA: Jessica Kingsley Publishers.

Barongan, C., Bernal, G., Comas-Diaz, L., Iijima Hall, C., Nagayama Hall, F., LaDue, R., Parham, T., Pedersen, P., Porche-Burke, L., Rollack, D., and Root, M. (1997). Misunderstandings of multiculturalism: Shouting fire in crowded theaters. *American Psychologist*, 52(6), 654-655.

Bernard, J. (1994). Multicultural supervision: A reaction to Leong and Wagner, Cook, Priest, and Fukuyama. *Counselor Education and Supervision*, 34(2), 159-171.

Bernard, J., and Goodyear, R. (1998). *Fundamentals of Clinical Supervision*. (2nd ed.). Boston: Allyn and Bacon.

Bradt, J. (1997). Ethical issues in multicultural counseling: Implications for the field of music therapy. *The Arts in Psychotherapy*. 24(2), 137-143.

Brotons, M. (1995). International connections: A long tradition. *Music Therapy Perspectives*, 13(1). 7-9.

Brotons, M., Graham-Hurley, K., Hairston, M., Hawley, T., Michel, D., Moreno, J., Picard, D., and Taylor, D. (1997). A survey of international music therapy students in NAMT-approved academic programs. *Music Therapy Perspectives*, 15(1), 45-49.

Campbell, P., and McAllester, D. P. (1994). David P. McAllester on Navajo music. *Music Educators Journal*, 81, 17-23.

Campbell, P., and Seeger, A. (1995). Anthony Seeger on music of Amazonian Indians. *Music Educators Journal*, 81, 17-21.

Carter, R., and Qureshi, A. (1995). A typology of philosophical assumptions in multicultural counseling and training. In J. Pontorotto, J. Casas, L. Suzuki, and C. Alexander (eds.), *Handbook of Multicultural Counseling*. Thousand Oaks, CA: Sage Publications.

Cheung, F. (2000). Deconstructing counseling in a cultural context. *The Counseling Psychologist*, 28(1), 123-132.

Christopher, J. (1999). Situating psychological well-being: Exploring the cultural roots of its theory and research. *Journal of Counseling and Development*, 77(2) 141-152.

Coleman, H. (1997). Portfolio assessment of multicultural counseling competence. In D. Pope-Davis and H. Coleman (eds.), *Multicultural Counseling Competencies: Assessment, Education and Training, and Supervision*. Thousand Oaks, CA: Sage Publications.

Cook, D. (1994). Racial identity in supervision. *Counselor Education and Supervision*, 34(2), 132-142.

D'Andrea, M., Daniels, J., and Heck, R. (1991). Evaluating the impact of multicultural counseling training. *Journal of Counseling and Development*, 70, 143-150.

D'Andrea, M., and Daniels, J. (1997). Multicultural counseling supervision: Central ideas, theoretical considerations, and practical strategies. In D. Pope-Davis and H. Coleman (eds.), *Multicultural Counseling Competencies: Assessment, Education and Training, and Supervision*. Thousand Oaks, CA: Sage Publications.

Daniels, J., D'Andrea, M., and Kyung Kim, B. (1999). Assessing the barriers and changes of cross-cultural supervision: A case study. *Counselor Education and Supervision*, 38(3), 191-205.

Darrow, A., and Molloy, D. (1998). Multicultural perspectives in music therapy: An examination of the literature, educational curricula, and clinical practices in culturally diverse cities in the United States. *Music Therapy Perspectives*, 16(1), 27-32.

Dosamantes-Beaudry, I. (1997). Embodying a cultural identity. *The Arts in Psychotherapy*, 24(2), 129-135.

Fischer, A., Jome, L., and Atkinson, D. (1998). Reconceptualizing multicultural counseling: Universal healing conditions in a culturally specific context. *Counseling Psychologist*, 26(4), 525-589.

Fong, M., and Lease, S. (1997). Cross-cultural supervision: Issues for the White supervisor. In D. Pope-Davis and H. Coleman (eds.), *Multicultural Counseling Competencies: Assessment, Education and Training, and Supervision*. Thousand Oaks, CA: Sage Publications.

Fowers, B., and Richardson, F. (1997). A second invitation to dialogue: Multiculturalism and psychology. *American Psychologist*, 52(6), 659-661.

Fukuyama, M. (1990). Taking a universal approach to multicultural counseling. *Counselor Education and Supervision*, 30(1), 6-17.

Heine, S., and Lehman, D. (1995). Cultural variation in unrealistic optimism: Does the West feel more vulnerable than the East? *Journal of Personality and Social Psychology*, 68, 595-607.

Helms, J., and Richardson, T. (1997). How "multiculturalism" obscures race and culture as differential aspects of counseling competency. In D. Pope-Davis and H. Coleman (eds.), *Multicultural Counseling Competencies: Assessment, Education and Training, and Supervision*. Thousand Oaks, CA: Sage Publications.

Holiman, M., and Lauver, P. (1987). The counselor culture and client-centered practice. *Counselor Education and Supervision*, 26, 184-191.

Jorgensen, E. (1998). Musical multiculturalism revisited. *Journal of Aesthetic Education*, 32(2), 77-88.

Kitayama, S., Markus, H., and Kurokawa, M. (2000). Culture, emotion, and well-being: Good feelings in Japan and the United States. *Cognition and Emotion*, 14(1), 93-124.

LaFromboise, T., Coleman, H., and Hernandez, A. (1991). Development and factor structure of the Cross-Cultural Counseling Inventory-Revised. *Professional Psychology: Research and Practice*, 22, 380.

Leach, M., and Carlton, M. (1997). Towards a multicultural training philosophy. In D. Pope-Davis and H. Coleman (eds.). *Multicultural Counseling Competencies: Assessment, Education and Training, and Supervision*. Thousand Oaks, CA: Sage Publications.

Leong, F., and Wagner, N. (1994). Cross-cultural counseling supervision: What do we know? What do we need to know? *Counselor Education and Supervision*, 34(2), 117-132.

Lewis, P. (1997). Multiculturalism and globalism. *The Arts in Psychotherapy*, 24(2), 123-127.

Lloyd, A. (1987). Multicultural counseling: Does it belong in counselor education? *Counselor Education and Supervision*, 26, 164-167.

Maranto, C. (1993). *Music Therapy: International Perspectives*. Pipersville, PA: Jeffrey Books.

Miller, J. (1986). *Toward a New Psychology of Women* (2nd Ed.). Boston: Beacon Press.

Miller, J. (1991). The development of women's sense of self. In J. Jordon, A. Kaplan, J. Miller, I. Stiver, and J. Surrey (eds.), *Women's Growth in Connection*. New York: Guilford.

Moreno, J. (1988). Multicultural music therapy: The world music connection. *Journal of Music Therapy*, 25(1), 17-27.

Moreno, J. (1995). Ethnomusic therapy: An interdisciplinary approach to music and healing. *The Arts in Psychotherapy*, 22(4), 329-338.

Moreno, J., Brotons, M., Hairston, M., Hawley, T., Kiel, H., Michel, D., and Rohrbacher, M. (1990). International music therapy: A global perspective. *Music Therapy Perspectives*, 8, 41-46.

Pedersen, P. (1991). Multiculturalism as a generic approach to counseling. *Journal of Counseling and Development*, 70, 6-12.

Pedersen, P. (1995). Culture-centered ethical guidelines for counselors. In J. Pontorotto, J. Casas, L. Suzuki, and C. Alexander (eds.), *Handbook of Multicultural Counseling*. Thousand Oaks, CA: Sage Publications.

Ponterotto, J., Casas, J., Suzuki, L., and Alexander, C. (eds.). (1995). *Handbook of Multicultural Counseling*. Thousand Oaks, CA: Sage Publications.

Pope-Davis, D., and Coleman, H. (eds.). (1997). *Multicultural Counseling Competencies: Assessment, Education and Training, and Supervision*. Thousand Oaks, CA: Sage Publications.

Porter, N. (1994). Empowering supervisees to empower others: A culturally responsive supervision model. *Hispanic Journal of Behavioural Sciences*, 16(1), 43-57.

Priest, R. (1994). Minority supervisor and majority supervisee: Another perspective of clinical reality. *Counselor Education and Supervision*, 34(2), 152-158.

Remington, G., and DaCosta, G. (1989). Ethnocultural factors in resident supervision: Black supervisor and white supervisees. *American Journal of Psychotherapy*, 43(3), 398-404.

Richardson, T., and Molinaro, K. (1996). White counselor self-awareness: A prerequisite for developing multicultural competence. *Journal of Counseling and Development*, 74, 238-242.

Rowe, W., Bennett, S., and Atkinson, D. (1994). White racial identity models: A critique and alternative proposal. *The Counseling Psychologist*, 22(1), 129-146.

Sarrazin, N. (1995). Exploring aesthetics: Focus on Native Americans. *Music Educators Journal*, 81, 33-36.

Sinacore-Guinn, A. (1995). The diagnostic window: Culture- and gender-sensitive diagnosis and training. *Counselor Education and Supervision*, 35(1), 18-32.

Smith, E. (1991). Ethnic identity development: Toward the development of a theory within the context of majority/minority status. *Journal of Counseling and Development*, 70, 181-188.

Sodowsky, G., Kuo-Jackson, P., and Loya, G. (1997). Outcome of training in the philosophy of assessment: Multicultural counseling competencies. In D. Pope-Davis and H. Coleman (eds.), *Multicultural Counseling Competencies: Assessment, Education and Training, and Supervision*. Thousand Oaks, CA: Sage Publications.

Steward, R., Wright, D., Jackson, J., and Jo, H. (1998). The relationship between multicultural counseling training and the evaluation of culturally sensitive and culturally insensitive counselors. *Journal of Multicultural Counseling and Development*, 26 (3), 205-218.

Stone, G. (1997). Multiculturalism as a context for supervision: Perspectives, limitations, and implications. In D. Pope-Davis and H. Coleman (eds.), *Multicultural Counseling Competencies: Assessment, Education and Training, and Supervision*. Thousand Oaks, CA: Sage Publications.

Sue, D., Arredondo, P., and McDavis, R. (1992). Multicultural counseling competencies and standards: A call to the profession. *Journal of Counseling and Development*, 70, 477-486.

Sue, D. and Sue, D. (1990). *Counseling the Culturally Different: Theory and Practice* (2nd ed.). New York: John Wiley.

Sue, D. (1996). Multicultural counseling: Models, methods, and actions. *Counseling Psychologist*, 24(2), 279-285.

Teo, T., and Febbraro, A. (1997). Norms, factuality, and power in multi-culturalism. *American Psychologist*, 52(6), 656-657.

Toppozada, M. (1995). Multicultural training for music therapists: An examination of current issues based on a national survey of professional music therapists. *Journal of Music Therapy*, 32(2), 65-90.

第Ⅱ部

専門家前段階のスーパービジョン

第5章

はじめての音楽療法実習における
グループ・スーパービジョン

Lisa Summer

創造芸術療法修士，認定音楽療法士
Anna Maria College准教授，音楽療法科主任，ヒューマン行動およびヒューマンサービスの主任
マサチューセッツ州，Paxton

　実習は、音楽療法士の養成において重要な部分を占める。クラスでの授業には、実際に現実的なニーズや障害、そして感情を持った人と、まさに顔と顔を合わせて関わるという強烈な体験にとって替わるようなものはない。何事でも「初」体験ではそうなのだが、はじめての実習は感情的になる場であり、また変容の場ともなる。私は音楽療法の教育者としてのこれまでの14年間に、実習にはじめて臨む多くの学生を対象にスーパービジョンをしてきた。スーパービジョンの方法は、私自身が受けた教育、臨床家としての経験、そして音楽療法に対する私の個人的な哲学によって形作られてきた。将来の専門家の養成において、音楽療法の教育者の誰もがこのような個人的な影響を及ぼすが、そこには私たちが皆でシェアする共通のものがある。すなわち、私たちの学生と私たちの領域に必要なコンピテンシーを伝えたいという想いである。

　何年にもわたって、私は私の学生たちがもう一つの共通項を持っていることに気づいた。私自身も教育を受けていた間に体験したが、音楽療法に特有な基本的な問題に必ずぶつかるということである。文化的な背景、年齢、性、地域、あるいは言語といった違いには関係なく、この職業に必要な臨床的なスキルや理論的な知識、音楽的能力を習得し、個人的な成長を遂げていくなかで、すべての音楽療法の学生は同じ基本的なチャレンジを受けることになる。

　本章では、学生がはじめての実習で出会う主要な障害に焦点を当て、彼らを指導していく上で私がとっているスーパービジョンの方法を紹介していく。私のスーパービジョンのやり方は、あなたのそれとは異なっているかもしれない。例えば、あなたは個人スーパービジョンの方を好むかもしれないが、私はグループ・スーパービジョンで最大の効果を上げる。あなたは、修士レベルの学生を対象にスーパービ

ジョンをしてきたかもしれないが、私は主に学士レベルの学生を対象にしてきた。それにもかかわらず、はじめての実習において最も頻繁に起こる問題、およびスーパービジョンの方法というテーマに関して、本章があなたにとって有益な情報となることを願っている。

音楽療法の新米学生とは、スーパーバイザーがテクニックや理論、能力、スタイルでもって、彼らを圧倒してしまうような、まったくの白紙状態の人として扱う存在であってはならない。音楽療法の学生は、彼らの先生やスーパーバイザーのイミテーションであってはならないし、よくあるタイプの音楽療法学生という枠にはめられてしまうような、お仕着せの訓練を受けるだけであってもいけない。理想的には、彼らにすでに備わっているユニークで個性的な能力を、実習を通して育て、彼らの潜在的な能力を最大限にクライエントに向けて生かしていけるような、そんな実習であって欲しい。

一人ひとりの学生が実習を始める際に、彼らの違いを認識することと、それを生かしていくためのスーパービジョンの方法において、各実習生の得意な面に基づいた治療的なスタイルを育てることに主力が置かれる。スーパーバイザーの幻影、中途半端なスーパーバイザーの模造品を創り出すのではない。有能なセラピストは、クライエントの前で「存在し」、様々な状況に対して自発的かつ謙虚な態度で反応する。自分のスーパーバイザーだったらこのような状況ではどう対処するだろうかと、記憶をたぐってぐずぐずしたりはしない。私たちには、スーパーバイザーとして自立した思考と行動を支持する責任があり、物知り顔に知識を振りかざしてはならない。実習を行なう最初の学期では、外側から強制するのではなく、実習生の内面を鼓舞するような実習のアプローチが最も重要である。簡単に言い換えると、はじめての実習における私たちの目標は、新米の学生の内にすでに存在している資質を中心とする三つの主要な目的から成る。

最初の目的は、各実習生に内在する治療的資質を強化することである。学生達は、必要に応じて人と関係をとる自然なスタイル（養育的なスタイル）を身につけている。これを強化すればするほど、学生はより治療的になっていける。クライエントに対する学生のサービスができるだけ確かなもの、真正なもの（authentic）*となるように、スーパービジョンは、援助を必要とする人を助けたいという学生の内的傾向を認知することから始まるべきである。特定の、あるいは正しい治療的スタイルというものは存在しない。学生の自然なスタイルを特定し、それを彼らの最初のクライエントに応用することから始めるのが最善策である（Forinash, Summer, 1998; Forinash, Summer, 1999）。

第2の目的は、学生の音楽的な特性を引き出すことである。学生たちはすでに、音楽との関係を形成してきている。この関係から彼らは、音楽の練習と演奏を重ねながら、音楽療法の原則の一部を、内的かつ個人的に理解するようになってきた。音楽がいかにして治療的であるかということに関して、彼らは自分なりの意見と信

＊ 訳者注：この言葉は本書の随所で使われているが、自分自身のより深い感情と要求を自覚し、内的および外的経験を受け入れ、他者に対して感受性豊かで、他者を受け入れる態度であり、個人の成長の重要な側面となるような状態を意味する。

念を持っている。これらの意見や信念が強化されればされるほど、彼らの内的な学習意欲はより一層強くなる。音楽療法における音楽がどのような機能を果たすかについての彼らのアイディアは、若い音楽家として彼らが培ってきた信念に基づいて築かれていく。たとえば、ティーンエージャーの時代には私は、音楽を自分自身の表現手段として使っていた（一人でホルンを演奏する、家族や友人から離れて一人自室で音楽を聴いたり、歌ったりする）。音楽は感情表現と内省のための手段として、どのような機能を果たすかという明確な個人的な理解をしながら、私は音楽療法の世界に足を踏み入れた。しかし、多くの学生は、音楽とは人と分かち合い、社会的な経験をもたらすものであるという面で多くの体験をした上で、音楽療法の世界に入る。たとえば、週末に家族と一緒に歌を歌ったり、楽器を演奏したりして過ごす家族を持つ学生は、音楽療法における音楽は内省的、治療的機能を担うものというより、社交性や相互交流をもたらすものだと理解して、音楽療法を始める。人との交流手段として音楽をしてきた学生が、主に内省的な音楽の使い方をしてきた学生と同じような音楽療法のスキルを身につけていくとは、到底考えられない。

　彼らが個人的に体験してきた治療的機能を生かすことによって、学生の一人ひとりがよりよく理解するだろうし、彼らの最初のクライエントに応用していくだろう。そして、彼らにとって未知の機能を使う段になると、この方が難しいと感じるのである。一人ひとりの学生は、音楽療法の臨床における大きな全体像のほんの一部しか理解していないが、この点を意識して明確にしておかないと、学生の成長そのものが妨げられることになる（Summer, 1997）。

　第3の目的は、学生があらかじめ持っている音楽療法のプロセスについての考えに焦点を当てる。音楽療法の敷居をまたぐ段階では、学生達は音楽がいかにして治療的であるかという偏見を持っている。治療そのものの意味について独断的なイメージを抱き、多くの場合、さまざまなクライエント層に対するよくある間違った概念も持っている。これらの早い時期に形成された考え方はしばしば、学生がクライエントを偏見のない状態で観察し、さらに治療的プロセスに必要な課題に取り組む能力において、障害となりうる。スーパーバイザーは学生に対して、彼らの思考を消すようにとは要求できないが、彼らが偏見を意識的に取り除くという作業にチャレンジする上で援助しなければならない。

　学士レベルの学生の最初の実習のための効果的なモデルの開発は、年齢や社会生活の体験が違う修士レベルの学生のそれとは異なっている。キャリアの変更を目指す修士の学生は、高校を卒業したばかりの学士生とは違う教育的なニーズを持っている。すでに職業上のアイデンティティを持って修士レベルの音楽療法コースに入った学生が、基本的な音楽療法のスキルという面で不十分であるという事実に直面し、彼らの自己愛が一蹴されるような体験をすることはよくある（Feiner, 1999）。このような学生にとって、モデリングと模倣を音楽療法に取り入れている臨床家は効果的である。彼らはすでに職業上のアイデンティティを形成しており、独立した思考も持っているゆえに、モデルとなっている臨床家に依存することなく、模倣と

いう方法を彼らの学習上の基本として使うことができるからである。

　学士レベルの学生は、権威的なタイプの教示モデルに慣れている。高校を出たばかりの学生は、教師が講義をし、学生はノートをとり、教師から与えられたデータを試験で吐き出すものだと期待している。彼らは抑制のきいた、外側から方向性が示される学習環境に慣れているのである。実習スーパーバイザーとしての私たちの目標は、一人ひとりの学生にとってユニークな音楽療法のアイデンティティを育むことであり、したがって最初の実習において音楽療法の臨床家をモデルとして使うことは、学士レベルの学生のためには非生産的である。つい最近まで高校教師の権威的姿勢に慣らされていた学士レベルの学生は、新しい学習環境（臨床の場）とプロフェッショナルな音楽療法士という組み合わせそのものに、圧倒されてしまう傾向にある。学生は、この職業における彼女自身のアイデンティティを伸ばす代わりに、以前の教育的なやり方に立ち戻って、プロである音楽療法士の真似だけをしようとするかもしれない。

　最初の学期と実習は、音楽療法の基本的な臨床実践を習得していく時期である。最初の実習の設定とその実際は、音楽療法の学生の訓練における最も重要な成長ステップである。なぜなら、彼らがはじめてクライエントに出会うからである。最初の実習の教育的目標は、思慮深く、自立した学生を育てることであり、スーパーバイザーに依存する学生にすることではない。これこそが、一人の人間であり、自然な治療的スタイルを身につけた音楽療法士を育てることを目指した最初の成長ステップなのである。教師やスーパーバイザーに教え込まれた療法士を育てることではない。

　最初の学期の実習の対象となる知識の基本と技術の習得は、音楽療法のプロセスの核となるプログラムの重要性と優先性に向けられる。最初の実習において、音楽的な技術を軽視することは、学生が音楽療法のプロセスでは音楽は中心的なものでないと誤解するもととなる。障害を持ったクライエントとある期間にわたって、効果的で、治療的で、音楽的な関係を築いていくための最初の実習の臨床目標は、1）治療的存在、2）音楽的スキル、3）治療プロセスを遂行する上で必要な、基本的な知識とスキルを習得することである[1]。

　音楽療法プロセスの最初の部分は、観察とアセスメントから成る。最初の実習の重点は、観察とアセスメントの質というよりも、むしろ観察の基本そのものに置かれる。

事例

　音楽療法の学生が彼女の最初の臨床現場を訪れる時には、重度の障害を持った人とどのようにして治療的な関係を築けばよいのか、わかっていないものである。Chelsea[2]は、はじめての実習をする学生であり、彼女の実践現場である老人ホー

---

[1] 私の最初の実習コースは、一人の学生に一人のクライエントが振り分けられるように設定されており、毎週個人およびグループのスーパービジョンを受けることになる。しかし、個人セッションをしている学生とは、ディスカッションのグループを持つだけにしている（治療グループを担当している学生はこの反対である）。

[2] スーパーバイジーとクライエントのプライバシーを守るために、名前はすべて変えられている。

ムをすでに訪問していて、数回にわたって居住者達を観察し、非公式にコンタクトもとっていた。彼女のクライエントとの最初の音楽療法のセッションでも、Chelseaはコンタクトをとろうとした。彼女は大きな声でクライエントに向かって、「こんにちは、あなたのお名前は」と尋ねた。クライエントは頭を上げ、Chelseaと視線を合わせたが、彼女の質問には答えなかった。Chelseaは間髪を入れず、より大きな声で、「素敵なドレスですね。綺麗な色だし、あなたの髪の色とよく合っていますよ」と続けた。クライエントは好奇心に満ちた様子でChelseaを見てから、自分のドレスに視線を落とし、ドレスの具合を直した。でも返事はしなかった。Chelseaは、「このケースの中に私のギターを持ってきました。歌を聴いてみたいとお思いかしら。一曲歌ってみますから、あなたがその歌をご存知かどうか言ってください。ええ、きっと気に入ると思いますよ」。

ディスカッション

　Chelseaは自分でも知らないうちに、クライエントが彼女とコンタクトをとろうとしていた試みを拒否してしまった。クライエントの前で治療的でいるということがどのようなことかを、彼女はまだ理解していないからである。Chelseaは、彼女なりに誠実にクライエントとコンタクトをとろうとしたが、クライエントであるLindaとの関わりを観察すると、彼女は頭の中にすでに特定のイメージを持ってアプローチをしていたことがわかる。「私の名前はLindaです」。彼女が欲しかったこの答えを得られなかったために、彼女は彼女に対するLindaの実際の反応を無視してしまった。Lindaのアイコンタクトは、Lindaなりの返事だったのである。その次のChelseaの関わりによって、Lindaの反応がカットされ、Lindaの視線はChelseaの目ではなく、彼女の服、ギターに向けられることになった。LindaのアイコンタクトはあはるえていChelseaとの個人的なコンタクトだったのだが、Chelseaはそれを観察せず、その意味を理解しなかった。そうする代わりに彼女はLindaのアイコンタクトを拒否し、言語表現を促した。Lindaが言葉で反応しようとしないことがわかった時点で、彼女は自分の期待を手放し、非言語的コミュニケーションというモードに切り替えるべきだったのである。

　Chelseaは、クライエントができるかたちで、そしてクライエントがやりたいかたちで、コンタクトをとることを学ぶ必要がある。これはつまり、Chelseaが彼女自身の期待、そして／あるいはクライエントにどのように応えてもらいたいか、という自分にとって好ましい方法を手放す必要があることを意味する。何が起こるのか、あるいは起こるべきなのかという狭い視野でもってセッションに臨むのではなく、オープンな考え方を育むことが彼女には必要である。セラピストの期待ではなく、クライエントの反応こそが、治療的関係の発展の決め手となるのである。

　クライエントと治療的関係を築くにあたり、意識と観察においてオープンでいなくてはならない。セラピストは、ときにどっちつかずの状態に自分を置いたままク

ライエントに注意を向けながら関係をとることがある（Freud, 1912）。これは、セラピストがクライエントを広い視野でもって観察する精神的な状態を指す。この状態ではセラピストは、クライエントの言語的、非言語的な局面に平等で公平な評価を与える。このような意識の状態によって、学生がクライエントとのコミュニケーションを、「適切だ」と思いたいかたちでとることによって、正直なコミュニケーションから逃れようとするチャンスを減らすことが可能となる。

　Chelseaは、はじめての実習に参加する他の9名の学生と一緒に、1時間のグループ・スーパービジョンに参加している。彼らは皆、最初のセッションの臨床的観察で得た、新鮮な気持ちと興奮を味わっている。グループは、ChelseaがLindaとの交流について詳しく話すことで始まった。「私は彼女に名前を訊いたのだけれど、彼女は返事をしませんでした。私は友好的でいようとして、彼女の服について話しました。なぜ彼女が私に返事をしてくれなかったはわかりませんが、彼女のために1曲演奏してあげました。私と一緒にいて居心地よく過ごせればよいと思って」（このグループの間、私はメモをとらなかったので、これは一言一句が正確な記録ではない。グループ・スーパービジョンの後で、私は会話の中のテーマに関係のある部分を、できるだけ正確に思い出しながら書いている）。Chelseaは、Lindaが彼女に返事をしなかった原因について推測するよう促された。彼女は、Lindaが老人ホームの中で見慣れない顔を見て不安になり、神経質になったのではないかという意見を述べた。

　周りの援助に支えられながらChelseaは、Lindaとの交流についてより深く考えてみた。彼女は、この出会いにおける二つの重要かつ微妙な局面を思い出した。彼女は、Lindaが不安そうでも神経質そうでもなかったことを思い出したのである。彼女はLindaがしっかりと彼女の目を見たことを思い出した。この時点でChelseaは、Lindaが心から彼女とコンタクトをとりたがっていたのだと感じた。つぎに彼女は、自分自身が不安で神経質になっていたのだと気づいた。Lindaが進んで彼女の問いかけに「答えて」くれなかったことで、彼女はより一層不安で神経質になった（Chelseaにとって、言葉での「答え」がなかったことを意味する）。これは、Chelseaが障害を持った人と治療的に関わり、微妙な反応を観察する際に、自分自身の精神的な状態を認識する上での最初のステップなのである。ここで深く考えることによって、スーパーバイザーとしての私がChelseaとスーパービジョンのクラスに力づけができるような、二つの洞察が得られる。まず、クライエントを観察する上で、自分の期待がネガティブな影響を与えるということ。二つ目は、自分自身の感情をクライエントに投影する傾向があり、自分の感情がクライエントを観察する際に影響を及ぼすということである。

　Chelseaは、他の学生とロールプレイをすることによってLindaとの関わりを再現することを求められた。ChelseaがLindaの役を担当し、他の学生の一人Jennifer

II.専門家前段階のスーパービジョン

がセラピストとしてのChelseaの役を担当した。彼らは、Chelseaが説明したとおりに二人の出会いの場面を演じた。ロールプレイが終わると、二人の学生はそれぞれの役割のなかで体験したことについて考えるように言われた。

　Linda役のChelseaは、Jenniferの好意的な意図を感じることはできたが、彼女に拒否されたと感じた。彼女は（Chelsea役の）Jenniferがただ歌を歌いたがっていただけだと感じた。セッションの日、彼女はまさにそのような状態にあったのだった。Chelseaは、「何かしなければならない課題があったように感じたのです……ええ、今わかりました！　Lindaといた時には、私は音楽療法をしなくては、ギターを弾かなくてはいけないと思ったのです。一番大事な部分を飛ばしてしまっていたことに気づきませんでした。Lindaと人として向かい合うということを」。

　多くの学生達が、Chelseaと同じような体験をしていたことに気づいた。この後Chelseaは、Lindaに対してよりオープンな状態でアプローチし直すために、役割を交代することになった。Chelseaとグループには、音楽を使い、治療的な率直さでもって、さまざまな方法で、ロールプレイをしながらクライエントにアプローチして、彼ら自身で発見をしていくために必要な自由が十分に与えられた。ロールプレイは、学生達がクライエントと次のセッションをするためのリハーサルとなった。

　この問題をさらに掘り下げるために、実習のクラスには学期の残りの間、現場訪問を準備するための課題が与えられた。クライエントをよりよく観察し、対応するためには、現場に行く前に、彼らが自分たちの意識を最高の状態にもっていく必要がある。そのためのリラクゼーションとセンタリング・テクニック*のガイドラインを彼らに教えた。観察能力を向上させるこの方法と、その前に行なうクラスでのディスカッションおよびロールプレイは、私独自の教育メソッドである。他の教師やスーパーバイザーは、彼ら自身のスタイルや方法を用いる。しかし、はじめての実習を担当するスーパーバイザーは皆、Chelseaのような状況から生まれる同じ問題にぶつかるだろう。

　この実習スーパービジョンのセッションにおいて学生達は、振り返り、ロールプレイ、センタリングを通して、クライエントとの「治療的存在」を育んでいくことについての最初のステップを学習した。クライエントの言語的、非言語的表現を、偏見にとらわれない状態で、注意深く観察するということである。

　音楽療法の学生達は、何年にもわたる音楽の訓練を通して、音楽を練習し演奏するために必要な、特別な意識の状態を身につけてきた。これは自己に対して非常に批評的で判断的である状態を意味し、目標は洗練された演奏に置かれている。この目標のために、音楽家は彼女の観察範囲を限定することになる。演奏や練習の間、彼女の注意は特定のイメージを伴いながら、技術的、音楽的な領域に向けられる。たとえば、私はホルンの演奏者として、深みのあるベルベットのような音を出すことを教えられ、ある特定の唇の当て方と手の位置も教えられて、そのような音が出

---

*　編者注：センタリング・テクニックとは、自分を中心に置く方法であり、他の人のために存在できるように、自分自身に焦点を当てることと言える。

せるようになった。したがって、ホルンを練習するときの私は、自分に対して批評的、判断的な状態にあり、その結果ベルベットのような音を出すという技術的な目標を達成する。その時の私は、オープンで体験を重んずるモードにはいない。結果を重視するのである。望ましい結果を得るために、私の注意はそれだけに限定されて向けられる。

　音楽の練習のためには都合のよい限定された意識の状態（そして学生達は音楽教師からそのように訓練されてきた）が、音楽療法の実践においてはまさに最悪の意識状態であるということに、実習生は困惑するかもしれない。セラピストが限られた期待しかしていない状態からは、クライエントがセラピストの言いなりになるだけの、柔軟性に乏しい関係しか生まれない。実習生であるセラピストは、クライエントが「適切な」方法で反応することを求めるようになる。もっと後になって、セラピストが特定の治療目標を掲げて実践する一部の状況においては、このような期待を持つこともよいかもしれない。しかし、クライエントの行動を全体的に捉え、基本的な治療関係を築いていく上では、このような期待は非生産的である。音楽の学生は、演奏中心の状態で弾くことに慣れているがゆえに、セッションでは彼らの意識をオープンにして、判断的でない状態に切り替えることを教わらない限り、彼らの観察能力やクライエントに対する反応全般が限られたものになってしまう。限定された観察能力と反応だけでは、治療的な存在は育たない。

　セラピストは、クライエントと関わり過ぎず、愛着も控えるべきであるという間違った印象を持ってしまうことがある。彼らは、セラピストはクライエントに対して、感情的に距離を置くべきだと信じてしまうのだが、これは誤りである。クライエントと感情的な距離を置くために、彼らは意図的に音楽演奏時の意識状態に自分を置くことがあるかもしれない。そして、暖かい気持ちでケアし、相手を思いやり、クライエントに共感することが、治療プロセスのエネルギーの源であることに驚くのである。クライエントに対する学生のこのような肯定的な感情を、スーパーバイザーは学習プロセスの初期において積極的に活用していかなくてはならない。学生の（セラピーを妨げる可能性のある）葛藤に満ちた、問題を伴う感情もまた、スーパービジョン・プロセスの一部である。

　私の学生であるChelseaには、コミュニケーション能力、社会的能力、自己尊敬が備わっている。彼女のクライエントであるLindaには、これらすべての領域において障害がある。加齢と老人ホームでの入所生活によるLindaの障害と能力不全によって、彼女はChelseaに対して対等な関係をとることができなかった。Chelseaの最初のアプローチは、二人の間のギャップを二つの点において際立たせることとなった。まず、彼女は言語的なアプローチをした。つぎに、ギターを使ってアプローチをした。私はChelseaに、Lindaの能力と限界を全体からよく見て、それからLindaができることに焦点を当てて関係を築いていってもらいたかった。

　Lindaが言語的には返答しないことを確認した後で、Chelseaが音楽でもってア

プローチしたのはよい。しかし、ギターの演奏は彼らの間のギャップを深めるだけだった。ギターを演奏するということは、Chelseaが音楽家であり、Lindaはそうでないということを明確にするだけである。Chelseaは、音楽的にもっとシンプルなかたちでLindaと接触すべきだった。アイコンタクトが保たれ、お互いの間に音楽的な交流が生まれるような楽器を提供することができたはずだ。Chelseaは、Lindaが容易に操作でき、非言語的な反応がうまく出てくるような、シンプルな楽器を提供すべきだったのである。そういう選択をしていたら、Lindaの障害を際立たせるのではなく、それをうまくカバーしながら、彼女とコンタクトをとれたはずだった。

　グループ・スーパービジョンのセッションで、学生達はChelseaとLindaのロールプレイを続けた。Chelseaは再びLindaの役を演じながら、Lindaの障害を想像してみた。他の学生達は交代で様々な楽器を用いて、色々な方法でChelseaにアプローチした。Chelseaは、各々の方法に対してLindaだったらどう応えただろうかと想像し、違う反応を返すことを試みた。その後Chelseaは、クライエントと対等な立場での治療的関係を築く上で、どの方法が効果的だったかを特定するように促された。彼女とクラスの学生達は、音楽的かつ治療的な関係をLindaと築くことについて充実した議論を交わし、彼らのアイディアを色々な音楽的なアプローチでもって自分達で試してみるよう指導された。

　音楽療法の人間関係の特質は、セラピストがクライエントに対して音楽的に何かをする、という権威的なものではない。はじめての実習をする学生達はしばしば、音楽をしなくてはならない、彼らがクライエントをリードして関係を築いていかなくてはならないと思いがちである。学生がこのような考えにとらわれている限り、各々のクライエントのその場のニーズとそこで生まれる反応に合わせた、クライエント中心の人間関係を築いていくことはできない。

　学生達が抱いている最も役に立たない先入観は、治療的関わりとはクライエントを「修理する」という考えである。多くの学生が、うつ状態にあるクライエントの目標は、彼らのうつを「修復する」(fix)ことであり、引きこもりのクライエントの目標は、人と関わることであると考えながら、私のプログラムに入ってくる。クライエントがセッションに来る時に、学生がまずクライエントのありのままの状態を受け入れることを学ばない限り、よいセラピーをすることはできない。障害を持ったクライエントとの出会いにおいて、学生は彼を「修復」しようとする気持ちとまず闘うこと（つまり学生自身の緊張を和らげるということ）を学ばなければならない。育む（nurturance）とは何かという一般的な理解なしには、学生がこの問題を解決することはできない。そして、彼らが個人的に子どもとしてどのように育てられてきたか、ということも理解する必要がある。一人ひとりの音楽療法の学生は、子ども時代の育てられ方によって身につけてきたことから生まれる、ニーズを持った人と関わる上での独自のスタイルを持っている。時には、自分が育てられた

方法と同じやり方を用いるし、時にはその反対のスタイルをとることもある（過保護な両親に育てられたから、かえって何でも許すような育て方をするのかもしれない）。

　最初の実習で音楽療法の学生は、彼らの不均質なクライエント達が多様な関わりを必要としていることを学ぶ。そればかりでなく、一人のクライエントが治療プロセスの中で、時期が違えば違う関わり方を必要とするかもしれないし、同じ時期にあっても、次の日には全く異なる方法にしなくてはならないかもしれない。学生は、多様なタイプの関わりができるような柔軟性を育てていく必要がある。このプロセスにおける最初のステップは、「修復する」という狭い考え方に焦点を当てることである。観察と音楽療法のアセスメントから成る短い期間の後、学生は観察したことを的確なクライエント像に取り込んでいくことを学ぶ。学生は、彼が特定したクライエントの障害が、その人全体にどのような影響を与えているかを理解しなくてはならない。

　私の学生のChelseaにとってこれは、Lindaの言語的能力の限界、そしてそれが脳卒中、自然な加齢のプロセス、そして彼女の老人ホームでの入所生活とどう関連しているかについて、自分なりに理解することを意味する。私はChelseaに、人に頼らないで、自分の見方を持つことを勧めた。

　学生の次の課題は、クライエントのためにセッションプランを立てることである。一人ひとりの学生が、治療期間中に必要な個人の治療計画を立てる。彼らの主要な目標は、治療的関係を築くことにあり、学生達はそれに沿った治療計画を立てるように指導を受ける。さらに、彼らはこの目標の他に、学期の間、もう一つか二つの目標を定めることになる。この次の目標は、クライエントの障害に焦点を当てるか、あるいはクライエントの特定の能力を生かすために設定される。はじめての実習をする学生にとっては、クライエントとのセッションでは、一つか二つの目標に限定する方がよい。

　学生は、3部構成のセッション計画を立てる。はじめの部分の目標は、クライエントとコンタクトをとることである。実際に活動をする次の部分では、コンタクトを発展させることであり、場合によっては2番目、3番目の目標に向けての活動が含まれることもある。終わりの部分の目標は、セッションの終了につながる。

　学生は、各々の目標に向けて、自分自身の技術をデザインし、発展させていく。新米の音楽療法学生にとっては、一つの目標には一つのテクニックを用いるだけの、シンプルな治療計画を立てることが勧められる。LindaとのセッションのためにChelseaは即興的な挨拶の歌を創作した。このテクニックの唯一の目標は、コンタクトをとるということである。Chelseaの2番目の目標は、Lindaの自発的な言語的コミュニケーションを増やすことだったが、この目標に向けての活動は第2の部分で取り上げられた。はじめの部分で第2の目標まで入れてしまうと、関係を築く上でうまくいかなくなるからである。このようなシンプルな治療計画は、新米の学生

が目標を意識した行動をし、セラピーセッションの自然な形態を理解していく上で、効果的な教示方法である。

事例

　Paulaの最初の実習はKennyとであった。彼は9歳で、発達に遅れがあり、公立学校の特殊教育のクラスに通っていた。Paulaは最初の3回のセッションを通して、Kennyの得意な面と能力の限界のアセスメントを行なった。4回目のセッションで、彼女は既成曲と即興の歌を用いて、Kennyとのコンタクトを発展させていくという治療目標を設定した。

　Kennyとのセッションを始める前に、Paulaはクライエントの特殊教育の教師からKennyが好きな歌が何かを聞いた。4回目のセッションでPaulaは『小さな世界』をギターで伴奏しながら歌った。彼女は歌の間ずっとKennyと目を合わせ、揺れのないしっかりしたテンポと音量、音質、フレージングでもって演奏した。Kennyは興奮して、椅子の上で上下にジャンプし始め、歌の間何度かジャンプした。時には歌のテンポと合うこともあったし、合わないこともあった。歌の途中の一箇所で、大きな音でもって散発的に手でリズムを打った。歌の他の部分では目を閉じて、微笑を浮かべていた。『小さな世界』の最初のリフレインの部分で、Kennyは「世界」という言葉を音楽に合わせて的確に言った。

ディスカッション

　歌の間のKennyの反応から、このテクニックが彼らの関係を築いていく上で、うまく機能していないことがよくわかる。Kennyの興奮は、Paulaがこの歌を通して素晴らしい治療的なコンタクトを彼ととることができるという、潜在的な能力を示している。しかしながら、KennyがPaulaの演奏を楽しんだにもかかわらず、彼らの間にコンタクトは生まれなかった。Kennyのジャンプと手を打つという身体的反応のほとんどは、歌のテンポやリズムとはつながっていなかった。そして彼が目を閉じていたということは、彼がこの歌によって、Paulaとコンタクトをとるというよりも、内的に刺激されていたというサインである。さらに、Kennyの言語的な反応は歌の最初の部分で1回現れたが、その後では出なかった。歌が先に進むにつれて、Kennyの反応は音楽に合わせて増えてはいかなかった。彼は彼の動きを音楽のリズムに合わせなかった。彼の反応は、音楽から受ける刺激と興奮から起こったものである。これはつまり、KennyがPaulaの音楽を、コンタクトをとるための手段として使うことができなかったこと、この歌を自己刺激の手段として使ったことを示唆する。この歌の演奏におけるPaulaの治療目標が、Kennyのセッションへの参加度を高めることに置かれていたのならば、この歌に対する彼女のアプローチは妥当なものだったろう。しかし、PaulaはKennyの参加度については全く触

れておらず、このセッションのための次の治療計画を立てていなかった。

　Kennyが好きな歌を1回、あるいは繰り返して演奏するだけでは、Paulaは彼との間に信頼感と治療的関係を生み出すことはできない。『小さな世界』は関係を育てるための素晴らしい内容を備えた歌であるが、Kennyはそれ以上のことを必要としている。Kennyは確かに反応するが、それは人との関わりという文脈で起こっていない。PaulaはKennyの音楽に対する反応を観察するだけでなく、それにすぐに反応を返していかなくてはならない。彼女はKennyの非言語的な反応を、関係性のあるコンタクトを築くための手段として、その音楽の間ずっと使っていく必要がある。Paulaの課題は、彼の反応に合わせて自発的に歌をアレンジしながら、Kennyとコンタクトをとることである。

　音楽家達は、歌の歌詞に反応しながら理解を深めていく。音楽家は歌の意味を理解し、音楽の要素を用いて自分なりの自由なスタイルでもって（音量、音質、テンポ、アタック[*1]、フレージング）、自分がどう理解したかについて聴き手とコミュニケーションをはかる。音楽家が歌詞の意味に反応するのに対して、歌の治療的な理解は、主にクライエントの行動とその行動の裏に隠された意味にある。『小さな世界』は、歌詞の意味ではなく、一瞬一瞬のクライエントの反応と関連付けて、音楽療法士が解釈すべき音楽的な構造であり、音楽的な枠組みなのである。セラピストは、随時変容する治療的関係における音楽的な枠組みに、クライエントの反応を適応させ、組み込んでいかなくてはならない。

　リタルダンド[*2]、アチェレランド[*3]、そして休止を用いて楽曲のテンポを変えることで、PaulaはKennyの身体反応のリズムと強さを、音楽的に反映することができたはずだ。テンポ、フレージング、そしてアタックはKennyのジャンプと拍手に一致すべきである。音量の強さはKennyのジェスチャーの幅と、顔の表情に合わせられる。KennyがPaulaに注意を向けるためには、Kennyは意識的に、あるいは無意識のうちに、彼の反応が彼の歌を形作っていることに気づかなければならない。Paulaは、Wonderland Music出版社に著作権がある『小さな世界』の代わりに、KennyとPaulaに同等の著作権がある『Kennyの世界』を演奏すべきだったのである。

　音楽療法の学生はクライエントと、一瞬一瞬において、より親密なコンタクトをとることを学ばなければならない。それは、それまでの彼らが体験してきた普通の音楽の演奏（コーラスで歌うこと、アンサンブルの演奏、社会的な交流の場におけるギター伴奏による歌など）よりももっと親密なものである。

　Paulaの歌の演奏は、実際には歌詞に対しても、クライエントに対しても、合っていなかった。彼女のような機械的なテンポ、音量、音質、リズム、そしてフレージングは、ギターを習い始めたばかりの新米の音楽療法学生によく見られる。Kennyに対して反応するために必要な音楽的な創造性の前に、彼女はまずギターと声の両面で音楽的な柔軟性を習得する必要がある。子ども用の歌のほとんどは、

*1　訳者注：ある旋律を始めること、音楽の出のきっかけ。

*2　訳者注：次第に遅くなる。

*3　訳者注：次第に速くなる。

そのシンプルなフレージングと予測可能なコード進行ゆえに、スタイリスティックな「演奏」のための機会を十分に提供している。歌詞の中にある違いを強調することで、違った形でのコンタクトの取り方を可能にする。セラピストは、クライエントがシンプルな言葉で歌えるように、リフレインの部分を歌うという形の音楽的な援助をしながら、安心感と信頼感を育んでいく。シンプルなポピュラーソングは、音楽的に柔軟性の富んだ枠組みを備えており、クライエントとコンタクトをとるための豊かな可能性にあふれている。あらかじめ作曲されてはいるが、治療的意義に富んだ相互的な交流体験を可能にするために、大幅に修正される必要がある。

　学生達の一部は、歌詞に対する繊細な感覚でもって楽曲を理解していくという、生まれながらの能力を備えている。一方で、クライエントの反応を音楽的に解釈するという、生まれながらの能力を備えている学生もいる。すべての学生は効果的な治療のために、クライエントと音楽的な反応の間のバランスをとるための手段を習得していかなくてはならない。セラピストは、クライエントと音楽の間の橋渡しの機能を果たすゆえに、音楽の延長としてクライエントを見てもいけないし、度の過ぎた音楽的な解釈によって、クライエントが音楽的に影響を及ぼすことができないほどに、クライエントを締め出してもいけない。

　グループ・スーパービジョンでは、PaulaはKennyとのセッションについてクラスで話すように促された。「彼の先生に彼が好きな曲を訊いておいたことで、私はとても幸せでした。彼はこの曲が大好きなのです。私が歌の演奏を始めると、最初彼は距離を置いているようでした。歌っている間、私たちはとても良い時間を過ごしたし、その後でも本当によい感じでした」。彼女はKennyの反応がとても良くて、活動に参加し、音楽を楽しんでいたと述べ、この体験が非常に治療的だったと特徴づけた。Paulaはこの体験に非常に満足していた。

　私は彼女に、彼女自身が音楽の間にどのような体験をしていたかと尋ねた。「あなたの注意はどこに向けられていましたか。あなたは何を考えていましたか。その歌の間、あなたにとって何か特別な瞬間があったでしょうか」。Paulaは、Kennyの反応を明確に思い出し、描写することができた。この体験を彼女がどのように感じているかを聞いていくことが大切である。はじめての実習生として、私が気づいた問題点を彼女自身が気づいているかどうかを知る必要があるからである。Paulaともうひとりの学生であるHillaryが、PaulaとKennyのセッションをロールプレイで演じることを求められた。HillaryがKennyの役を担当し、Paulaが説明したように、Paulaの歌の前のKennyのように、感情的に距離を置いた状態を演じることになった。学習目標を達成するために、Hillaryの役は大げさに演じられた。Paulaは再び『小さな世界』を、Kennyに対して歌ったのと同じように、Hillaryに対して歌うようにと要求された。

　Hillaryは、Paulaに対して距離を置いて引きこもった状態でいるところからシーンを始めた。彼女は、Paulaに対して不信感を抱いていて、やる気がなく、そして

どんな接触をも求めていない Kenny を演じた。Paula は、強烈で機械的なリズム、揺れのないテンポ、一定の音量でもって、歌の2番とリフレインの部分をギターで演奏した。彼女のギターの技術は優れていたし、歌声もしっかりした、しかし変化のないものだった。彼女は歌の間ずっと Hillary と視線を合わせていた。彼女の歌に合わせて、Hillary は音楽に刺激されて活発になった Kenny を再演した。その後、Hillary はクライエントの視点からどんな体験をしたのかをレポートすることになった。彼女は、自分の好きな歌を Paula が歌ってくれたことで、Paula が自分のことを思いやってくれていると実際に感じたと述べた。歌が先に進むにつれて、彼女は Paula にではなく、歌に自分が引き寄せられるのを感じた。歌の進行とともに、彼女は音楽をもっと楽しむために目を閉じたいという衝動に駆られた。音楽との結びつきによって、彼女は自分の内に入っていき、Paula から離れるような感じだったと言った。

　私は、Paula に彼女が最初に意図した時点に戻るように促した。「彼の好きな歌を演奏することの目標は何だったのですか」。彼女はすぐに答えた。「あら、やだ、私って本当に的を外したみたいですね。でもこれが治療的だと思えたのです！」

　スーパーバイザーは、(学生が) 内省し、後悔する時間を持つことを大切にすべきであり、学生やクラス全体の不安を和らげるようなことをすぐにしてはならない。居心地の悪い内省は、学生の成長にとって豊かな土壌となる。はじめての実習を体験する学生は、彼女が知らないことがまだまだ沢山あるのだということを知って、悩み苦しむ必要がある。真の意味での学習は、このような緊張感から生まれる。学生達は何かで失敗したときに負けの体験をする。特に、彼らのクライエントに対する思いが強ければ強いほど、この体験は大きい。しかし、はじめて臨床体験をする学生が遭遇するあらゆる不確実な状態に備えて、適切な準備をしておくことは不可能である。したがって、スーパーバイザーには、学生達をこのぶざまな状態に追いやる義務がある。学生達は、その後のスーパービジョンのセッションで、彼らの活動に疑問が持たれることになるとしても、自分たちの直感でもって、クライエントとする活動を治療的だと感じることを、進んで行なわなければならない。学生達、特にはじめて実習をする学生達は、失敗を重ねるだろう。しかし、このような失敗こそが学習のプロセスにおいて繊細に、そして感謝の念を込めて扱われる必要があるのである。

　もちろん、スーパーバイザーは学習環境に貢献できるような現場に、学生を配置すること、そして学生がその場ですぐに十分な成功体験をできるような特定のクライエントと組ませる、という配慮をあらかじめしなければならない。この成功体験がうまくいくと、ダメージを受けたとしても彼らのエゴがほんの少しの間傷つくだけですむ。Paula と Chelsea の場合もそうだった。彼らの失敗は彼ら自身、そしてグループ・スーパービジョンを通して、自分のことのように同じ体験をするクラスメイトの双方にとって、二つの意味で有益である。

まず、臨床実習における失敗を検証することで、新しい学習とスキルの発達が促される。つぎに、(これが重要なのだが) 学生は彼らが専門家として成長していく上で必要な、批評と修正を受け入れることを学ぶ。自己評価と仲間による評価を応用するという私のやり方は、軌道修正していく上で効果的に機能すると信じている。彼らの自己尊敬がこうむる痛手は、スーパーバイザーが直接彼らに批評をするよりも、少ないはずである。スーパーバイザーから余りに多くの批評をされると、学生は自分の直感を信じられなくなり、ほどほどのリスクを負うことをしなくなる。自分自身のことばかりに意識が向いて、スーパーバイザーに気に入られないのではないかと気にして、臨床体験の間に自分自身をストレッチさせることが不安な学生は、音楽療法士として成功しないだろう。

グループ・スーパービジョンのプロセスの中で、自分で自分を修正する機会を与えられたことで、Paulaはこのグループの教育的なリーダーになった。「失敗した」学生として終わらなかったのである。私はPaulaに質問をした。「あなたの目標がKennyとコンタクトをとることだったと思い出してごらんなさい。次のセッションでは『小さな世界』の曲で何ができるでしょう」。私は彼女に、その場ですぐに浮かんだアイディアを検討しないようにと言った。いくつかのアイディアが生まれたのであれば、彼女のグループの仲間にもどんなアイディアがあるか訊いてみることを提案した。Paulaとクラスの学生達は多くのアイディアを出した。Paulaはその中からロールプレイで試してみるアイディアを一つ選んだ。この2回目のロールプレイで、Paulaは「Kennyの」身体的反応、つまりジャンプと手を打つことを取り入れて活動した。「Kenny」は彼女のテンポや音量の変化をゲームのように感じた。変化が可能なテンポによって「Kenny」はPaulaに注意を向けるようになった。そしてPaulaと遊び心いっぱいのコンタクトをとっていると感じ、歌そのものも楽しんだ。

このロールプレイを通じてPaulaは、クライエントの好きな歌を選ぶことは音楽を通した信頼感にあふれる治療的関係を育んでいく上での始まりに過ぎないこと、そして音楽を「演奏する」こと＝治療的な質のコンタクトではないことを発見した。クラスは、音楽をしながらクライエントに柔軟に反応するというコンセプトを学んだ。宿題が出された。二人ずつの組に分かれて、次のような課題をすることになった。1) 特定の歌を、音楽に焦点を向けながら、できるだけ音楽的になるように心がけてパートナーのために演奏し、歌う。2) パートナーに焦点を向けながら、パートナーと一緒に歌を演奏し、歌う。その際歌をパートナーに合わせる。3) パートナーと一緒に歌を歌い、演奏するが、クライエント (パートナー) と音楽とのバランスをとるようにする。4) 音楽を通してパートナーとの関係を築いていくための手段として、自由な即興を練習する。

学生達ははじめての実習に入る際に、治療にはレシピがあるというアイディアを

持っている。クライエントの反応に合わせて、音楽的に調整することを考えないままに歌を歌うというコンセプトは、治療は音楽の内にのみ存在するということを意味する。治療的プロセスの核心の部分、すなわち人間関係を育てるという部分が置き去りにされてしまうのである。音楽療法のセッションは（特に学士レベルの学生の場合）、部分的にはあらかじめ準備され、課題中心であるが、あらかじめ準備された音楽的な課題に余りにも集中しすぎることは、クリニックでの音楽演奏が、治療的関係が育っていくはずの枠組みから外れた表面的な課題に終わってしまうという、間違った印象を与えることになる。

学生達が、課題中心と関係中心という違いを理解しているとしても、治療において楽しむということの役割についての誤解が存在しうる。はじめての実習生は、音楽療法がクライエントにとって愉快で楽しいものであるべきだというアイディアにとらわれている。彼らはクライエントに好かれたい、彼らに楽しみを提供したいというニーズを感じている。彼らにとって、治療がハッピーであることに基づいて行なわれるのではない、というコンセプトは理解困難なものである。音楽的なコンタクトは容易で楽しいものであるが、時には深刻で難しいこともある。しかし、音楽療法が楽しいものであるというコンセプトを、学習の妨げになるほどまでに学生達が持ち続ける可能性がある。

学生達が、音楽療法の実践を楽しみの供給の場と取り違えてしまう理由の一つとして、大学のカリキュラムに満載されている音楽という負担によって、彼ら自身が音楽を演奏する際の個人的な喜びを失っていることが考えられる。セラピストでもある学生は、クライエントが自由に音楽を楽しむ様子を体験することで、彼ら自身が音楽の喜びを再発見するきっかけを得る。単に音楽自体を楽しむことこそが、治療的介入の真髄であるという誤った認識をする可能性がある。ときには楽しむということが治療的目標になることもあるが、それが治療的プロセスの基本であると誤解してはいけない。

学生が彼女の最初のシンプルな治療プランを立て、数週間にわたってクライエントとセッションをした時点で、音楽を通しての治療的関係の発展ということに対する、基本的なスキルと理解を習得しているだろう。この前提条件をクリアーした時点で、音楽療法の学生は学習の次の発達段階、つまりクライエントの抵抗を認識し、それに対応していくという段階に進む用意が整ったことになる。

事例

Monicaの高齢のクライエントであるVinceは、老人ホームに入ってほぼ4年になる。彼はうつで、常に家に帰してくれと訴えていた。彼のうつが改善することは、子どもたちの訪問以外にはほとんどなかった。Monicaがホームを訪問すると、たいていの場合Vinceは喜んで音楽療法に参加した。彼は気軽に参加し、音楽を通してMonicaと良い関係を築いた。

セッションが進んで数週間たち、Vinceが変わってきた。彼は音楽療法のセッションに行くのをためらうようになり、Monicaがセッションを始めると、すぐに抵抗を示すようになった。彼は老人ホーム、部屋、そしてMonicaについて不平を言い、自分の部屋に帰してくれと要求した。彼はほとんどの音楽について「これは本当の音楽ではない」と言って拒否し、シンプルなリズム楽器については「これは本当の楽器ではない」と言ったし、歌は「退屈で」、音楽療法も「退屈だ」と言った。彼は「なぜ私が音楽療法を受けなければならないのですか」、「なぜあなたは私を選んだのですか、他の人ではなく」と質問した。最終的に彼はセッションが終わったと宣言した。

MonicaはVinceの言葉に耳を傾け、彼の質問に正直に答えようとした。彼女は、音楽療法とは何か、そしてなぜ彼が音楽療法に選ばれたのかについて、Vinceが理解できるよう、精一杯の援助を試みた。Monicaは彼女がVinceのことを心配していること、ケアしていることを誠実に伝えた。つぎにMonicaは、いつもの挨拶の歌にVinceが加わり、音楽療法のセッションに参加するよう誘いかけた。Vinceはそれを拒否した。それからMonicaは、活動の中のどれかが彼にとって「退屈」でないこと、あるいは彼にとって「本物」であることを願いながら、次々と色々な活動をVinceに提案した。たとえばなじみの歌を歌うこと、簡単な楽器による即興で演奏すること、一緒にオートハープを演奏すること、あるいはギターの演奏やスカーフを使った即興などである。彼女が提案した沢山の活動の中に、Vinceが「本物だ」と感じた活動が一つあった。それは、彼の好きな歌である『アイルランドの瞳』をピアノで演奏することだった。Monicaは喜んでこのリクエストに応え、Vinceの興味をセッションに向け、一緒にセッションを進めていくための特効薬を発見したと思った。しかし、VinceとMonicaがピアノで彼の歌を歌った後、彼はまた部屋に戻してくれと訴えた。Monicaは、他の活動を提案し、『アイルランドの瞳』を再度やろうと誘いかけたが、Vinceはどんな歌も活動も拒否して、頭を垂れ、腕を組んで座り続け、Monicaと一切コンタクトをとろうとしなくなった。Monicaはあきらめてセッションを終え、Vinceを彼の部屋に連れていった。

ディスカッション

当然のことだが、Monicaはどのようにしてクライエントの抵抗に対処するかをまだ理解していない。そのために、Vinceの抵抗は短時間のうちにエスカレートし、セッションの流れを変えてしまった。Monicaの問題は、多岐にわたる。Monicaは、Vinceが彼女自身と彼女のセッションが退屈だと言ったことに対して、自然に感情的に反応した。彼女は傷つき、負けたと感じた。彼女がセッションを終える頃には、Vinceの好きなことを取り入れようと全力でもって努力したにもかかわらず、このような結果になり、怒りさえ感じていた。音楽療法におけるVinceの状態がいつもとは違うことを受け入れ、対応する代わりに、彼女の感情的な反応が原因となって

(そしてまた、彼女の経験が浅いという理由もあるが)、MonicaはVinceとセッションを「正常化」しようとする試みにはまってしまった。Monicaのやり方は、Vinceが言うこと(特定の不平不満)に集中しようとすることだった。彼女は、なぜ彼が抵抗しているかと発見するために、Vinceが訴えていた退屈だという言葉を検証し、理解するために必要なオープンな状態になることができないでいた。Vinceの抵抗を封じ込めるための活動—特効薬—を見つけようとしていたのだった。

抵抗という問題が起こった時には、クライエントの拒否という形から生じる自分の感情に注意を向けながら、抵抗に対処するための方法を調整していかなくてはならない。抵抗を解決する鍵は、一瞬一瞬の治療的関係を調整する中にあり、活動や課題の中にあるものではない。スーパービジョンを通して、学生達は自分たちの力でこの結論に達する。

グループ・スーパービジョンで、Monicaは彼女のセッションを議論の対象にした。最初は、おずおずと、そして当惑した様子で、彼女は状況が大したことではないように説明した。彼女は援助を受けることによって、感情を込めて詳細に話ができるようになり、セッションの状況について、そしてそれが彼女にとっていかにひどい状況だったかということを、的確に説明した。Monicaは、セッションの後で泣きながら老人ホームから帰ったと報告した。彼女はVinceの抵抗に対処しようとしたことについて怒りを感じ、Vinceを再び活動に引き戻せなかったことで落ち込み、Vinceが彼女にしたひどい侮辱を不当なものだと感じていた。彼女は、自分が果たして音楽療法士になれるのだろうかと疑問に思っていた。これはスーパービジョンにおけるもっとも困難なチャレンジの一つである。はじめての実習生は自分の足で立ったばかりで、自信をこれから身につけていこうとしている段階にあるからである。抵抗と取り組むということは、クライエントからの拒否を認めることであり、学生に自分が不十分であるという感情をもたらすものである。

このような不安な瞬間にスーパーバイザーは、学生のジレンマを解決してあげることで緊張のレベルを下げようとする誘惑に駆られる。たとえば、「Monica、Vinceは本当はあなたとのセッションに退屈していたわけではありません。彼は抵抗と呼ばれているクライエントに特有の行動をしていただけなのです。あなたにとっては彼との実習の4週目になるけれど、これは治療的プロセスのこの時点で起こることです」と言ってあげることである。しかしながら、Monicaのジレンマに答えてしまうことは、彼女とスーパービジョンのクラスの学生達から、自分達が不十分であるという感情に対して、彼らが一緒になって正直に取り組み、Vinceをよりよく理解するための力をつけるという、教育的に貴重なチャンスを奪ってしまうと、私は信じている。

Monicaのクラスメイトが、彼女の状況に対して共感を示すことが当たり前のように思えるかもしれない。しかし、通常は援助的なスーパービジョンのグループに

おいて、クライエントによる拒絶と自分が不十分であるという感情を伴う状況から、距離を置いてしまうことがよくある。彼らにとってこのような状況は、感情的なチャレンジを意味する問題だからである。「ああ、あなたにとって大変だったに違いないわね。私にはそんな難しいクライエントはいないけれど」とか、「私のクライエントが私にそんなことをしたとしたら、どうしていいかわからないわ！」といったコメントは、はじめての実習に臨んだ学生達が、どのような形であれクライエントの抵抗を体験したことを否定する傾向にあることを示す。新米の学生にとって、クライエントが抵抗する瞬間を無視する方がたやすいことである。特に、セッションをする中でクライエントと進歩を見せていることに焦点を当てているさなかであれば、なおさらである。グループに共通してみられるこのような反応は、教育的なサポート・システムとしてのクラスの全体性を脅かす。スーパービジョンにおいて、危機にある学生を援助するとともに、他の学生達もクライエントの抵抗という体験を発見できるような援助をするというアプローチが必要になる。クライエントの拒絶に対する学生達の感情的な反応を扱うということは、抵抗をテーマとして取り組む場合に重要なことであるが、実習を始めたばかりの学生達は、自分達が不十分であるという感情に向き合う前に、まず否定することなく、抵抗を認識することができるようになることが必要である。言語的ではなく、本質的に体験的かつ表現的なスーパービジョンのテクニックは、学生達がより意識的かつ無意識的に抵抗という局面を検証していく上で、効果的である。即興によるロールプレイはおそらく、音楽療法のスーパービジョンの中で最もパワフルな体験的なテクニックであろう。しかし、グループによる音楽とイメージというテクニックもまた有効である（Summer, 1996）。

Monicaとのスーパービジョンのセッションでは、抵抗というコンタクトと、クライエントと音楽的に関わりながらのコンタクトを比べて検証するために、音楽とイメージという芸術的要素が用いられた。学生達は目を閉じたまま床の上に楽な状態で座り、短いリラクゼーション・テクニックの導入の後、次のような指示を与えられた。「この時間に、クライエントとのセッションを思い出してみてください……音楽でもってクライエントととてもつながっていると感じた時のことを思い出しましょう……そんな時がたくさんあったかもしれません、でもその中でクライエントと最も密接につながったと感じた時と、その時にあなたが弾いていた音楽も思い出しましょう……さて、目をあけて、あなたが助けられていると感じているその音楽を絵にしてみましょう……あなたが感じたつながりをできるだけ表現豊かに描いてみましょう」。ドヴォルザークの弦楽セレナード、作品22の第1楽章が演奏される間、学生達は油絵の具とパステルを使って絵を描いた。この後、同じプロセスが次の指示が出されるまで繰り返された。次に、学生達は彼らがクライエントと音楽をしている間に、最もつながっていなかったと感じた瞬間を描くように指示された。この演習のために、私はドヴォルザークから、ブラームスの第3交響曲の第3楽章

に切り替えた。この演習で使われた各々の音楽は、グループ全体の感情的な状態を映し出し、彼らのイメージ表現を、芸術を通して支えていくために選曲されたものである。

　Monicaの最初の絵はパステルカラーで描かれ、ほぼ抽象的だった。彼女はセッションの部屋を描いたと説明した。絵の半分には紫色でVinceが描かれ、残りの半分は青でMonicaが描かれていた。この二等分された二つの部分の間に、MonicaとVinceが「つながっている」ことを表現する黄色い部分があった。どの色も鮮明だったが、黄色の部分でお互いの色が混ざり合っていた。さらにMonicaは、部屋から外に向かって広がり、部屋の周りを放射状に取り囲むラインでもって、彼らの音楽の中で彼女が広がっていく感じと表現性を描いた。Monicaは、彼女のセッションが通常この絵のように、穏やかで、流れるようで、自然である、つまりドヴォルザークのセレナードのようだと言った。抵抗を表現した絵では、紙面の3分の2が黒と赤の色で、荒々しく寸断されたラインがお互いを囲むように描かれていた。Monicaによると、それはVinceを表現するものだった。Monicaは自分自身を紙面の残りの部分に、青、紫、黄色のパステルで描いた。不等分の二つの部分は接点で合流していた。

　Monicaは彼女の二つの絵について、十分に説明することを求められた。二つ目の絵について彼女は「これはきのうのセッションのVinceです。彼は混乱しています。彼は私に注意を向けていません。ここにある線はどこにも向かっていないし、この絵のいたるところに描かれています。彼は本当に混乱しているのです。自分がどこにいるかも本当にわからなくなっていて、怒りを感じているのが私には見えます。私は、Vinceが感じている怒りのような不協和音を、ブラームスの音楽がかかっている間に聴き取りました。このつながらないラインを、音楽の強いアクセントでもって描きました。きのうのセッションでは、私は彼が混乱していることに気づきませんでした。彼が老人ホームにいることに対していつも怒っていることは知っていましたが、彼の怒りを私が感じたことはありませんでした」。

　彼女は、絵の中で自分をどのように特徴づけるかについて説明することを求められた。彼女は「私は彼に届こうとしていますが、彼はいつもの彼より大きいのです。そして私の可愛い穏やかな色は、彼の鋭いラインの隣では役に立ちません」。私は「この絵の中であなたはどうやってVinceに届こうとしているのですか」と尋ねた。

　彼女は「このセッションで、彼がいつもとは違うことがわかります。でも、私はいつもと同じような方法で彼にアプローチしています。まるでいつもの彼に戻そうとしているみたいです。なぜ彼が私を拒絶し続けたかがわかります。私は彼に注意を向けていないのです」と答えた。Vinceとのセッションを芸術という媒体に置き換えたことで、MonicaはVinceの状態を検証し、彼と彼女の関わりを新しい視点から見ることができるようになった。この新しい視点から彼女は、Vinceが彼女とのセッションに退屈しているわけではないということを理解したのである。Monicaの認識の変化を支えるために私は彼女に、Vinceが彼女との音楽療法のセッショ

ンをかつては楽しんでいたことを思い出させた。「Vinceが本当は退屈しているのでなかったとしたら、彼にとって退屈でないことを探し出そうとすることは、全く役に立たないわけですね」と言ったMonicaの言葉から、私は彼女がVinceの抵抗に対処するための新しい方法を見つける用意ができたと信じた。私はMonicaに2番目の絵に注意を向けさせ、「この絵をもう一度よく見てごらんなさい。この視覚的なプレゼンテーションから、どのようなコンタクトがVinceにとって効果的か見てとれますか」と尋ねた。

Monicaはすぐに「彼が、私のソフトなパステルカラーではなく、彼のような強い色と形を必要としていることがわかります。他の絵を描くとしたら、私は自分をもっと彼に合わせていくでしょう。彼と同じ色を使って、もっと鋭い明確な形でもって、多分彼と同じ形でもって、自分を描いていくでしょう」と答えた。

私はMonicaに、個人的に非常に滋味にあふれた音楽を選んで、その音楽に支えられながら、Vinceに対する治療的に新しいアプローチ法を表現するような絵を、少なくとも一枚描いてくるという宿題を出した。Vinceの混乱と怒りに意識を向け、それに合わせ、受け止めていくために音楽を使った絵である。

Monicaのダイナミックな作品と新しい洞察がグループに強い印象を与えたことは、その後に続いた議論で明らかになった。自分たちの絵を使って、Monicaのクラスメイト達もまた、それまでのスーパービジョンのクラスでは明らかにされなかった、彼らの過去のセッションにおけるクライエントの抵抗を認識し始めるようになっていった。

最後に、Monicaは彼女が学んだことをまとめるように求められた。「私はVinceの混乱を変えようとしていたのがわかります。その混乱から彼を引き離し、彼の好きな歌でもって彼を喜ばそうとしたのですが、そんなことはできませんでした。彼が老人ホームにいることについて落ち込んでいて、怒っているというのが現実だったからです。私はこの点で彼を救えないという事実を受け入れなくてはならないのです」。

学生達は、自分を内省するし、自分や他の人たちに関しても正直であると信じて、音楽療法に来る。セラピストであるために、知的にも感情的にもどれほどの努力が必要かをまだわかっていない。ここで紹介されたような抵抗に意識を向けることは、学生達に自分を振り返ることを余儀なくさせる。自らを振り返るということは、私達の学生が学び、成熟していくことであり、決して不十分であると感じさせることではないということを、彼らの先生としての私達は確信するようになる。

最後に、何人かの学生、それも成績優秀な学生の何人かが、音楽療法士になるために必要な治療的および音楽的なスキルを習得することができない、あるいは習得しようとしないという事実を認める必要がある。最初の実習の間に、このことがしばしば明らかになる。彼らはスーパーバイザーの真似をするのはうまいかもしれないが、彼らのクライエントに対してその場で合わせていくことができない。実習に

関する及第点を学生に、それも成績優秀な学生に及第点を上げたいという誘惑はあるが、彼ら自身のためにも、この領域のためにも、彼らがセラピストしての能力不足をカモフラージュしている点を許すことには、何の価値もない。実習コースは1学期間の18単位の中ではたった1単位にしかならず、ぎりぎりで通った1単位はここでは一見重要でないように見えるかもしれない。(「C」はアメリカ音楽療法協会が音楽療法の必修クラスの中で許すぎりぎりの成績である)。しかしながら、これは錯覚である。音楽療法士は、音楽療法を実践できるようになるために、訓練の一部としてアカデミックな勉強をする。私のような大学関係の人間は、実習における能力不足を大目に見ることが些細なことであるとすることに関して、慎重であらねばならない。実習のスーパーバイザーは、彼らが臨床家であって、大学のスタッフではない場合、「治療的」過ぎる態度をとらないように注意しなくてはならない。つまり、すべての肯定的な成長を成功につなげようとする態度である。音楽療法プログラムの責任者の一人ひとりは、学生が卒業までに習得すべきコンピテンシーの基準を持っている。クライエントが自分のペースで成長していき、締切りというものがないセラピーとは違って、音楽療法の教育者には時間的な制限がある。

　本当の意味において、実習とは私達の将来の音楽療法士が成長することを学ぶための試練の場である。私達は、学生が専門家になっていくために必要な変容エネルギーを犠牲にすることなく、私達が知的に尊敬し、セラピストとしての役割の中でケアする学生達の熱を冷ますことはできないのである。

参考文献

American Music Therapy Association. (1997 Revised). *Standards and Procedures for Academic Program Approval*. Silver Spring, MD: Author.

Feiner, S. (1999, November). *Supervision: A profound creative process*. Paper presented at the 9th World Congress of Music Therapy, Washington, D.C.

Forinash, M., and Summer, L. (1999, March). *Continued explorations into music therapy supervision*. Paper presented at the Conference of the New England Region of the American Music Therapy Association, Meredith, NH.

Forinash, M., and Summer, L. (1998, April). *Supervision in music therapy*. Paper presented at the Conference of the New England Region of the American Music Therapy Association, Hartford, CT.

Freud, S. (1912). Recommendations to physicians practicing psychoanalysis. *Standard Edition of the Complete Psychological Works of Sigmund Freud, Vol. 12*. London: Hogarth Press.

Sherman, R. M., and Sherman, R. B. (1963). *It's a Small World*. New York: Wonderland Music Co.

Summer, L. (1996, March). *Music as mother*. Paper presented at the Conference of the New England Region of the American Music Therapy Association, Springfield, MA.

Summer, L. (1997, December). *The music therapist's relationship with music*. Paper presented at the Lesley College Expressive Therapies Brown Bag Lecture Series, Cambridge, MA.

第6章

音楽療法実習の
システム分析アプローチ

Suzanne B. Hanser

教育博士，認定音楽療法士
Berklee College of Music音楽療法学科長
マサチューセッツ州，Boston

　私はカリフォルニア州のStocktonに到着した。長い歴史を持つ音楽療法科の職につくために。私は教職スタッフの一員になるだけであったし、それまでにBrooklyn Collegeで特殊教育における音楽のコースで教えてはいたが、それでも私にとって将来音楽療法士になる人達に教えるという、はじめてのチャンスだった。なすべきことが数多くあるのは明らかだったし、学ぶべきことも多かった。しかし、私が最も急いでやるべき仕事は、コーディネートすること、計画を立てること、実行すること、そしてかつてやったよりもはるかに多くの臨床実習の学生を対象に、スーパービジョンを行なうことだった。もちろん、学生達は、学期が始まるとすぐに外の世界に出て、本物のクライエントや患者達に音楽療法のテクニックを応用していくことになっていた。

　このようなプレッシャーのかかる状態に置かれて、私は自分の最も効果的な教示法を明確にし、スーパービジョンのための現実的で効率のよいシステムをデザインせざるをえないことになった。学生達が時間をかけて実践をしていくうちに、彼らの音楽的な能力と才能を磨き上げていくことを、私は知っていた。私は彼らが大学でのコースの間に、より多くの音楽療法のテクニックを学び、それらをクラスルームとクリニックで練習すると推測した。学生達が治療としての音楽療法を設定し、実践し、評価するモデルを学ぶことができるのであれば、彼らがどこで働こうとも、思考上の、そして臨床的な判断を下す上で必要な、信頼性のある構造と枠組みを習得するだろうという結論に至った。有効なモデルであれば、施設や対象者、治療手段を問わずに応用可能なはずである。

　多くの思考を重ねた後で、将来のセラピスト達に教える上で、答えを探さなければならないような質問を出していくという方法が、私にとって最も重要なことであることが明確になった。例えば、

「音楽療法を通して、私はどのようにして私のクライエントの福利に貢献し、それを向上させていくことができるでしょうか。今学期の終わりに向けて、私は何が変わり、あるいは何が進歩することを期待しているでしょうか。そしてそうであれば、どのようにしてその結果に達することができたとわかるのでしょうか」。

これらの問題に対する答えとして私は、学生の期待と臨床実践を単純化し、コード化するための分析という形態を選んだ。学生達は最初の時期に、彼らの治療プログラムを明確にするために必要な用語、例えば目標、目的、対象者領域、対象行動といった言葉を学んだ。私は、これらの用語が、多様な対象領域と幅広い実践において通用するかどうかを、確かめるつもりだった。

システム分析アプローチ

本章では*、私が1975年にその骨子をデザインし、『Music Therapy Practicum: A Manual for Behavior Change 音楽療法の実習―行動変容のためのマニュアル』の出版を経て、最新の『The New Music Therapist's Handbook』となった、システム分析モデルが紹介される。学生の実習のために私が開発したこのシステムは、Pacific大学において長年にわたって使われ、現在Berklee Collegeにおいて改訂され、さらに発展した形になっている。このシステムの主な要素は以下の通りである。

- 学生をスーパービジョンの小グループに振り分ける。
- Pacific大学では、グループを監督し、毎週の課題を検証していくために上級の学生を使う。
- スーパーバイザーには、学生セラピストとクライエントの間の関わりの質に集中するようにさせる一方で、クラスルームでの指導では治療活動と計画のための論理的説明を提供する。
- スーパービジョンのために、録音テープとビデオテープを使用する。

このシステムの詳細については、著者による1978年の『Journal of Music Therapy』の論文で紹介されている。HanserとFurmanによる1980年の記事では、特定のビデオテープの使用とフィードバックの手順がテーマだった。これらの流れを実際にやっていくことによって、スーパービジョンのグループは、学生達が観察したことについて議論し、仲間から学んでいくための、治療チームのモデルを提供した。治療計画のプロセスにおける段階的なステップから成る、共通の課題が毎週全ての学生に与えられた。現時点での課題は、様々な治療哲学とアプローチの立場にある音楽療法の専門家達による、代表的な臨床実践を手本としている。

問題をはらんだ状況から生まれ、徐々に発展してきたこのシステムは、治療計画の全ての重要なプロセスにおいて実践する機会を、学生達に提供している。この方法によって獲得されたスキルは結果として、音楽療法士が以下のような様々な責任

* 本章の一部は、Hanser, S.B.(2000)の『The New Music Therapist's Handbook』、Berklee Press、Bostonからの抜粋である［訳注：日本語訳はATN, inc.より、『ミュージック・セラピスト・ハンドブック―現場で役立つ豊富な臨床例』のタイトルで、2005年に出版されている］。

を担うことに貢献してきた。

- 特定のニーズを持つ子どもの一人ひとりに対して、個別の教育計画を立てること。
- 入院費用支払いにおける健康保険の適用に備えること。
- 保険審査に十分応えられるだけの質を備えた適切な記録を提供すること。
- 臨床プログラムおよび退院計画のための多職種チームと連携すること。

　90名の学生に対して一人の教員スタッフという比率が、音楽療法カリキュラムにおける実習スーパービジョンとして、もはや受け入れられないものとなったということを報告できることは喜ばしい。そして、資質のあるスーパーバイザーによる個別のスーパービジョンが、カリキュラムの発展に伴ってその主流を占めるようになってきた。Berklee Colleg of Musicの音楽療法プログラムを確立するにあたって寄付金が募られ、学生達は、臨床家である音楽療法士による適切なスーパービジョンを受けることができるようになった。人数が制限された実習クラスによって、学生達が毎週の実習を準備できるような援助が提供される。

データに基づいたモデルの原理

　実習カリキュラムで適用されるモデルは、音楽療法のためのデータに基づいたアプローチである。しかしながら、「データ」という言葉はしばしば、コンピューターのプリントアウトや膨大な数字のリストといったイメージを思い起こさせる。私はこの言葉を、実験や直接の観察を通して得られた情報という意味で使っている。この実習モデルの一連の課題は、最も効果的な治療プログラムを作成するためのガイドラインを提供している。音楽療法の学生は、反復可能なシステムを学ぶだけでなく、選択されたテクニックの効果が治療を通してすでに検証されたものであるゆえに、臨床家として得るメリットも大きい。クライエントは、治療における彼らの進歩を観察しながら有益な体験をすることになる。学生であるセラピストとクライエントがともに、選択された長期および短期目標に向けて活動していくことによって、双方の間のパートナーシップが強化される。

　『The New Music Therapist's Handbook』には、私がどのようにして、「データ」をこれほどまでに重要視するようになったかについてのエピソードを載せてある。それは、私の娘のLeoraが生まれた時のことだった。私自身は一人っ子だったし、ティーンエージャーの時代に一度もベビーシッターをしたことがなかった。私には新生児との経験が全くなく、私が面倒を見なければならないこんなに小さな赤ん坊を家に連れて帰る、というアイディアにパニックを起こしていた。私が読んだ育児書からは、赤ん坊が泣いた時にどうすればよいのか、彼女のニーズをどう理解すれ

ばよいかということについて、ほとんど何のヒントも得られなかった。幸いなことに、友人であるSandraが私にデータを収集することを教えてくれた。

私の家族や友人達は「データ？」と不思議そうに聞き、私が自分の娘に対してそのような言葉を使ったことにショックを受けた。「そうよ」と私は言った。「データ収集は、彼女のはじめての言葉を理解し、よりよい母親になる上で効果的だったわ」。

では、詳しく説明しよう。

Sandraは私に1冊のノートを買ってきてくれて、それを授乳、おむつ交換、睡眠という三つの部分に分割した。授乳時に私は、日時と授乳にかかった時間を記録した。おむつ交換の際には、時間と排泄物について記録し、睡眠に関しては、彼女の入眠と覚醒の時間、および睡眠の長さを記録した。

すぐに一定のパターンがあることが判明した。例えば、前回の授乳時間が短かった場合に、Leoraが泣き出すことがわかり、次の授乳でもっとおっぱいを飲むだろうと推測できた。授乳の後に一定時間が経過すると、おむつ交換が必要なこともわかった。前日の彼女の記録から、彼女がいつ頃目覚めるだろうかという予測がつき、それに合わせて私のスケジュールを立てられるようになった。彼女のリズムに急激な変化が起こって、私の予測と合わなくなってくると、私は的確に医学的な問題があることを予知し、彼女の小児科医は感染しているという診断を早い段階で下した。

私は実際にLeoraの授乳時間をストップウォッチで計って、家族から軽蔑されたこともあった。「どうしたらあなたは自分の子どもに対して、そんな冷たい計算ずくの態度で接することができるの」と彼らは私に言った。

私は、彼女をとても愛しているがゆえに、このような大事なこまごまとしたケアを偶然に任せることができないのだと答えた。彼女の一定のパターンを知ることで、私達の関わりをよりよくコントロールするだけでなく、より大きな自信を持った余裕のある母親になることができた。その分私は彼女と遊び、歌を歌ったり、おしゃべりをしたり、動いたりすることで彼女をよく知り、彼女の全ての瞬間を愛することに、私のエネルギーを注ぐことができたのである。

今までに私は、長い年月にわたって三人の子ども達の母親であり、音楽療法士でもあり続けてきた。私は自分の音楽的な才能を、研究、実践、そして演奏を通して向上させてきた。私の注意の多くを仕事の対象となる人達に向ける一方で、新しいテクニックを学び、それらをよりよく使いこなせるようになった。個人的にも専門家としても、私の成功の最も大きな鍵は、常にクライエントを中心にしてきたこと、そしてデータに基づいた私の方法にこそあると信じている。

システム分析のモデルは指示的ではあるが、特定の問題に対する音楽や音楽療法テクニックのリストを提供するという形式ではない。そうではなくて、セラピストである学生達に創造性と体験と個人的な価値観を重視しながら、最適な目標とテクニックを選択することを要求する、という形をとっている。学生達は、治療計画という目的をもってデータを収集し、そして同時に専門家として考え始める。彼らは

クライエントの経過に関するデータを収集することで、治療の効果がどのように明らかになるかを学んでいく。彼らは、音楽療法のセッションの中での出来事を、直接的かつ客観的に記録する方法を理解するようになる。このモデルは学生達に、主観的な治療関係における客観的な評価を行なうことを可能にする。

学生の課題

週ごとの経過記録に加えて、学生達には七つの課題が与えられる。

- 現場の情報
- グループ活動観察用紙
- 初回時のアセスメントに関するガイドライン
- 目標および目的の設定
- 反応の定義づけ
- 治療計画案のアウトライン
- 音楽療法実践のまとめ

これらの点および実際に使用する用紙を以下に紹介する。

課題1：現場の情報

学生達の最初の課題は、臨床現場に関する情報を収集することである。音楽療法の計画を既存のプログラムに組み込むために、その施設、クライエント、その施設の他のプログラム（例えば作業療法、理学療法、レクリエーション・セラピー）、治療の哲学的方向性、そして他の部門やサービスに対する音楽療法の役割に関して、できるだけ多くのことを知ることが有益である。

彼らの全体的なオリエンテーションの終わりの段階で、各々の学生は一人のクライエントを観察する。学生達は、人間の行動を敏感に観察するための訓練を重ね、彼らが見たことについてのエピソード記録を作成する。その後で彼らは、音楽療法で効果的な変化が起こるために必要な行動が何であるのかと、焦点を合わせることができるようになる。

学生達は、以下のガイドラインに沿って、彼らのクライエントのうちの誰が音楽療法を受ける上で適切かという点に関して議論をしていく。

- 聴覚学習のスタイルが得意である。
- 音や音楽に対して反応する。
- 身体的制限や移動における制限がある
- 認知的能力に制限がある。
- 対面式の治療は望ましくない。

- 〔指示や要求に〕従うことが問題である。
- 思考、感情、あるいはアイディアについてコミュニケーションをすること、あるいは表現することが困難である。
- 他人と関わることが難しい。
- 自己意識に制限がある。
- 従来の治療ではうまくいかない、あるいはその治療をしてはならない。

表1
現場見学のための課題

この施設でのはじめての訪問において、以下の点に関してメモをしなさい
施設のタイプ：
クライエント： 診断名、年齢、機能レベル等
他のプログラム： 他のセラピー、活動、スケジュールが組まれたプログラム
治療的方向性：
音楽療法の役割：
観察したことについてのエピソード記録：

課題2：グループ活動観察用紙

次のセッションで一人ひとりの学生は、グループ活動に参加している1名のクライエントを観察する。この課題は、様々に考えられる対象行動の前後関係を提供する。学生達は観察をし、適切な反応には＋、反応がない場合には0、不適切な反応には－というスコアをつけながら、行動の種類についてのコメントを書いていく。この課題は、学生達が機能に関するより総合的なアセスメントをするための準備となる。

課題3：初回時のアセスメントに関するガイドライン

アセスメントによって、問題自体の特質がより明らかになる。クライエントができることやできないこと、知っていることや知らないことが確認される。アセスメントでは、行動観察のための標準化された、あるいはオリジナルのテストが使われることもあり、クライエントの得意な面と弱い面が特定される。音楽療法のユニークな特徴は、非音楽的な行動に加えて、音楽的な行動もアセスメントの対象となることである。

表2
グループ活動アセスメントのための課題

日付：		
クライエントの頭文字：		
観察者：		
行動 ＋（適切な反応）、0（無反応）、－（不適切な反応）のいずれかに○印をつけ、1人のクライエントについてのコメントを書きなさい		
＋	0	－
参加の様子		
＋	0	－
反応の様子		
＋	0	－
気分／感情		
＋	0	－
社会的行動 （従順さ）		
＋	0	－
指示に従うこと		
＋	0	－
セラピストへの注目		
＋	0	－
セラピストとのラポール		
＋	0	－
課題への注目		
＋	0	－
クライエントの関わり		
＋	0	－
協応（微細および粗大運動）		
＋	0	－
コミュニケーション（言語）		

表3
初回時のアセスメントのための課題

日付:
学生セラピスト:
クライエントに関する記述（頭文字のみを使用すること）:
背景:
音楽的好み:
家族歴:
スキルと興味:
文化:
職業:
非音楽的機能 社会的: 知覚-運動: 言語: 認知: 感情:
音楽的機能 楽しむこと: 創造性: 能力:

課題4：目標および目的の設定

　観察とアセスメントに基づいて、音楽療法の学生は治療目標を選択する。音楽療法が成功すると、この目標は達成されたことになる。セラピストは観察可能な方法でもって目標（goal）を明確にするための目的（objective）を定義づける。その目的がどのようにして測定されるかを的確に定義づけることによって、いつその目的が達成されたかが明確になる。

　一つの目標を選択するために、以下の質問を意識してもらいたい。

- この目標を達成することは、その人の生活に重要な影響を与えるか。
- この目標は、現在の行動からかけ離れていないか。
- 目標達成を妨げるような不適切な行動はないだろうか（その行動を先に取り上げる必要があるのではないか）。
- 目標として特定された行動は、長期にわたって観察および測定可能か。
- クライエントはある特定の理由から音楽療法に紹介されてきたのか。
- 他のスタッフは、この目標が最も適したものであると賛成するだろうか。
- 学期の終わりまでにこの目標が達成される可能性は高いか。

- この行動が本当に変化を促すものであるという根拠があるか。
- この目標達成のために、音楽療法が最も効果的であると信じる理由があるか。

目的を設定する場合、学生達は観察可能、測定可能な行動を記述しなくてはならない。彼らは、変化すべき方向を特定し、成功のための条件と基準を含む境界を的確に描写する必要がある。

表4 目標と目的設定のための課題

この課題では、学期の終わりまでにあなたのクライエントが達成すべき一つの目標と一つの目的を設定することが要求されています。成長や変化が可能な一つの領域に絞って、一つの非常に特定化された目的を、行動でもって定義づけなさい

以下の記述は、達成可能な目標と目的の例です	
目標	学期内の目的
社会性の向上（グループへの参加）	選択された歌の一番の歌詞をすべて歌う
自己尊敬の向上	質問に応じて、自分について肯定的なコメントを二つ言う
注意を向ける	セラピストとのアイコンタクト（名前を呼ばれてセラピストを見ることがアイコンタクト）を70％までに増やす
もじもじする行動を減らす	音楽療法の活動の間、もじもじする行動をしている時間を減らす（もじもじする行動とは、観察可能な目的を伴わない指や手の動きのこと）

以下の部分で、学期内のあなたの目標と目的を完成させなさい	
目標	学期内の目的

課題5：反応の定義づけ

対象行動を定義することは、変化を客観的に測定する上で必要不可欠である。信頼性のある記録がつけられるように、行動の定義は非常に精確でなくてはならない。申し分のない行動の描写は、反応の定義という表現としてもよく知られている。それには、記述的あるいは簡潔な用語で対象行動を説明すること、その行動の範囲、観察上の情報、ボーダーラインの反応が含まれる。

課題6：治療計画案のアウトライン

音楽療法の計画は、治療の方向を明確にするナビゲーションとして機能する。学生達は、それまでの課題を応用して、アウトラインを完成していく。

第6章　音楽療法実習のシステム分析アプローチ

あなたの対象行動を特定するための簡潔な定義を書きなさい。定義は、その反応が起こった場合に、全ての観察者がそうだと同意できるような明確なものでなければなりません。定義づけを終えたら、クラスメイトにそれが十分に明確かどうかチェックしてもらいなさい	表5 反応を定義する課題
どのようにして対象行動を観察しますか	
その反応は、ある一定数の割合で、あるいはある時間にわたって起こりますか	
その反応は、ある質問が出された時、あるいはある活動の間に起こりますか。答えが「はい」ならば、どの活動ですか	
あなたはいつこの行動を観察しますか 　　例：セッション後に質問をした後、歌唱活動の間、 　　　ドラム演奏の間、呼びかけと返事の間	

- クライエントと施設（課題1）。学生は個人セッションかグループセッションのどちらが、そのクライエントにとって適切であるかを判断する。
- アセスメントの手順（課題2および3）。
- 目標と目的（課題4）。
- 治療の手順。

　学生達は、最も効果的な音楽療法のテクニックを使って、彼らのクライエントのニーズに応えなければならない。自分自身のスキルと才能を蓄積していきながら、彼らは最良の方法を探すために音楽療法の文献を調べる。

学生：	表6 治療計画案のアウトライン
クライエントと施設（クライエントの頭文字のみを使用すること）： 情報として年齢、性、施設、音楽療法に紹介された理由を簡単に述べなさい（課題1参照） 施設についての説明で、グループあるいは個人音楽療法の頻度と期間を述べなさい	
アセスメントの手順： 課題2および3からの観察をまとめなさい。反応の定義（課題5）について記述し、対象行動の観察について記述しなさい（例：先行テスト、あるいはベースライン）	
目標と目的： 目標と学期内の目的を記述しなさい（課題4）	
治療の手順： 目標達成のために、あなたが音楽的および非音楽的に何をしようとしているかについて記述しなさい。音楽療法のテクニックと音楽的素材を特定しなさい	

課題7：音楽療法実践のまとめ

　音楽療法の計画が完了すると、学生の準備が整ったことになる。しかしながら、だからといって目的の修正や、テクニック上の工夫、あるいは問題の再定義づけと再度のアセスメントという形式の追加計画が不要になるというわけではない。セラピストである学生は、治療の進展にしたがって記録をつけ、一定期間の行動の変化をグラフ化し、治療前および治療後のテストの結果を報告する。アウトラインには、タイトル、著者、クライエントと施設、反応の定義とアセスメントの手順、目標と目的、音楽療法の手順、結果とディスカッションが含まれる。

　学生は、この最終レポートにおいて音楽療法の計画から、テーマに関係のある情報を用いながら、この段階では過去形の文章で記述する。音楽療法プログラムの成功に関する評価には、総合的な分析が必要となる。収集された結果には、結論および将来の活動に向けての推薦が含まれる。音楽療法の学生は、治療プログラムを終了し、変化を求めて他の領域での実習を始める。学習プロセスとしての音楽療法が継続していくのである。学生とクライエントの間に生まれるこのユニークな関係は、クライエントのための終了に向けての適切な準備およびその後の治療計画をも含むという、専門的な手順でもって終了する。

表7
音楽療法実践のまとめとしての課題のアウトライン

研究タイトル（例：……との歌唱の応用、……のための打楽器的な即興、……の向上のためのアンサンブル演奏、音楽聴取を用いた妨害的行動のマネージメント）：
著者：
クライエントと施設：
反応の定義およびアセスメントの手順：
目標と目的：
音楽療法の手順：
結果（グラフ、表、およびクライエントの経過の分析）：
ディスカッション：

おわりに

　私は時々、音楽療法の領域とは、私たちの周りにある数々の秘密の中でも最も秘密にされていたものの一つであると考える。この職業はまだ歴史が浅く、多くの他の確立された専門分野ほどはよく知られていないからである。患者のケアについて論議する人達は、音楽療法の潜在的な効果について知らないのかもしれない。彼らの地域で音楽療法士が実践していること、あるいは、ある特定の診断を受けた人にとって、音楽療法が治療の選択肢の一つであることを知らないこともあるだろう。クライエントの経過に関するデータの収集は、治療の有効性のエビデンスにつなが

る。それは、音楽療法のセッションにおいて何が起こっているかを、直接、そして客観的に記録することである。データ分析アプローチという方法によるセラピストの訓練は、クライエントに関わる他の人たちに対して、そして専門家としての私達自身に対して、私たちがよい仕事をしていることを証明する上で有益である。

　このモデルは、クライエントのニーズ、および治療計画、実践、評価に関連した決定を下すプロセスに全力を注いで作られている。これは、音楽療法の体験を構造化し、効率のよい方法でもって治療目標を達成するためのシステムを提供している。さらにこの構造によって、実習現場のスーパーバイザーの負担が軽減され、学生とクライエントの間の人間的なプロセスに集中できるようにもしているようだ。音楽療法の学生のための実習コースを組織立てる際に、読者の皆さんにとってこの資料が有益であり、この職業の将来のための養成において成功されることを願っている。

参考文献

Hanser, S. B. (1978). A systems analysis model for teaching practicum skills. *Journal of Music Therapy*, 16(1), 21-35.

Hanser, S. B., and Furman, C. E. (1980). The effect of videotape-based feedback vs. field-based feedback on the development of applied clinical skills. *Journal of Music Therapy*, 18(3) 103-112.

第7章

インターン実習スーパービジョンの道すじ
―スーパービジョンにおける人間関係の
役割、力動、および諸段階―

Susan Feiner

芸術修士，認定音楽療法士，臨床ソーシャルワーカー
New York University音楽療法科准ディレクター
ニューヨーク州，New York

はじめに

　インターン実習を始めるということは、スーパーバイザーとインターン生の双方にとって、知り合ったばかりでお互いにほとんど関わりのない旅人同士である二人が、小さな居心地のよい船に乗り込んで、航海に出発するようなものである。波はあらゆる方向から押し寄せて来る。方向転換のたびに、探検と学習が可能な新しい領域が現れる。一人の旅人はもう一人の人次第である。一人が身を乗り出したり、帆を緩めたり、方向を変えると、もう一人はそれを感じて、どう反応すべきかと決断しなくてはならないだろう。一つひとつの旅がユニークなものであり、周囲の様子は内外からの挑戦に満ち満ちている。

　この旅における二人の旅人にとっての潜在的な可能性は、豊かであり、探究と達成と自己認識に溢れたものである。この旅が終わる時点でインターン生は、今や専門家の一人であり、やがて訪れるチャレンジを受けるために必要な基礎的な知識と経験を備えており、仕事を始める準備が整ったと感じる。スーパーバイザーは、彼／彼女が学生の人生におけるこのワクワクするような旅に貢献したと感じ、相手に知識を伝えたこと、そしてこのような成長に関われたことに満足感を覚える。願わくは、二人がともにこの旅を分かち合ったことに対して敬意を感じてもらいたい。時には難しい、向かい合うことさえ怖いような障害もあっただろうが、この波を乗り切ったことを喜ばしく感じるのである。

　多くの学生達は、彼らのインターン実習とスーパーバイザーとの関係が、専門家としての成長のみならず、個人的な成長と変容においてもどのようであったかについて語ってきた。スーパーバイザーとの関係こそが、彼らが自分達についてどのように感じ、彼らが何者であるか、そして自分達のアイデンティティという点で、大きな変化をもたらしたのである。インターン生達は、スーパーバイザーと一緒に働くことが彼らの人生を変えたと、繰り返し話してきた。系統だった課題をはるかに

超えて、二人の関係の間で何がこのようなことを引き起こすのだろうかと、私は常々畏敬の念を感じてきた。

本章では、実習の間に生まれるチャレンジと潜在的な可能性を明らかにするために、スーパーバイザーとインターン生との間の変化を検証していく。スーパーバイザーとインターン生の間で生じるスーパービジョンに関する問題、および訓練体験の段階を通してたどっていく旅の間の、二人の人間関係に焦点が当てられる。それ自体がユニークなものであるこの関係の素晴らしい潜在的可能性、インターン実習の発達段階とそれに伴う役割の変化、スーパーバイザーとインターン生の間で生じる問題やチャレンジ、さらにスーパービジョンに関わる介入法について議論を進めていく。

スーパービジョン関係における力動

仮説と期待

スーパーバイザーとインターン生の密な関係には、どのような力動が関わっているのだろうか。この二者間の関係に影響を与える力動を理解するために、まず、スーパーバイザーとスーパーバイジーの双方が抱きがちな、非現実的な仮説から始めてみよう。スーパービジョンに関してありがちな先入観がどのように記述されているかを調べるためには、辞書を開くのが妥当だろう。スーパービジョンという言葉を、「super」と「vision」に分けてみると、辞書（Random House, 1978; American Heritage, 1981）では「super」は、優秀な、顕著な、を上回る、過度に、偉大な、あるいはより大きい、と訳されている。「vision」とは、見るという行為もしくはパワー、並外れた洞察力、知的な洞察力、認識あるいは知覚における並外れた能力、神あるいは他の力の影響によって見た、あるいは獲得した霊的なイメージやアイディアである、とされている。学生達の期待は、これらの定義からかけ離れたものではない。彼らはしばしば、あるいは少なくともはじめのうちは、彼らのスーパーバイザーが全てを見ることができ、全てを知っているといった具合に理想化している。スーパーバイザー、特に新米のスーパーバイザーが自分自身に抱く期待もまた、ここから遠く離れてはいない。スーパーバイザーは臨床に関すること全てを知っていて、完璧なモデルであるだけでなく、スーパーバイジーのニーズが何であるかも、神のように理解しなくてはならないのだと。スーパーバイザーが掲げるべき松明の何と大きなことか！

さて、ここで「super」と「vision」を一つの言葉につなげ、「supervision」という言葉の定義を辞書で調べてみると、この言葉は（労働者の）仕事や成果を監督することを意味する。この言葉が「super」＋「vision」という二つに分けられると、ほとんど無限の力を持つほどの意味合いを帯びるようになる。これは、優秀で偉大であるだけでなく、全てのことを知っていて、すべてのことが見えて、神のような

パワーを持っている存在なのである。「super」と「vision」が結合することで、判断と「成果」という全く新しい見方が生まれる。インターンを始めたばかりの学生は、この新しい大変な役割を担うことになった時に、自分達の能力のみならず、自分自身とアイデンティティに関して不安を感じる。スーパーバイザーはしばしば、インターン生が合格するか否かを決定する立場にある。だからこそ、スーパーバイザーが偉大な力を持った人だと思われがちになることも、不思議なことではない。スーパーバイザーはこういった期待とパワーに対して、極力繊細でありねばならない。スーパーバイザーはまた、完璧であり、すべての答えを持っていると思ってしまう自分自身への非現実的な期待に対しても、慎重である必要がある。

これらのスーパーマン的な期待を超えて、現実ではスーパービジョンの人間関係の潜在的な可能性は、慎ましく、そしてきわめて重要なものでもある。スーパーバイザーにとっては、自分の知識を磨き伝えていき、インターン生とともにまだ知らないことを学ぶという意味のチャレンジとなる。あなたが誰であるのか、そして学生が誰であるのかということを踏まえながら、最も効果的な方法でスーパービジョンを行なっていくという点が、チャレンジなのである。一人ひとりのインターン生が異なっているからこそ、一つひとつのスーパービジョンの体験は違ったものになる。また、スーパーバイザーが彼／彼女の人生のどの地点にいるかということによっても、違ってくる。スーパーバイザーは時間の経過とともに、常に成長し変わり続けるからである。スーパーバイザーには、全ての答えを知っているという役割を欲しないだけの慎ましさと、自分の方法を継続的に修正しながら、どのようにしたら最高のスーパービジョンを提供できるかを、インターン生から学んでいこうとする意志が備わっていなければならない。このギブ・アンド・テイクの中で、創造的な相互作用というプロセスが生まれるのである。

不安と確信のなさ

多くの学生にとって、インターン実習とは、大学での勉学の最高地点であると言えよう。他の学生達がいまだにクラスでの授業を受けているのに対して、彼らはついに事例に対して全責任を負う立場につくことになるのだから。新しいキャリアを始める際に、人は自分自身を改めて見直す。そして、スーパーバイザーもまた他の人から間近に観察されることによって、自分自身を改めて見直すチャンスを得る。一人ひとりのインターン生が、スーパーバイザーとよりよく知り合うために、自分の中の別の面を持ち込んでくるからである。

インターン実習の開始時、インターン生は興奮と不安と際限のない期待でもって、しばしば圧倒されてしまう。彼らは多くの質問で膨れ上がっている。自分について次のような質問をするかもしれない。

「自分にこの仕事が本当にできるだろうか。自分が想像した通りに、この仕事を好きになり、愛することができるだろうか」。

彼らはスーパーバイザーを不安におののきながらも、じっと見ることになるだろう。

「あなたは、不器用で傷つきやすい私を見るかもしれない。それほどまでにさらけ出されている私を、あなたはどう見るのだろうか。私の失敗に対してあなたはどう反応するのだろうか。あなたが私をガイドし、教えてくれるのをあてにしているが、果たしてあなたにそれができるのだろうか。あなたが私にかけている期待に、私は応えることができるのだろうか。私はあなたを信頼できるのだろうか。あなたといて、私は安全なのだろうか。あなたは私に対して感謝と尊敬の念を抱くだろうか。あなたは私を好きになるだろうか」。

この時期はしばしば、学生にとって圧倒されるような感情と混乱をもたらす。これはごく普通のことであり、実際、こういった感情がない場合にこそ、私はしばしば問題があるのではないかと警戒する。

スーパーバイザーもまた、同様の懸念を抱くようになる。

「あなたは私の仕事に対して尊敬の念を抱き、私から学びたいと思うだろうか。私の失敗に対してあなたはどう反応するだろうか。あなたとうまくやっていくことができるだろうか。あなたを信頼することができるだろうか。あなたが音楽療法のプログラムを実行し、この施設で私を代行することを任せられるほど、あなたを信頼できるだろうか。あなたは私に感謝と尊敬の念を抱くだろうか。あなたは私を好きになるだろうか」。

インターン生とスーパーバイザーがお互いを知っていく間に、これらの質問に対して徐々に答えが出てくる。ほとんどの場合、ここから相互の信頼の基礎と尊敬の念が築かれ、対処が必要な問題が生まれてくることになる。

自己開示と傷つきやすさ

自己開示と傷つきやすさに関した問題もまた、スーパービジョンの関係の度合いに影響を与える。ともに過ごす時間の量、インターン生が自己開示におけるペースとタイミングをコントロールできないということ、インターン生がスーパーバイザーから常に観察されているということ、そして音楽のプロセスに内在する傷つきやすさ、傷つきやすさそのもの、これら全てが重要な意味を持つ要素である。

時には、自分が受けるセラピーよりも、インターン実習の方が恐ろしいものとして感じられることがある。セラピーでは、クライエントは通常自分のペースと自己開示を始めるタイミング、および何について探究していきたいのか（危機状況は除く）を、自分で決める。それとは対照的にインターン生は、受け止めるだけの準備ができていようといまいと関係なく、現場、スーパーバイザー、およびクライエントからの圧倒的多数のチャレンジと問題に直面することになる。インターン生にとっては、用意が整うまでの待ち時間や隠れ場所などない。インターン実習の要求とクライエントのニーズが生じたその場ですぐに、反応していかなければならないからである。

例えば、怒りや喪失に対する感情において問題を抱えているインターン生（怒りや喪失体験がない人などいるだろうか）がいるかもしれない。個人的なセラピーでは、このタイプの感情は自己の内にあるストレッサーや人生での出来事、あるいはセラピーでの体験が引き金となって生まれるかもしれない。そして、その人は毎週のセッション、そして／あるいはその間のセッション以外の時間に、それらの感情に意識を向けることができる。しかしながら、インターン実習においては、クライエントの怒りや死への不安がセッションの間に生まれ、インターン生は彼／彼女自身が個人的にそれだけの準備ができているかにかかわりなく、その場ですぐに対処しなければならない（あるいは治療中のタイミングを見計らって）。これはこの学生にとってはチャレンジとなり、抗しがたい思いに圧倒されてしまうことになる。私達は治療のプロセスでは常に自分自身について学ぶことに対して責任を負っているゆえに、このような事態は全てのセラピストに起こる可能性があることはよく知られているが、新米のインターン生にとっては、自分が不十分であり傷つくという強烈な感情を強めてしまう難しい状況である。これはまたスーパーバイザーにとってもチャレンジとなる。つまり、スーパーバイザーとしての一線を超えて、インターン生のセラピストになることなく、これらの問題をいかにして扱うかということである（このことについては後で触れる）。

スーパーバイザーとスーパーバイジーの関係におけるもう一つのチャレンジは、スーパービジョンの形態そのものである。多くの音楽療法の現場では、インターン生はスーパービジョンのミーティングの時間が与えられるだけでなく、音楽療法を行なっている場面を定期的に観察される。ここでもまたインターン生は、スーパービジョンの時間のために何を選び、何について議論すべきか、あるいはどの事例のテープについて振り返るかという点に関して、自分でコントロールすることができない。その瞬間インターン生はむき出しにされた状態にあり、スーパーバイザーが学んでいることに対して、意識的、あるいは無意識のうちに手を加えるという選択肢が与えられていない*。治療手段が音楽であるがゆえに、インターン生はしばしば音楽的に自分をさらけ出している、というもろさを感じることになる。

「スーパーバイザーは私の音楽的なスキルや、私の感受性についてどう思うだろうか。音楽は私をどのような気持ちにさせ、私はそれをスーパーバイザーに示すことができるだろうか。スーパーバイザーが私と音楽の中で一緒に作業をしたがっているとしたら、それはどのようなことだろうか」。

スーパーバイザーの課題はスーパービジョンのペースを定めることと、インターンの学習プロセスに対して適切なフィードバックを提供すること、そしてこれらの傷つきやすい問題を認識することである。

このむき出しにされるということ、そのリスクは小さからぬものであるが、それを支え、そこから学ぶという可能性もまた大きなものである。さらけ出されそうだという最初の不安が克服され、信頼感に満ちた環境が整うと、学生はその時点で、

＊ 編者注：スーパーバイザーが学んでいるとは、学生が無意識のうちに彼／彼女の一部をスーパーバイザーの前で露わにしていて、そこからスーパーバイザーが学生について学んでいる、ということを意味する。

スーパーバイザーが彼／彼女とともに旅をしているということを知りながら、まっしぐらに突き進み、探究するという自由と潜在的な可能性を体験する。学生とスーパーバイザーの間、そして学生とクライエントの間で、実りの多い並行プロセスの展開が可能になる。クライエントとの力動や問題がしばしば、いかにスーパーバイザーとの関係に反映されるかを見ることによって、インターン生の自己意識が成長する。

以下の記述は、あるインターン生がインターン実習の終わりに書いた最終レポートからの引用であるが、この状況を如実に描写している。

「クリニックにおける多くのセラピスト達との相互交流において、私は尊敬され、大事にされ、受け入れられ、理解されたと感じた。彼らについてまとめて言うならば、彼ら一人ひとりが、私を止めて、私を見て、私を聴いて、私とともに、私のためにいる時間を割いてくれた。私は、自分があたかも私達が音楽療法と呼んでいるこの庭に蒔かれた種であるかのように感じた。彼らの存在があったからこそ、太陽の光と暖かさと思いやりがないことなど決してなかった。このことが、インターン生としての私のプロセスに真の意味で影響を与え、繊細にガイドしてくれた。このガイドとサポートがあったからこそ、私は居心地の悪い問題に取り組むことができたし、それらを実際に感じ、自分が成長すること、彼らの何年にもわたる経験から助けられることを自分に許すことができたのである。これがあったからこそ、私は毎週関わっている子ども達との時間を有効に過ごすことができた。あたかも松明をリレーしていくようなものだった。このテクニックを学ぶには、このような贈り物をもらったという個人的な体験以外には、どんな方法も存在しないということを、敢えて言わせてもらいたい」。

スーパーバイザーの役割

スーパーバイザーとしての私達の役割は何だろうか。私達は教育者なのか、指導者なのか、セラピストか、管理者か。私達の役割を定義することはチャレンジであるばかりでなく、まぎれもなく混乱をも意味する。私達はどのようにして、これらすべての役割をマネージしていけばよいのだろうか。これらの役割が衝突することで何が起こるのだろうか。インターン生の個人的な資料や、明らかにされた個人的な問題に対して、スーパーバイザーはどう取り組むのだろうか。インターン生との仕事において、スーパーバイザーは彼／彼女の治療的なスキルを応用するか否かという倫理的な線を、どこに引くのだろうか。

Kadushin（1992）は、ソーシャルワークの領域から、これらの質問を答えやすくするために、スーパービジョンの役割を分類した。彼は、スーパーバイザーとし

て私達は「教育者」、「管理者」、そして「援助者」としての三つの帽子を被っていて、これらをお手玉のように投げては受けるのだと主張した。

教育者

　教育者として、スーパーバイザーは教えるという責任を負う。インターン生は、臨床的な卒業資格を得るために、インターン実習の終わりまでに膨大な量の知識を学ばなければならない。これはスーパーバイザーにとっては、教育者としての新しい役割を引き受けるために、彼／彼女の専門性を広げるというチャレンジとなる。セラピストとしての長年にわたる研究と実践にもかかわらず、音楽療法士はこの役割におけるトレーニングをほとんど受けていないからである。

　Mordock（1990）は、これはスーパーバイザーにとっての新しく、かつチャレンジとなる役割だと述べている。セラピストとして私達は、クライエントが治療に持ち込むことに対して反応するよう訓練を受けてきているが、教育者としての私達は、この反応するというスタンスから、学生が何を学ぶべきかに的を絞って、先にしかけていくというスタンスにシフトするチャレンジを必要とする。スーパーバイザーは、学生が何かを持ち込むことを待っているのではなく、自分からしかける、それまで以上に積極的に与え、モデルとなる情報を伝えていくことに慣れていかなくてはならない。都合のよいことに、インターン生は教えられたがっているし、フィードバックされることを望んでいる。インターン生に十分な情報やフィードバックが与えられなかったり、スーパーバイザーの仕事を定期的に観察する機会がなかったりすると、彼らは非生産的にウロウロすることになる。彼らは非常に不安になり、とらえどころのない期待に応えようとして、「よい行いをする」ことに集中するようになる。彼らは、順調にやっているよというスーパーバイザーからの力づけを常時必要としている。クライエントとセッションをしていく上で、彼らは的を絞るべき資源を余り持ち合わせていないからである。彼らは、自分達に何が期待されているかについて明確な理解を求めている。この教育者としての役割は、セラピストとしての役割と大きく異なる。

　これは、スーパーバイザーにとって興味深いチャレンジである。私達はいかにして自分達のモデルとしての仕事を提供し、私達がインターン生に期待することを明確に説明し、そして同時にインターン生のユニークな特質、得意な面、スキルを生かしながら、彼ら自身の「道」を発展させていくための援助をも、提供していくのだろうか。インターン生がスーパーバイザーの仕事の実践をしっかりと理解し、基礎となるものを習得した時点で、インターン実習を続けていく間に立ち向かう探検における安全なホームベースとして基礎を応用していける、ということが上記の質問に対する答えである。スーパーバイザーは彼らの「道」を示しながら、インターン生自身のユニークな特質を生かした成長を援助できるのである。

　優秀なセラピストはしばしば、より明確であるための、そしてスーパーバイザー

として「教える」ためのサポートを必要とする。教えるということで、インターン生の創造性や個性を抑えてしまうのではないかと、不安になることが多いのである。その結果、誤解や混乱、身動きのとれないような不安が生まれる。私は通常この点を明確にしてインターン生に説明する。

「私はあなたに私の方法、私のメソッド、私が理解していることを教えましょう。あなたは好きなだけ私の真似をしてください。そして時が来たら、あなた自身のものをどんどん育てていってください。今は、あなたの仕事の基礎となるものを身につける前に、お願いですから、あなた自身に『オリジナリティ』という負担をかけないでください。時が来たらオリジナリティをまとって飛び立てるのです」。

スーパービジョンをいかにうまく使っていくかについて、インターン生に教えることは、極めて有益で重要である。インターン生が担うべき責任について、明確に知っていてもらいたい。それには、必要な書類の作成、観察とスーパービジョンの間にインターン生があなたから期待してよいこと、インターン生が期待していることを、あなたが把握していることがいかに大事であるかということ（そしてこれは、彼／彼女の個人的な反応について知っているということを意味する）が挙げられる。これらの感情、不安、そして興奮を聴き取ることをあなたの検討事項として欲しい。毎日のやるべきこと、コミュニケーションの方法、そして決断すべきことや、危機状態が起こった時に誰にコンタクトをとればよいのかといった細かいことがらを整理して、優先順位をつけていくことも重要である。

管理者

管理者として私達は、大学の要求（担当する人数、グループの大きさ、毎日の記録等）、現場の要求（クライエントの人数、どのクライエントにするか、スーパービジョンの時間の配分）、学生のニーズ（担当するクライエントの種類、学生の学習スタイル、彼らの特別な興味）、クライエントのニーズ（どのクライエントがサービスを必要としているのか、そして彼らのニーズがインターン生とどれくらい折り合えるものなのか）の間で、うまく調整する必要がある。

こういった多面的な義務は、スーパーバイザーとインターン生の双方にとって葛藤と混乱を生じさせることになる。スーパーバイザーは、現場で通常見られるグループの大きさと、大学が要求するもっと小さなグループ・サイズのギャップに苦労する。スーパーバイザーとして、あなたは一人の学生に色々なクライエントを担当させたいと思うだろう。しかし、現場としては特定のタイプのクライエントが受けるサービス以上のニーズを抱えている。

学生は、スーパーバイザーの多面的な役割に混乱と葛藤を感じるかもしれない。「この人は私に成績をつける教育者なのか、それとも私の上司という管理者なのか。スーパービジョンの間、私はどれだけオープンでいられるのだろうか。私の弱さや傷つきやすさに対して、罰を受けることがあるのだろうか。この人は私を落第させ

ることができる」。

このような潜在的な役割上の葛藤および混乱と上手に取り組むには、スーパーバイザー側の明確さと自己意識、好意的な気持ち、そしてスーパーバイザーとインターン生の間の信頼という土台が必要である。Kadushin（1992）は三つ目の役割の重要な機能として次の考えを述べた。「『援助者』とはこの土台を築く者である」と。

援助者

インターン生が傷つきやすい存在であることを記憶にとどめた上で、援助的な役割を担うということは、彼／彼女に特別な能力があるとあなたが信じていると伝えること、彼／彼女のプロセスに関われることにあなたが夢中になっていること、そして彼／彼女が価値ある存在であると言って励まし続けることである。これには、学生がまだ学ばなければならないことだけに焦点を当てるという誘惑に打ち勝つことと、あなたに見えるインターン生の進歩を認めることが含まれる。彼らはしばしば肯定的なフィードバックを聞くだけの余裕がなく、フィードバックを批判として聞いてしまう。時々私は学生に、彼らが聞いた肯定的なフィードバックを私に言い直すことを要求するが、驚くべきことに、インターン生にとってそれを思い出すことが非常に難しい。彼らは「ちゃんとしなかったこと」ばかりに意識を向けているからである。

抽象画家である私の叔父が、かつて私にスーパーバイザーと仕事をする際に役に立った話をしてくれたことがある。彼は、教えるということで一番難しいことは、学生達がいつ良い仕事をしたのか、そして何がよかったかを理解できるように援助することであると言った。私はしばしばスーパーバイザー達や自分自身に、まだまだやるべきことに夢中になって流されてしまわないことを思い出させるようにしている。すでにやり遂げたことと、これからやるべきことのバランスをとらないと、インターン生は挫けてしまいやすくなるからである。

インターン実習とスーパービジョンの体験は、インターン生の成長を援助する以上のものである。それはインターン生が自分をストレッチさせて成長させ、自分自身と、クライエント、同僚、教師、あるいはスーパーバイザーといった他の人達について抱いている基本的な考え方を再評価する、というチャレンジを意味する。それは、個人として、そして専門家として自分に向き合うという、自分の臨床における潜在的な能力を伸ばすような圧力をかけ、インターン生を成長させるのである。スーパーバイザーとインターン生の関係はまた、この成長を促す「土壌」あるいは体験を提供し、インターン生の個性の組織化を促す。このようにしてインターン実習は、インターン生が自分に対して、そして他の人達との関係に対して抱く感情を変えるような、新しい体験を生み出す。これは、学生の人生に専門家としても個人としても、大きな影響を与える。

教えるのか、あるいは治療するのか？

　スーパーバイザーとしての私達は、幅広い領域にわたるスーパーバイジーの個性について多くのことを学ぶ。同時にそこには、教える／治療するという矛盾も存在する。次のような質問がよく出される。

　「インターン生の個人的な問題が起こった場合の私達の責任は何なのだろうか。その問題を取り上げるべきなのか。スーパーバイザーとしての境界を踏み越える、ということはいつ起こるのだろうか。私達の境界は何なのだろう」。

　私達は学生のセラピストではないが、治療者としての学生の仕事を妨げるような個人的、あるいは性格的な問題に取り組むことも、時には私達の責任である、というのが私の答えである。

　精神分析的な心理療法士であるSarnat（1992）は、この問題について書いている。彼は次のような質問をした。「スーパーバイザーが、スーパーバイジーのパーソナリティをスーパービジョンのテーマとして取り上げるのは、どこまで許されているのだろうか」。私はさらに次の質問を加える。「どの範囲にまで、スーパーバイザーは自身の治療技術を用いるべきなのか」。Sarnatは、臨床実践を妨げるようなスーパーバイジーの個人的な問題をテーマにすることが重要である、と述べている。この場合、治療のためのスキルが、スーパーバイザーとスーパーバイジーの関係の中で使われる。インターン生はしばしば、彼らが気づかないような、あるいは思い出すのがつらいような領域において、クライエントとの臨床で何が障害になっているのかを、彼ら自身の学習のために、そしてクライエントのために、明確にしようという動機を持っている。

　学生の臨床を妨げる個人的な問題のテーマとして、三つの状況が挙げられる。

1. この問題が、クライエントの理解や治療において妨げとなる場合。
2. この問題が、インターン生とスーパーバイザーの関係の妨げとなり、学習プロセスに支障をきたす場合。
3. この問題が、インターン生と現場スタッフの関係の妨げとなる場合。

　あるインターン生が、フィードバックに反応できない、あるいは何回も指摘されたにもかかわらず、特定の領域で進歩を示さないような場合、学生がベストを尽くしていると考えていても、通常そこには「何か」が妨げとなっていることを意味する。学生達はこの「何か」に喜んで取り組む。これらの問題が明確にされ、扱われ、その結果インターン生の学習が先に進むような、注意深い介入がこの時点で求められる。これはまたスーパーバイザーにとっても、スーパーバイザーの役割を超えてセラピストの役割に踏み込む、という誘惑に耐えることを意味する。

つぎに、クライエントとの治療と理解の妨げとなっている、インターン生の逆転移がいつ起こるかという例を紹介する。あるインターン生の治療グループでは、一人の特定の参加者について話すことが、繰り返し避けられ、無視されていた。スーパーバイザーとそのインターン生の間で、そのクライエントの力動およびその人の行動が何を伝えようとしているのか、ということについて議論を重ねた後でもそうだった。その理由として、よだれをたらすといったわかりやすい行動に対する嫌悪感や、あるいはそのインターン生がクライエントを避けてしまうような、ある感情を呼び起こすような何かが存在すると考えられる。臨床の仕事において私達は皆、逆転移的反応をすること、そして逆転移を起こすことは私達が悪いセラピストであることを意味するのではなく、私達がそこから学ぶことができるからこそ、私達が喜んで受け入れ、探究するものであると、インターン生に明確に伝えることで、彼らが私と一緒に彼等の行く手に何があるかを探っていこうという、次のステップに移ることがスムーズにできるようになると信じている。

その後で私達は、これらの逆転移的反応の源を探っていくことができるようになる。それらはクライエントを源としている力動や転移に対する反応なのだろうか。例えば、クライエントがその人にとって重要な関係にある誰かに向けて発している微妙な挑発が、インターン生の中に怒りの感情を起こさせているのだろうか。あるいは、インターン生の個人的な過去や現在に、このような感情を起こさせる体験があるから、彼／彼女はこのように感じ、反応しているのだろうか。

インターン生の感情が「熟成し」、あなたと一緒に時間をかけて振り返り、あなたが何に意識を向けているのかを見る用意ができるまでに、十分に時間を与えることが重要である。例えば、なぜかという理由を考える前に、それまで何回も避けてきた子どもにまず焦点を当てるかもしれない。その後で、なぜそのようなことが何回も起こったのか、そのような感情がどこから来るのかということについて、インターン生が考えている様子を観察することができる。このような体験は不安と苦痛に満ちたものであり、また誰にでも起こるということを当の学生に明確に伝えておくことが大切である。スーパーバイザーが、自分自身の逆転移感情や、治療プロセスにおける障害についての例を引き合いに出すことは、しばしばこのような時点で有益な援助となる。

このテーマに関して焦点を当てるもう一つの方法は、インターン実習の最初から自己洞察をプロセスの一部にしてしまうことである。これによって、問題がある時だけに自分を振り返るのではなく、それが治療プロセスにおける一面であると理解し、将来もごく自然に自己を振り返るようになる。例えば、インターン実習のごく初期に私はインターン生に、どのクライエントに対して魅力を感じ、どのクライエントを避けたいかと選んでもらう。その後私達は、そのような感情を引き起こす源について考えていく。あなたはなぜおどおどとした子どもに惹かれるのだろうか。その子どもに惹かれているあなたはどうなのだろうか（例えば、「私は人にしゃべ

らせるのが好きだ。そうすることで私は……だと感じるから」）。あなたが魅力を感じない積極的な子どもについてはどうだろうか（例えば「コントロールを失いそうで不安になる……」）。その子どもを見た時に、あなたはあなたの内側でその子どもについて何を感じるのだろうか。その時に感じるのは、その子どもが感じているはずの悲しさなのか、それともあなた自身の悲しさなのだろうか。何があなたに悲しさを感じさせるのだろうか。私達は、私達の反応のうちのどれがクライエントを知ろうとしているために起こしているのか、そしてどれが私達自身の体験や問題によるものなのかを区別していくことを始める。このことが前例となって、その後問題が起こるたびに、自己探索というプロセスが私達の作業の一部となり、一緒に追求していくことができるようになる。インターン生は、クライエントと自分を知るということにおいて、逆転移がいかに有効な臨床的手段であるかということを理解し始めるのである。

次に、治療プロセスの妨げとなる他のありがちな問題を紹介しよう。例えば、あるインターン生のレパートリーには、ある特定の雰囲気の音楽が欠落しているゆえに、クライエントがそのような音楽を必要としても応用できない。歌っている時の声の質、あるいは鍵盤上でのピアノのタッチの幅が狭いのである。私が担当したあるインターン生は、彼女が悲しくなり過ぎるような音楽を演奏することができなかった。この理由を突き止めるために、私達は一緒に演奏した。まず、インターン生に彼女のクライエントのイメージを音楽的に表現すること、それからその子どもの悲しさを演奏するよう促した。この課題が難し過ぎたので、私達は悲しさそのものを音楽的に探っていった。彼女がとうとう「悲しさ」という感情にアプローチできるようになるまで、私達は何度も何度も演奏を繰り返した。彼女はその結果それまで避けていたものが何なのか、そして音楽におけるこの特定の感情が彼女を非常に脅かすものであったことを、理解するようになった。この新しい気づきによって彼女は自由になり、クライエントに対してより大きな責任を負えるようになり、彼女自身が受けている治療において、このような感情の源と続けて取り組んでいくことができるようになった。音楽的な探究を通じてのみ、そしてその後の私達の作業を通して、彼女はそれまで未解決だった問題と、それが彼女の治療対象の子どもに与えていた影響を、認識できるようになったのである。

もう一つの逆転移感情が生じやすい問題は、制限を設定しなければならない時、あるいはなんらかの形で権威的でいる必要がある場合に起こる。新米のインターン生にとっては、制限を設定するということに対して彼ら自身に抵抗があるせいで、明確かつ援助的でいるということが難しい。「罰を与え、処罰するといったボスのような存在にはなりたくない」。一方で、制限を設定する際に、あるインターン生がいとも簡単に怒り、処罰的あるいは権威的になるという、もう一つの極端な例に遭遇することもある。これは、あるクライエントにとってはその人の安全のために

制限が必要である、ということを十分に理解していないがゆえに起こる。しかし、それ以上に、インターン生自身の過去における権威に関する未解決の問題がある、あるいはセラピストの役割を誤解していることが原因であることが多い。このような場合、インターン生は怒りの感情を用いながら、これらの感情が過去の個人的な体験から来るものなのか、あるいは子どもと関わる際に引き起こされる感情であり、その子どもをよりよく理解するために応用できるかどうかを学んでいく。

次に、スーパーバイザーとスーパーバイジーの関係に障害がある例を紹介しよう。かつては私と働くことに非常に熱心だったインターン生がいたが、彼女はやがて私から距離を置くようになり、ついには私がスーパービジョンのために部屋に入るだけで、辛そうに見えるようになった。彼女は要求されていることをまだすべてやっていたし、クライエントとの彼女の仕事は素晴らしかった。しかし私は、彼女が私についてどう感じているのかという問題に取り組んでもらうことにした。彼女と一緒にいると「私が」何を感じているかについて、私も意識するようになっていたからである。私自身の個人的な逆転移のせいでどんな反応が起きているのか、そして彼女の何が原因で起こっているのかを確かめる時でもあった。彼女から締め出され、歓迎されていないと感じたまま、彼女との仕事を続けることはできなかった。一緒に仕事をしているという前向きな気持ちはもうなかった。私は、「彼女を取り戻す」ために「踊らされて」いる自分を発見し、何が起きているのかをついに見つけ、それを明確にした。私が感じていたことを聞いて彼女は、私と一緒にいる時間を非常に怖がっていたこと、彼女が見る前に私が物事をどのようにして見るのだろうかという点で、居心地の悪い思いをしていたことに気づいた。一緒にこれらの問題を追及した結果、過去において彼女にとって重要な権威ある人物に侵入され、虐待されたという経験が原因となっていることがわかった。当時の彼女との私の仕事のスタイルを、かつて弱い存在だった頃は援助的だと感じていた感情が転じて、押しつけがましいと彼女は感じるようになっていたのである。私は自分の逆転移感情を検討し、再評価し、私のスーパービジョンのスタイルを調整する必要があった。彼女は現在私からの援助において、彼女のためにより多くのスペースと自立性が必要とされる、訓練の別の段階にさしかかっている。彼女は、仕返しもされずに自分の感情がそのまま受け入れられ、それに応えてもらったことに驚いていた。さらに、彼女は自分が受けるセラピーにおいて、何が必要なのかという点において明確になっていった。

Sarnat（1992）は、スーパーバイジーの悩みに対して、自分の人間性でもって援助することに抵抗を感じるという理由から、このタイプの探究をためらうスーパーバイザーがいると述べている。彼は、この問題を克服する方法は、自分が誤りを犯す人間であることを受け入れることだと言っている。このようなことが起こった時の人格を、欠点のあるものとして見るのではなく、それが普通のことであり、避け

がたく、かつ「分析的な好奇心の対象」であると見るのだと提案した。このような思慮深い「好奇心」を生き生きと維持することで、スーパーバイザーとインターン生の双方にとって問題多い時期を、それほど難しくなく切り抜けていくことができる。

　パーソナリティに関わる問題を探究する上での三つ目の領域は、現場スタッフとの間に問題が起こって障害となる場合である。次にこれらの問題を見てみよう。つまり、不十分なコミュニケーションおよびチームワーク、あるいはそれを避けること、他のスタッフとの競争、クライエントのためにベストを尽くす上で必要な自己主張が不十分であることである。これらの領域を理解し、そこに焦点を当てることが必要となる。そうでないと学生の有用性が失われるからである。私は、あるインターン生が、教師の押しつけがましさによって絶え間なく妨害されていると感じるのではなく、教師と一緒に腰を落ち着けて、治療方法を計画立てることができて、どれだけ救われたかということを思い出す。この成功体験に自信を得て、彼女は他のスタッフともコンタクトをとり始め、彼女の言葉が重んじられ、他のチームメンバー達からも尊敬されているのだということに気づいたのである。

　インターン生のパーソナリティに関わる問題が生じると、私達双方が、次に取り上げるべきニーズに関してお互いに繊細であり、一致するためには、どの程度までならば適切なのかということについて話し合うことができる。問題を解決するためのサポート・システムについて話し合われる。学生自身が受けるセラピーにおいて、これらの問題が十分に扱われることが望ましい。インターン生がセラピーを受けていない場合に、スーパーバイザーがセラピストの役割を引き受けてしまうという誘惑があるが、この時点ではインターン生にとってはお互いの役割と転移が曖昧にならないように、大学や実習現場以外の場でセラピーを受けることが重要である。

インターン実習の段階

　インターン生とスーパーバイザーの関係は、他のすべての関係と同じく、固定されたものではなく、時間の経過とともに変化し続ける。これらの変化を発達段階に分けることができる。これらの段階はどのようにして生まれ、各々の段階の力動は何なのだろうか。関係はどのようにして成熟していき、私達はスーパーバイザーとインターン生として、どのようにすれば最も効果的な存在でいられるのだろうか。Chazan（1990）は、スーパービジョンの段階をインターン実習に関連する三つの発達段階に分けた。各々の段階の本質を把握するために彼女が用いた異なった理論は、スーパーバイザーにとって理解しやすく有益である。

第1段階：空間の創造

　Chazan（1990）によると、第1段階とはスーパーバイザーとスーパーバイジーの

間の「空間の創造」である。スーパービジョンの関係が生産的に発達していくために、この「安全な空間」が創り出されなければならない。この空間の創造は、スーパーバイジーが探検と実験のために戻って来る安全なホームベースである。この空間で、作業と遊びが一つに溶け合い、個人的および専門的なアイデンティティが密接に結びついていくのである。彼女は「遊び」という言葉を、Winnicott（1971）と同じく、成長と健康のために共同で作業する二人の間で行なわれるコミュニケーションという意味で使っている。それは、遊びを通して生まれる母親と子どもの特別な関係に似た、転換期の空間であり、二人はそこで作業をし、成長し、コミュニケーションをはかりながら、赤ん坊あるいは子どもが外の世界で体験することを扱い、人としての新しいありようを試す。インターン生にとっては、スーパービジョンは専門的な世界で体験してきたことと取り組む空間である。

　インターン生が楽に自分自身でいると感じることができ、非難されるのではないかと怖れることなく、安心して自分を開いてさらけ出せるような場を、私達はどのようにして創り出せるのだろうか。スーパーバイザーの言葉が感謝の念とともに傾聴されている、そして旅の道連れとして受け入れられている、と感じることができる場である。このことに関する多くはすでに役割の部分で述べてきたが、いくつか追加する価値はあるだろう。

　できれば邪魔の入らない、神聖で犯すべからざるスーパービジョンの場と時間が設定されなければならない。この時間をわざわざ設けることによって、インターン生はただちに、自分が尊敬され、価値ある存在として認められ、自分の言葉を聴いてもらえると感じるだろう。これによって、探究のための聖なる場所と時間になるのである。インターン生の感情を聴き取り、それに敬意の念を払おう。インターン生が自分の感情を聴き取れるような援助をしよう。これらの感情を探究することが書式による課題や、毎週の記録、音楽的な探究、そして議論の一部になることを確実にしよう。

　インターン生がこの新しい場で、できるだけ安心していられるような援助をしよう。適切なコミュニケーションの構造と決断のプロセスについて教育しよう。彼らがぶつかるチャレンジについて教育し、彼らが何を期待すればよいのかがわかるだけではなく、それが彼らにとってどのようなものであるかを、あなたが繊細に感じ取っていることがわかるようにしよう。特定の非協力的なスタッフの一人が、インターン生の邪魔をするかもしれないが、それに最善を尽くして対応できるような例を紹介するとよいかもしれない。こうすることによって、あなたの傷つきやすい学生はこのような行動を個人的なものとして受け止めることなく、それが実習全体の一部にしか過ぎないと理解するだろう。特に援助的で、一緒に働くことが励みになるようなスタッフについて話をし、もちろんその人に紹介してあげよう。あなたがいなくても、学生が必要に応じてコンタクトがとれる応援者を手配しよう。

　あなたがどれくらいコミュニケーションを大事にしていて、フィードバックを必要としているかを、インターン生が理解できるように援助しよう。なぜなら、お互

いを理解するということは両面交通路のようなものだからだ。インターン生は、インターン実習とスーパービジョン関係に関連したテーマを、安心して持ち込めると感じる必要がある。これについて、あなたの言葉と行動でもってコミュニケーションをはかろう。このタイプのコミュニケーションのための空間を、スーパービジョンのはじめから創り出そう。つまり、感情をチェックし、感情があるだろうと推測する上で事実に即した（例えば、実習を始めることについて、新しい役割を担うことについて、観察や交流の間に体験したクライントについて、スーパービジョンについて）コミュニケーションである。本気で耳を傾けよう。あなたのインターン生の日誌や記録を読み、彼等の見方が価値あるものと認めるようなフィードバックをその場ですぐに返し、同時に彼等の知識を広げていこう。個人的な反応がそこに含まれている場合は、その部分を明らかにし、彼らが物事に対してどのように反応しているか、彼らが何を考えているかを知ることが、あなたにとっていかに重要であるかと伝えよう。このようなことに抵抗がある場合は、それを探究しよう。

　私は常日頃からインターン生に自分の最善を尽くすと伝えているが、時には誤解をし、意図的にではないが、相手を傷つけるようなことを言うこともあるだろうとも伝えている。学生自身が自分のことを一番よく知っているのだから、そのようなことが起きたら私に伝えてくれと言っている。私もフィードバックを望んでいることを彼らに知ってもらいたいのだ。

第2段階：構造化

　Chazan（1990）による第2段階は、Mahler、Pine、Bergman（1975）によるモデルである分離―個性化のプロセスにおけるステップを応用した「構造化」として記述されている。

概要

　この段階は、双子化と分離―個性化という二つの時期に分かれている。最初の時期は、彼女によるとスーパーバイザーとスーパーバイジーの関係は「双子化する」関係である。「私は彼女のようだ。彼女は私のようだ」。スーパーバイジーはスーパーバイザーの「双子の片方」であり、スーパーバイザーが仕事をする方法を学び、スーパーバイザーをモデルとして使う。スーパーバイザーは分身として機能し、自身をスーパーバイジーの個人的なスタイルに合わせ、スーパーバイジーがすでに身につけているパターンを否定するのではなく、むしろそれに溶け込み、高めていくのである。スーパーバイジーはこれを肯定、サポートとして受け取り、学習において自信を持ち、新しいアプローチやテクニックを試すために必要な勇気を十分に得る。

　スーパーバイジーがもはや双子のような密接な関係を必要としなくなると、分離―個性化の段階を迎える。スーパーバイジーは、独立した個性を確立していくよう

になる。インターン生は、以前ほどスーパーバイザーの模倣に頼らなくなる。スーパーバイジーは臨床的に探究することになる数々の冒険を続ける。Chazanは、彼らはこれらの冒険の後、自分自身の治療モデルとテクニックを生み出す、というプロセスにおいて必要なフィードバックと援助を求めて、ホームベースに帰ってくると述べている。一つひとつの小さな成長のステップがサポートされ、認められることで、スーパーバイジーは失敗を犯すことを乗り越え、批評を以前より受け入れられるようになる。

この時期の間、意見の違いやパワーゲームが起こるが、これは個性化したアイデンティティを確立するというチャレンジにとって、普通に起こることである。スーパーバイザーのチャレンジは、このプロセスを臨機応変に、かつ繊細にサポートし、違いが生じてもそれを許容し、権威的あるいは支配的な言動の罠に陥らないことである。同時に、インターン生の臨床、そしてスーパーバイザーとスーパーバイジーの関係を妨げるような問題を取り上げる必要がある。

双子化

「双子」期の間、スーパーバイザーの機能の一つはモデルの役割である。学生は、スーパーバイザーが働くやり方やクライエントとのありようから学び、スーパーバイザーの音楽を彼自身の方法の確立に向けた踏み石として学習する。インターン生は、学習プロセスの一部として、スーパーバイザーが使う素材やメソッドを受け入れたり、取り入れたり、拒絶することができる。インターン生はしばしば、自発的で創造性豊かであろうとして、自分に対して非現実的なプレッシャーをかける。自分の挨拶の歌や自分のレパートリー、自身の即興のスタイルといった、新米のインターン生が自分でかけるプレッシャーを軽減してあげよう。その代わりに、彼らがあなたのメソッドや活動を基礎として使うようにして、そこから新しい道が始められるようにしよう。（学生の中には、すぐに自分のものを発達させていく必要がある者もいる。）

彼等の学習スタイルを理解する力をつけよう。学生の何人かは、彼らがセッションをリードする間、スーパーバイザーが提案をすることがサポートになると感じる。一方で、そのようなやり方ではうまくいかず、セッションをリードすることをあきらめて放り出してしまう。彼らが圧倒されない程度の情報やフィードバックとは、どれくらいの量なのだろうか。かれらはゆっくりと、リーダーの役割に入っていくのだろうか、それとも突進する方がうまくいくのだろうか。彼等の質問、観察、興味を、次に教えることに向けての手がかりとして反応しながら、彼らのペースについていくことを学ぼう。

また、彼等の人生の中で、彼らがどの発達段階にいるのかを知ることも重要である。大学のコースを終えたばかりで、はじめて外の世界に出たのか、そしてまだ親離れの最中なのか。再就職をする人、転職する人、そしてまた新人という立場に戻って自己愛へのダメージを受けている人、彼らは皆各々異なった発達段階にある。

例えば、それまでの職業から獲得した専門家としてのアイデンティティと自信を持っている人達にとっては、特に難しい時期である。今のところ、上手でもなければ、優秀でもない自分がいるからである。彼らが混乱して、自分自身や自分の能力について否定的な感情を持つのは、よくあることだと繰り返し言ってきかせる必要がある。その時点では、すでに獲得した専門的技術をいったん脇に置かざるをえなかったり、新しい仕事上のアイデンティティにその技術を取り入れることができなかったりするかもしれない。それまでの経験や技術を投げ出さないで、新しい仕事に応用するような援助を提供しよう。

インターン生がどのような文化的なチャレンジを体験しているかを知ろう。あなたのインターン生は他の文化圏の人だろうか。その場合は、社会構造やコミュニケーションのパターンの違い、および仕事の上でこれらの違いをどう配慮していくかという点について、お互いに理解し合うことが重要である。例えば、自分の感情をあらわにすることがタブーであり、自分自身の方法を開発していくことなど考えられないような文化圏では、教師と学生の間に明確な境界線があるかもしれない。これらについてオープンに話し合う必要がある。

分離―個性化

「双子」期の後、そして安心して過ごせるようになった後、インターン生は分離―個性化していけるようになり、Mahlerほか（1975）が述べたように、自分の道を進んで行けるようになる。蜜月は終わり、スーパーバイザーはもはや理想化されなくなる。個性化のプロセスの一部として、問題が生じてくる。インターン生が過去の経験の結果によって作られ、現在は個性化に向けている存在であることを要求しよう。スーパーバイザーとしてのあなたは、自分が押しのけられていると感じるかもしれない。この時点でチャンレジされることは当然である。インターン生はもはや以前のように依存的である必要はないし、依存的であるという感覚に違和感を覚えるようになっているゆえに、色々な方法でそこから脱却しようとする。この時点で学生は、対象者と一緒にいることや、チャレンジが必要なクライエントとのセッションを乗り越えることが、ようやくそれまでより楽にできるようになっているかもしれない。しかし、もっと深いレベルまで掘り下げるようにとチャレンジされると、彼らは怒りを表す可能性がある。「やっと楽になったのに、まだまだ学ばなければならないことがあるなんて。また以前のような不安な気持ちになるのも、あなたに頼らなければならないのも嫌です！」。

スーパーバイザーの課題は、学生の仕事やあなたとの関係を妨げるような問題に対して、援助的に取り組み続けることである。彼／彼女が「反逆する」場合もそうだ。あなた自身の逆転移に注意を向け、あなたのスーパービジョンのスタイルを再評価し、修正が必要かどうかを明確にしよう。

私は常に自立をサポートする。例えば、インターン実習の後半になり、彼等の準備が整うと、私は教育者としての役割から抜け出て、インターン生が何を学ぶべき

か、ということを援助することに焦点を当てた、系統だった教え方を以前ほどしなくなる。この点に関して私は明確である。私達が、それまでやってきたことと、これからやることを検討していく際に、私の要求がどのように変化してきたかということを伝える。例えば、あるセッションを観察した後、私はインターン生にそのセッションを私のために検討して、どの部分が最も介入を必要としているかをまとめるように要求する。インターン生が自身の特別な資質と得意な領域を発見し、それをさらに伸ばしていくために援助をする時期なのである。彼らが自分のメソッドと音楽療法の素材をまだ開発していなかったならば、この時期にそのための援助を提供していこう。

第3段階：相互関係とウェルビイング

　Chazan（1990）は、Erikson（1959）による「親密性、生殖性、統合」というアイデンティティ形成段階を、この最後の段階に借用して、「相互関係とウェルビイング」と名づけた。この段階では、インターン生は専門家としてのアイデンティティおよび個人のアイデンティティを、「ウェルビイング」（それは脆弱なものであるかもしれないが）の内的体験とともに育んできた。スーパーバイザーとスーパーバイジーの間には、相互依存と相互関係という強い感情がある。Chazanは、すべての関係がここまで発展するわけではないが、これが目標であると述べている。

　インターン実習が終了するこの段階の間、インターン生の課題は何を学び、何が特に得意な面なのか、そして何をまだ学ばなければならないのかを知ることである。インターン生は、彼／彼女の仕事や領域について明確にコミュニケーションをとることができ、クライエントや同僚のスタッフに多くのことを提供できるだけの、専門家としての自分を確立してきた。

　この段階では、私は一人ひとりのインターン生に対して、異なった関わり方をする。例えば、私の仕事について議論する際、私はそれまで以上に同僚としての態度をとりながら印象やフィードバックを得ようとする。私はしばしばインターン生に、セッションの間に私だったら別の方法でやったのではないかと仮定させる。クライエントと仕事をする上で、彼らが思いつくかもしれない優れた選択肢が他にあることを、理解してもらいたいのである。私はオープンであること、そして私の逆転移感情のために彼等の提案を否定しないことに対して、慎重でいなければならない。私と彼らの役割に変化が起こっていることを感じて欲しいのである。私は、彼らが専門家として私と関わるような刺激を与え、インターン生の新しい専門家としてのアイデンティティを強化していきたいと考える。インターン生が、専門家としてのアイデンティティを確立してきただけではなく、スーパーバイザーもまた、新しい専門家をこの領域に送り出すことによって報われたと感じるのである。

さらに考慮すべき事柄

　本章の最後の部分で、すでに述べてきたことに付け加えて、スーパーバイザーとスーパーバイジーの間でよく起こる「問題」やチャレンジを紹介しよう。これは、起こりうる問題を完全にカバーするものではなく、スーパーバイザーとしての私の経験から選んだものである。

- スーパーバイザー、それも特に新人のスーパーバイザー、あるいは新しい仕事を始めるスーパーバイザーは、インターンの仕事に対して自己愛的に関わる可能性がある。インターン生はスーパーバイザーの仕事の代理人として捉えられ、インターン生の「パフォーマンス」は、音楽療法部門のステータスに大きな影響を与えると考えられる。このような感情は、学生に対する非現実的な期待を生み出しうる。スーパーバイザーは、インターン生がプログラムの現状を報告することに対して不安であるがゆえに生じるニーズに気づくことができず、堅苦しくなったり、高圧的になったり、批判的になったりすることもある。私の経験から言うと、ほとんどの場合、スタッフの方が新人のスーパーバイザーよりも学生とよい関係を築く。私はまた、学生に関するスタッフの懸念やフィードバックを私がオープンに聞ける状態にいると、彼らは糾弾したり判断を下したりせずに、しばしば私と同じ線上に立ってインターン生を援助してくれることに気づいた。

- スーパーバイザーは、スーパービジョンにおけるコントロールの問題に悩むことが多い。学生が、自分から努力して、あるいは自分の失敗さえも糧にして学ぶようにさせることが、難しく思えることがよくある。セラピーが、あなたがやったと仮定してかかる時間より、はるかにゆっくりしたペースで進行していくのを見守ることも、あるいはあなたが担当していたクライエントが、あなたが理解していたようには理解されていない、ということを見守ることも辛いだろう。ここで起こりがちなのは、あなたが早すぎる時期に介入をして、クライエントとの関係およびインターン生のリーダーシップを妨害してしまうことである。

- スーパーバイザーとインターン生の関係における、インターン生の個性化の段階を理解すること、そして彼らがどのような方法で自立を主張するかを理解することが重要である。学生が自分のやり方でもって新しい方法を探究しながら学習し出すと、このような変化からスーパーバイザーは、拒絶やコントロールの喪失を感じるかもしれない。もう一度言うが、スーパーバイザーとしてこのような学生の探究を、相手をやり込め、「打ち負かして」やらねばと勘違いするようなチャレンジとして受け止めてはならない。また、インターン生が個性化のプロセスで問題を抱えているというサインに気づくことも大切である。例えば、学生が挑発的あるいは好戦的になったりすることがあ

る。スーパーバイザーは突然、重要な決断から外されるようになる。学生は、変更事項や行事についてスーパーバイザーと確認することを「忘れたり」、自己主張やチャレンジにおいて他の間接的な方法を見つけたりするようになる。この時こそ、このような力動に関わっているかもしれない学生の感情、そしてもちろんあなた自身の感情や行動を探究することが必要となる。あなたのスーパービジョンのスタイルを調整し、学生の自律性を広げていく時なのかもしれない。

- スーパーバイザーが自分の症例のいくつかを中断して、同時にそのクライエントとの親密なコンタクトが終わる時に、喪失感を味わうことがある。これは、スーパービジョンの開始時に、余り多くの症例を担当していない非常勤の臨床家に、特に当てはまる問題である。非常に興味深いクライエントがスーパーバイジーの担当となったり、スーパーバイジーに担当が替わったりすると、急な反発を覚えることがある。あなたが後になって、インターン生に腹を立てるほどやり甲斐を感じるような症例は、譲らないことである。競争をしないように気をつけよう。

- 依存に関して生まれる感情は、スーパーバイザーとスーパーバイジーの双方にとって、難しい問題である。インターン生があなたを必要とする、特にインターン実習のはじめに必要とする時に、スーパーバイザーとして頼られるということは、どのような感じなのだろうか。いずれにしても、あなたに居心地の悪い感じを起こさせるものか。この役割を担うことで、何らかの感情が動き出すだろうか。このテーマは、スーパーバイザーに対する依存がどの程度までならば普通であるか、という質問につながる。Norman（1987）は、この問題について詳細に論じている。依存心の量が問題なのではなく、それが起こっているありようが問題となる。彼女はこれを、私がすでに説明した「移行関係」という言葉で表現している。つまり、スーパーバイジーの何人かは、最初の頃に安全だと感じられるように、すべてのことについて明確に説明され、サポートされる必要が本当にあるのである。ここで鍵となるのは、インターン生が時間をかけてどのように進歩するかということである。依存心は、インターン生がより安定してくると、自然に消えていく。そうでない時に、学生と何が障害になっているかを探究することが必要になってくる。Normanはさらに、依存的に全くならず、スーパーバイザーのサポートとフィードバックに対して、抵抗を示していたあるスーパーバイジーの興味深い例を紹介している。彼女はスーパーバイジーとともに、何が二人の関係の障害となっていたかを探究していかなければならなかった。それが終わってスーパーバイジーは、はじめてスーパービジョンのプロセスの先の段階に進み、それに自分をゆだねることができるようになったのである。

- 依存に関係することとして、インターン生にすべての仕事を注ぎ込んだ後に「別れる」こと、もはや必要とされないということがどのように感じられるか、

という問題がある。私自身の経験では、インターン生が離れていく際に、非現実的な大量の感謝の気持ちを期待しない、ということを私は学ばなければならなかった。

- スーパーバイザーは、権威ある存在であるということに関する自分自身の逆転移に気づく必要がある。このような潜在的な可能性として、スーパーバイザー自身の過去の権威者に対する力動を取り入れる、あるいはインターン生のかつての権威者との体験に反応することがある。これらの権威者との体験に問題があった場合、これが難しい状況につながる可能性がある。時には、スーパーバイザーが権威的な役割を担うことに居心地の悪さを感じることもある。インターン生に好かれたい、尊敬されたいという思いから、インターン生の怒りに対して自分を主張することに不安を感じるかもしれない。権威に関する自身の感情を検討することは、スーパーバイザーにとって非常に重要なことである。

- スーパーバイザーは、逆転移感情のなかで、何がインターン生によって引き起こされ、何が自分の個人的な問題から引き起こされる問題であるかを、識別しなくてはならない。インターン生が私達に示す反応から、彼等の過去の体験の中の何が両親や権威者のイメージとなっているかを、私達は非常に短時間のうちに知ることができる。この関係の度合いがこの力動の基となる。私のもとを訪れたあるスーパーバイザーはこの典型的な例である。彼女は、インターン生がやることなすこと全てに対して常に叱りつけなくてはならず、自分がスーパーバイザーというよりは、警察官であるように感じられると言った。このスーパーバイザーがインターン生とこのことについて援助的に探究してみると、はじめのうちはわからなかったのだが、インターン生が彼女に期待していたことは、インターン生の過去の人物像に影響されていたものだと理解できるようになった。この体験を通してインターン生は、インターン実習以外の場でもこのような力動が起こるパターンを見出した。インターン生はこの問題を彼自身の個人的なセラピーに持ち込み、探求し、それからより多くの責任感でもって行動できるようになった。

- スーパーバイザーにとってもう一つの興味深い力動は、競争心である。特に、インターン生がある領域においてより高い音楽的な技術を備えている、あるいは特定のタイプのクライエントと関わる上で「あるスタイルを備えている」場合に、このような感情が生まれる。あなたはこれに対してどのような反応をしているだろうか。家に帰って落ち込むのだろうか。あなたの素晴らしい治療的なスキルを見せびらかしたい、そしてインターン生が「いるべき場所」に戻るように仕向けたい、という気持ちに駆られるのだろうか。あるいは、あなたのインターン生は、彼女の仕事を評価してくれるチームの他の人からフィードバックを受けるようになり、あなたがしなかったようなクライエントとの成功を、彼女が収めるようになるのかもしれない。あなたはこのこと

に対して、どのように微妙に、あるいは微妙でなく反応するだろうか。学生に対して大きな要求をして、あなたがまだ権威ある立場にあることを示すのか。あるいは引きこもってしまうのか。その学生をやりこめてしまうのか。あなたの自己尊敬は急に低くなってしまうのだろうか。

おわりに

スーパーバイザーとスーパーバイジーがインターン実習の間にともに歩む旅は、豊かであり、複雑に入り組んでいて、同時に危険でいつも予測可能ではない。二人のパートナーは色々な役割と段階の間をナビゲートしながら進み、専門家としての成長と、自己認識、そして変容に向けての大きな可能性を分かち合う。本章は、インターン実習という旅を通じて起こりうる、数々の重要な出来事を明確にするための「地図」を提供することを目指したものである。スーパーバイザーがこの地図を使うことで、スーパーバイザーとインターンが一緒に乗っている脆弱な船をいつでも転覆させられるような要求や力動に対して、大きな理解を得ていくことができるだろう。次々に生まれる役割、段階、そして問題に関する幅広い理解と見方を習得することで、スーパーバイザーは実習の間に起こることの重要性に対してより敏感になり、効果的に反応することができるようになるだろう。

謝辞

私の教授として、スーパーバイザーとして、そしてその後よき友人として、スーパーバイザー——スーパーバイジーの関係という、大きな可能性に対して私の目を開いてくれたBarbara Hesserに感謝したい。さらに、私の献身的な友人達と夫にも感謝する。Marc Goloff博士が私の仕事に寄せてくれたたゆみない援助と信念に対して、そして私が大いに活用させてもらった彼の卓越した編集能力に対しても感謝する。最後に、インターン実習の間とその後にわたって、最も素晴らしい旅路を共にすることを許してくれた全てのスーパーバイザーとインターン生達にも感謝する。

参考文献

Chazan, S. E. (1990). On being supervised and supervision. In R. Lane (ed.), *Psychoanalytic Approaches to Supervision*. Philadelphia, PA: Bruner/Mazel.

Erikson, E. (1959). *Identity and the Life Cycle*. New York: International Universities Press.

Kadushin, A. (1992). *Supervision in Social Work*. New York: Columbia University.

Mahler, M., Pine, F., and Bergman, A. (1975). *The Psychological Birth of the Human Infant*. New York: Basic Books.

Mordock, J. B. (1990). The new supervisor: Awareness of problems experienced and some suggestions for problem resolution through supervisory training. *The Clinical Supervisor*, 8(1), 81-92.

Morris, W., (ed.). (1981). *The American Heritage Dictionary of the English Language.* Boston, MA: Houghton Mifflin Company.

Norman, J. S. (1987). Supervision: The affective process. *Social Casework: The Journal of Contemporary Social Work*, 68(6), 374-379.

Sarnat, J. E. (1992). Supervision in relationship: Resolving the teach-treat controversy in psychoanalytic supervision. *Psychoanalytic Psychology*, 9(3), 387-403.

Stein, J., (ed.). (1978). *The Random House Dictionary.* New York: Ballantine Books.

Winnicott, D. W. (1971). *Playing and Reality.* London: Tavistock.

第8章

コンピテンシー中心のアプローチによる
インターン生のスーパービジョン

Laurie A. Farnan

音楽療法修士，認定音楽療法士
発達障害者のためのCentral Wisconsin Centerコーディネーター
ウィスコンシン州、Madison

　コンピテンシーに基づいた音楽療法の教育の重要性については、これまでに数多く書かれてきた。Boone（1989）、Greenfield（1978）、Maranto（1989）とPetrie（1989）らは皆、学生のニーズおよび学生が習得した実技に基づいた教育と臨床訓練の重要性について書いた。「コンピテンシーに基づいた教育とは、学生の実技、習得したこと、進歩に基づくものであり、一定の期間内にコースを修了することではない」（Petrie, 1989: p.137）。アメリカ音楽療法協会の倫理綱領（1998）には「1.1 音楽療法士は彼／彼女が適切な訓練を受けたことだけを仕事とし、彼／彼女のコンピテンシーを超える領域での仕事をしてはならない」と書かれている。Taylor（1987）は、「専門的能力を備えた人とは、必要とされる行動を起こす上で必要な適性、能力、知識、判断力、精神力、あるいは技術を持った人である」（p.115）と定義づけている。スーパーバイザーは、インターン生がアメリカ音楽療法協会のコンピテンシーを習得するための援助を提供できるだろうか。そうであれば、どのようにしてするのか。効果的なスーパービジョンとインターン生のコンピテンシーの習得には、なんらかの関係があるのだろうか。

　インターン生の臨床訓練と教育についての議論において、現場に音楽療法士がスーパーバイザーとしているべきだという考えが、非常に幅広く支持されている。しかし、スーパービジョンの本質とテクニックに関して、いくつかの質問が提議される。優秀なインターン生をスーパーバイズすることはたやすい。優秀なインターン生は時間を守り、クライエントのアセスメントを適切に行ない、治療目標に向けてセッションをし、始まりの音の高さを認識し、クライエントと一緒に同じ高さで歌い、演奏をし、現場施設の大きな組織の中でうまく居場所を見つけることができる。しかし、初日にこのレベルのコンピテンシーに達していないことはしばしばで、場合によってはインターン実習が数週間から数ヶ月過ぎた後でも達していない。しか

しながら、ほとんどのインターン生は彼等のインターン実習を滞りなく終える。したがって、適切なサポート、フィードバックを伴う観察さえあれば、要求されているコンピテンシーが習得されうるものだと結論づけられるだろう。では、インターン生にとって必要なコンピテンシーを獲得する上で、スーパービジョンはどのような貢献ができるのだろうか。

　コンピテンシーに基づいたスーパービジョンのテクニックを開発するためには、インターン実習の間に学習すべきコンピテンシーを明確にし、それをスーパーバイザーの方法とコーディネートしていくことが論理的であると思われる。多くの人が、インターン実習の体験の間に最も頻繁に習得されるコンピテンシーを識別し、記述してきた。旧全米音楽療法協会専門的コンピテンシー委員会によるアンケート調査（1997）では、臨床訓練（インターン実習）において学習すべきコンピテンシーが明らかにされた。MarantoとBruscia（1988）もまた、音楽療法士の教育の中でのインターン実習の段階で学習されたコンピテンシーについての結果を報告した。グループ・テクニック、言語的テクニック、クライエントとのコミュニケーション、クライエントのアセスメント、治療計画、治療の実践、治療評価および終結／退院に向けての計画が、これら二つのアンケート調査で明らかになった共通のコンピテンシーだった（p.20）。

　コンピテンシーに基づいたスーパービジョンを設定する上でさらに考慮すべきことは、インターン生の成長である。私達は、習得すべきコンピテンシーの中のいくつかは、インターン実習の間に獲得することが最良であるということを発見した。GrantとMcCarty（1990）は、6ヶ月のインターン実習の中で、「個人的および専門的なカテゴリーにおいて、5ヶ月目と6ヶ月目に特に大きな変化が起こった」（p.102）と報告している。Glider（1988）は、心理士の専門的なアイデンティティ形成におけるいくつかの段階について記述した。第1の段階は、「初期インターン実習シンドローム」と名づけられ、曖昧な役割とアイデンティティを探ることがその特色であるとされた。学生が現場で自分の居場所を見つけようとし始めると、彼らは「内省と疑問と自己との葛藤」を体験することになる（p.200）。臨床訓練主任のワークショップ（1994）では、旧全米音楽療法協会の臨床訓練委員会は新人のスーパーバイザーを対象に、インターン実習の5段階を紹介した。それらは以下の通りである。

- 依存の段階
- 自主性の段階
- 条件つき依存の段階
- 4ヶ月目の落ち込みの段階
- 自立の段階

　インターン生のニーズ、スーパーバイザーのテクニック、および手段が、これら

の一つひとつの発達段階で特定されることができる。心理士の文献もまた、インターン実習における同じような段階を特定している。

本章の目的は、音楽療法インターン実習の段階をさらに検証して、各段階で習得されるべきアメリカ音楽療法協会のコンピテンシーを明確にすることと、望ましいコンピテンシーをきちんと習得するために必要なスーパービジョンの援助のテクニックを提案することにある。インターン実習の期間にはヴァリエーションがあるゆえに、本章では月単位や時間単位の説明は省略することにする。本章の目的を達成するために、インターン実習を3段階の同等の部分に分ける。つまり初期、中期、そして終結期である。

インターン実習の段階とコンピテンシーの獲得

第1段階——インターン実習の初期

インターン実習の最初の3分の1では、インターン生は新しい場面、音、そして経験に遭遇する。彼らが新しいシステムの中で自分の居場所を見つけようとする際に、彼らの不安が高まるのが普通である。アメリカ音楽療法協会臨床訓練委員会の資料によると、この最初の段階は依存の段階であるとされている。この最初の段階の初日には、インターン生が歓迎されているということがわかるような配慮が必要である。彼らが働くことになる現場について、十分なオリエンテーションを提供しよう。この時から彼らは、現場での境界線および望ましいとされる行動のモデルを意識し始めるようになる。オリエンテーションに必要な資料を色々用意し、書式と口頭の両方で伝えよう。新しいインターン生の通常の不安のレベルを考慮すると、この時期には口頭で伝えた情報だけを記憶させない方がよい。この時に、アメリカ音楽療法協会の臨床訓練の基準、および倫理綱領のコピーをインターン生に渡すとよい。

インターン生の意識は、クライエントよりも自分自身に向けられていることが、この依存の段階の特徴である。インターン生は彼らの実習のほとんどの時間を、セラピストがセッションをして、クライエントと交流をとる様子を観察して過ごす。具体的な観察用紙は、この段階における有益なスーパービジョンの資料である。セラピストの質問は特定されたものであり、インターン生がより意義深い観察ができるようなきっかけとなるものでなければならない。Farnan（1996, p.70）は、この段階で有益なスーパービジョンの用紙を紹介している。それには、観察レポート（**表1**）、週ごとのスーパービジョン用紙（**表2**）、そしてインターン生のセッションのレビュー用紙（**表3**）が含まれる。これらの用紙を次頁に掲載する。

インターン生がセッションの後で、クライエントの反応を分類し、言葉にする上で問題を抱えている場合は、この観察レポートを使おう。これはまた、名前や場所を覚えるための書式の材料となり、インターン生がプログラムやそこにいる人々に

インターン生の氏名：
プログラムのスタッフの氏名：
ユニット、あるいはクラス名：
クライエントの人数：
クライエントのファーストネーム：
日付：
1. 複数のクライエントの音楽を伴った行動、および音楽を伴わない行動について記述しなさい
2. セッションの間に使われた活動（歌）の名称を挙げなさい
3. どの介入方法が最も効果的でしたか。なぜですか
4. 活動は、日常生活の中でのどの機能的なスキルをターゲットとしていましたか
5. このセッションを観察している間に、あなたは何（クライエント、あなた自身、音楽療法、その他について）を学びましたか

表1
観察レポート

1. 毎週の課題のレビュー： 　　達成したこと： 　　チャレンジしたこと：
2. 個人的/専門的な成長： 　　アドバイス：
3. 次週の目的： 　　アドバイス：
4. クライエントへの配慮/進歩： 　　アドバイス：

表2
毎週のスーパービジョン用紙

慣れていく上で有益である。

　インターン生が、スーパービジョンのミーティングにテーマを持ち込む上で何らかの問題がある場合は、この毎週のスーパービジョン用紙を使おう。

　インターン生が自己評価のスキルを学習するための援助として、このインターン生セッション・レビュー用紙を使おう。これはまた、インターン生が成長し、より効果的なスキルを習得していくプロセスの時間軸に沿った記録を提供する。

　さらに、コンピテンシーは具体的に定義づけられる必要がある。最初の数週間は、機能的な音楽のスキルを課題とする上でよい時期である。インターン生の機能的なギター、声、およびピアノのスキルに関するアセスメントを、インターン実習の最初の2週間以内にするとよい。音楽的なスキルのアセスメントの後に、スキルの発達に必要な特定のプラン用紙を作成することもできる。機能的な音楽スキルのアセ

表3
インターン生のセッション・レビュー用紙

グループ名：
日付：
クライエントの人数：
スタッフの人数：
1.このセッションにおいてあなたがやった最も有効なことは何でしたか。何があったから有効だったのでしょうか
2.あなたがやったことで最も有効ではなかったことは何でしたか。何があったから、あまり有効ではなかったのでしょうか
3.セッションで起こったことの一つ、あるいは複数のことを、Searsの音楽療法プロセスの一つ、あるいは複数の項目に関連づけて述べなさい。（ここではどんな理論的なモデルでもよい。Searsでなければならないということはない。生体臨床医学モデル、医学モデル、あるいは精神力動モデルなどでもかまわない。あなたの現場とあなたの治療スタイルにかなっていればよいのである。この記述の目的は、インターン生が自分の治療哲学を育んでいく上での、理論的なモデルを得るための援助にある）
4.次のセッションで変えようと思っていることを特定してリストにしなさい

スメント・プロセスを設定する際には、アメリカ音楽療法協会の音楽的基礎の項目を参照するとよい。キーボードのスキル、ギターのスキル、声のスキル、およびオーケストラ以外の楽器のスキルが、リストアップされている。あなたのアセスメントに、あなたの現場で必要とされるこれ以外の機能的な音楽スキルを付け加えよう。例えば、あなたがオルフ楽器やトーンバーを使っているのならば、これらの楽器に関するアセスメントを行ない、あなたの現場でのこれらの楽器の最も効果的な使い方を訓練しよう。声とギターのスキルのアセスメントをする際に考えられる方法の一つは、一人ひとりのインターン生に1曲準備させ、他のインターン生およびスーパーバイザーのために歌って、演奏してもらうことである。これは、スーパーバイザーがインターン生の能力のアセスメントをすることで、一人ひとりのインターン生に合ったプログラムを作成するためだということを、彼らにきちんと伝えよう。このプロセスは、スーパーバイザーと1対1で向かい合って行なうよりは、グループでやる方がインターン生の不安をいくらか軽減するようだ。このアプローチを通じて、インターン生はクライエントから離れた援助的な雰囲気の中で、演奏し、歌うことができるようになる。彼らが軌道に沿って進んでいて、さらに進歩するための計画がこれからも立てられることになっているのだと、きちんとインターン生に保障する必要がある。

　この最初の段階の終わりに向けて、インターン生はセラピーセッションのなかでの特定の一部を担当するようになるかもしれない。始まりと終わりの部分での介入が通常やりやすい部分であり、セッションの後すぐにフィードバックが続く。セッションで起こった出来事に関する特定の質問が、この時期には適していて、今まで

以上にクライエントに意識を向けるようにしていく。インターン生の反応を引き出すような質問や言い回しの例を、以下に挙げておこう。このような言語的な援助があることで、インターン生は精細な観察のスキルを獲得していき、臨床基礎項目のコンピテンシー、特に治療原理の項目を習得し出すのである。この項目には、セラピスト―クライエントの関係における力動とプロセスに関する基本的な知識が含まれている。コンピテンシーに焦点を合わせることによって、インターン生はより前に意識を向けるようになれる。

臨床的基礎の発達のための質問と言い回し――インターン実習の初期
- セッションであなたが気づいたクライエントの反応を二つ挙げてください。
- その反応を引き出した音楽について、あなたはどのように考えますか。
- あなたが……に気づいたのならいいのだけれど……。
- あなたは、クライエントが……する様子を見ましたか。
- 私達がなぜあのようなやり方でやったのか、私に説明してください。
- あなたがいることで、セッションでの交流や介入にどのような影響を与えたと思いますか。

最初の段階における最後の要素は、インターン生の目標設定と、彼らが期待していることを明確にすることである。彼らに、アメリカ音楽療法協会のコンピテンシー（1999）*のコピーを渡すことは、彼らが何を期待してよいのかを特定する上での援助となる。最初の週の間に、彼らがインターン実習に期待していることを書き出してもらうことは、非常に有益である。このリストについてスーパーバイザーと話し合い、インターン実習の間中ずっとプロセスがどのように進んでいるかを確認することができる。インターン生に対する期待を書式で残すこともまた、スーパービジョンの観点から見て有益なことである。これには、実習時間、実習に関する規則、そして実習終了に向けたポリシーが含まれる。この後スーパーバイザーとインターン生は、インターン実習と呼ばれる訓練期間の間に、何を達成すべきなのか、という点について一致することになる。

* アメリカ音楽療法協会の許可を得て転載している。

アメリカ音楽療法協会のコンピテンシー――インターン実習の初期
音楽の基礎
［キーボードのスキル］
- 基本的なコード進行（I－IV－V－I）をいくつかの調で演奏する。
- 簡単な楽曲および歌の伴奏を初見で弾く。
- 簡単な楽曲に和声づけをし、いくつかの調に移調する。

［ギターのスキル］
- 簡単なストロークとピッキング技法で演奏する。
- ギターの標準的な調弦をし、またそれ以外の調弦をする。

- 簡単な楽曲に複数の調でコードづけし、移調する。

［声のスキル］
- 集団歌唱を声でリードする。
- 適切な声量でもって、声を使ってコミュニケーションをとる。
- 伝統音楽、フォークソング、ポピュラーソングの基本的なレパートリーを、しっかりした音程と心地よい声質でもって歌う。

［管弦楽器以外の楽器のスキル］
- 打楽器を一人で、あるいはアンサンブルで演奏する。
- 非管弦楽器および民族楽器のケアと管理に関する基本的な知識を有する。

［動きのスキル］
- 構造化されたリズムに合わせた動きと、表現を意図した即興的な動きをする。

臨床の基礎

［特異性］
- 障害を持った人の可能性、限界、問題に関する基本的な知識を有する。
- 主要な障害の原因と症状に関する基本的な知識、および診断と分類で用いられる基礎的な専門用語に関する知識を有する。
- 人の典型的および非典型的なシステムと発達に関する基本的な知識を有する。

［治療の原理］
- セラピー・グループの力動とプロセスに関する基本的な知識を有する。
- 主要な治療アプローチの方法に関する基本的な知識を有する。

場面とスーパービジョンの方法──インターン実習の初期：自分に焦点を合わせる

＊　すべての名前は、スーパーバイジーとクライエントのプライバシー保護のために変えられている。

　インターン実習6週間になるJoan＊は、作業療法士による受動的な関節可動域訓練のクラスを、ちょうど終えたばかりだった。Joanはまた、他の作業療法士から特定のクライエント達に対する個人指導も受け、関節可動域訓練として音楽と振動触覚刺激と組み合わせたセッションを、スーパーバイザーである音楽療法士と一緒に見学していた。次のセッションで、他の音楽療法士と一緒にクライエントを支えて、関節可動域の動きの訓練をするようにと言われて、Joanはびっくりした顔をし、混乱し、そしておびえていた。彼女がクライエントに触れる様子はおずおずとしていて、何をしてよいのかがわかっていないようだったし、彼女が動かした可動域の幅は小さく限られたもので、クライエントが必要としているものとは全く違っていた。彼女は車椅子のブレーキをかけて動かないようにすること、最も麻痺が少ない部位から始めるということ、動かす体の部位と同じ側に立つこと、そしてクライエントにこれからやることについて説明するといった、基本的なことをすっかり忘れていた。

　インターン生のJoanは、どのクライエントとも、そしてどのセッションでも、非常に大きな問題にぶつかっていた。それについて尋ねられるとJoanは、自分お

よびクライエントを担当している時に彼女が感じたことについて集中していたと答えた。「私のシャツの色が明るすぎて気が散るのではないかしら」「Bob（クライエント）は私が新米だということを知っているから、私のためには動いてくれないと思う」「私は緊張のあまりコチコチになっていたから、彼の腕を動かすのが怖かった」「何をしてよいかわからなかった」「彼を傷つけるのではないかと不安だった」「このクライエントは他の人達と関係をとる上で、何か問題を抱えているのかしら」「私がちゃんとやっているって、どうやったらわかるの」。

　このような自意識過剰に対するアドバイスには、クライエントが彼らの人生の中で多くの人達に出会うということ、そしてケアをする人に対して自分を合わせていくのが普通であること、そしてそういった意味ではかなりの達人であるということを、インターン生に伝えることが含まれている。関節可動域訓練をした時にインターン生がどう感じたかを訊いてみて、そこから先を見ていこう。可動域訓練の間、クライエントの表情がどうだったかを思い出してもらい、顔の表情から反応を読み取ることを学んでもらおう。慎重であるということは、治療者として本能的に良いことなのだとインターン生に保障する一方で、おずおずとしたり、不安そうであったりするのは良くないことなのだと伝えよう。インターン生がすでに学んだことを強化し、かれらが今まさに発見しつつある知識やテクニックを応用するようにと力づけを与えよう。Joanがクライエントを傷つけるようなことを何もしなかったということは、別の意味ではクライエントに対して良いことも全くしなかった、ということである。インターン生が訓練で学んだ良い、そして効果的な介入方法を使って、次のレベルに進むようにと、インターン生に伝えよう。

　この時点で、現実をチェックすることも良い。特にこのインターン生の場合、「明るすぎるシャツ」は実際には暗めのブルゴーニュワインのような色だった。だから「とても目立つような」問題ではなかったのである。インターン生に、彼らがどのような訓練を誰から受けてきたのかと質問することは、彼らが必要な手段とテクニックを手に入れるための訓練を、すでに受けてきたのだと思い出すきっかけとなる。どのようなクライエントとセッションをしてきたのか質問し、クライエントによって似ている点、違っている点があるかどうかと訊いてみよう。グループの中に、誰か似たような筋力の問題を持った人がいたかどうか考えてもらおう。そして、「彼は私のためには動いてくれないだろう」という懸念だが、なぜクライエントは皆セラピストのために何かをしてくれるのだろう、ということについて考えてもらおう。治療的な人間関係とは、（あなたが私のために）何かをしてよいのだと許可を与えることであり、そう選択することなのである。それから、インターン生にセラピストを相手に関節可動域訓練をしてもらおう。セラピストはそのプロセスの間、色々なアドバイスを与え、効果的なやり方は褒め、どうしたらもっと良くなるかという提案をしてみよう。これはロールプレイなどではなく、まさにその場でいかにして他の人達に手で触れるか、ということを学ぶことである。

第2段階——インターン実習の中期

　自主性の段階であるインターン実習の中期では、インターン生はより多くのスキル、能力、経験、自信を獲得し、スーパーバイザーから自立していく。インターン生はグループの介入にあたってより大きな責任を負い、さらにはスーパーバイザーなしでグループをリードするようになる。この段階の中ほどまでにインターン実習中間評価をすることがある。この評価によって、一人ひとりのインターン生の期待が修正され、インターン生もスーパーバイザーも軌道に乗っていることが確認できる。インターン生は自己評価を行ない、その後でスーパーバイザーとコンピテンシーに関する全体的な進展について話し合う。中間評価のプロセスの一部として、コンピテンシーの記録を見直すことも良い考えである。インターン実習評価用紙を作成するのであれば、アメリカ音楽療法協会のコンピテンシーのカテゴリーを利用すると良いだろう。音楽的基礎、臨床的基礎、そして音楽療法の領域がカバーされている。

　治療的人間関係等が取り上げられる臨床的基礎で明示されている要素は、この中間の段階で発達していく。インターン生はクライエントとスタッフとの関係を確立し、スーパーバイザーに依存することがなくなる。スーパーバイザーはセッション中の観察を通して、インターン生の様子をチェックし、さらにすべてのグループのレビューを行ない、アドバイスが提供される構造化されたスーパービジョンのミーティングの時間を設ける。1対1のスーパービジョンを毎週定期的に設定することによって、あらゆる問題について話し合う時間が確保されることになる。

　スーパービジョンのミーティングの構造は非常に重要である。インターン生の全員が、彼らのスキルを伸ばすことができるようにと、自分達がしていることについて話し合えるような能力を生来備えているわけではない。このようなスキルを育てる一つの方法は、Farnan（1996, p.70）によるセッションの結果を書く用紙、および毎週のコメントを書く用紙を用いて、書式で分析することである。もう一つの方法として、適切な質問をしながら言語的なスキルを磨くことで援助が提供できる。セラピストは、適切な質問をすることを学ぶし、スーパーバイザーもそうすることができる。以下の質問の例は、インターン生が彼らのセッションで起こっていることを言葉にしていく上での援助となるだろう。

臨床的基礎の発達のための質問——インターン実習の中期

- あなたの今週の仕事は何ですか。
- どのグループが順調に進んでいますか。
- そのグループが順調にいっている理由は何ですか。
- あなたにとってチャレンジとなっているグループがありますか、あるいはクライエントがいますか。
- あなたの学習に必要な援助をすべて得ていますか。

- 私達のスタッフからあなたが必要としていることが他にありますか。
- 十分な仕事が与えられていますか。
- 仕事が多すぎますか。
- 今週私達が取り上げるべき問題が他にありますか。

　クライエントのアセスメント、治療計画、セッションの実践、治療評価、そして記録が含まれている音楽療法コンピテンシーの要素は、インターン実習のこの時期に獲得されるようになっていく。彼らが臨床の対象者と関係を築いていくこの時期に、これらのテーマに関した文献を読むという課題を与えることは、有益である。アセスメントとセッション・プランに関した記事や本が、この段階で役立つ。あなた自身の対象者と、その対象者のための治療計画に関する記事を見つけるために、出版物を検索してみよう。

アメリカ音楽療法協会コンピテンシー──インターン実習の中期
臨床的基礎
［治療的人間関係］
- 自分の感情、考え方、行動がクライエントと治療プロセスに与える影響を認識する。
- 治療に効果的なクライエントとの関係を確立し、維持する。
- 治療目標達成のために、グループの力動とプロセスを応用する。

音楽療法の基礎
［基礎と原理］
- 既存の音楽療法の方法、テクニック、素材、設備に関する基本的な知識を有し、それらを適切に応用する。
- 音楽療法のアセスメントに関する基本的な知識を有し、それを適切に応用する。
- 音楽療法の効果の評価法に関する基本的な知識を有する。
- 様々なクライエント層を対象とした音楽療法の目的、意図、および機能に関する基本的な知識を有する。
- 音楽的な行動と体験の心理的および生理的な側面に関する基本的な知識を有する。

［クライエントのアセスメント］
- アセスメントで発見したこととそれに基づいた提案を、書式および口頭で伝達する。
- クライエントのアセスメントに対する反応を正確に観察、記録する。
- クライエントの適切および不適切な行動を特定する。
- 音楽を用いながら、クライエントの得意な面と問題点を査定評価するために、

クライエントの文化に即した効果的な方法を選択し、デザインし、実行する。
- クライエントの音楽的な好みと音楽的な機能あるいは発達のレベルを査定評価するために、クライエントの文化に即した効果的な方法を選択し、デザインし、実行する。
- 音楽療法の分析と解釈、および関連領域のアセスメントのデータを用いて、クライエントの治療的ニーズを特定する。

［治療計画］
- クライエントの目的に即した音楽療法体験を選択、あるいは創造する。
- アセスメントの結果に基づいて、個人およびグループのための長期目標と短期目標を設定する。
- 音楽療法におけるクライエントの主要なニーズを特定する。
- 治療の頻度および長さを予測して伝える。
- クライエントの得意な面と問題点に即した音楽を選択し、アレンジする。
- 選択された長期目標および短期目標に即した個人およびグループのための、音楽療法の手順を考案する。
- クライエントの得意な面と問題点に即した楽器と機器を選択し、アレンジする。
- クライエントの治療的環境としての音楽療法の場を準備し、アレンジする。
- 音楽療法のセッションを計画し、継続させる。

［セッションの遂行］
- 音楽療法のセッションの間におこる重要な出来事を認識し、解釈し、適切な対応をする。
- 非音楽的な行動変容を促すための音楽療法体験を提供する。
- クライエントの参加が成功につながるように、必要に応じて言語的および非言語的な指示や合図を提供する。
- 音楽療法のセッションで歌唱技術を応用する。
- 集団音楽療法において、適切な社会的行動のモデルを提示する。
- 音楽療法のセッションにおいて、治療的な言語的技術を提供する。
- 一回のセッションの間に、クライエントのニーズおよび状況的な要素に即して、音楽体験の順番やペースを調整する。
- グループおよび個人音楽療法セッションをリード、あるいは援助する。
- 音楽療法セッションの終了をきちんと行なう。
- 治療計画に即した音楽療法プログラムを遂行する。
- グループの凝集性および／あるいは仲間意識を促進する。
- クライエントの社会的スキルの発達を援助する音楽療法体験を提供する。
- クライエントが自分達の行動において何を期待しているか、という点に関してコミュニケーションをはかる。
- クライエントがより効果的なコミュニケーションをとれるように援助する。

- クライエントの自己感覚および他者への意識を促進するような音楽療法体験を提供する。
- 効果的なセッションのために物理的環境を整える。
- 社会的な関わりを引き出すための音楽療法体験を提供する。
- クライエントの決断能力を促進するような音楽療法体験を提供する。
- 年齢、文化、スタイルの好みを考慮しながら音楽のレパートリーを習得し、維持する。
- クライエントの課題遂行能力の向上を援助するような音楽療法体験を提供する。
  - クライエントから感情的な反応を引き出すような音楽療法体験を提供する。
  - クライエントのコミュニケーションに対してフィードバックをし、それについて熟考し、別の言葉に置き換え、わかりやすい言葉で説明する。
  - クライエントが視覚的、聴覚的、触覚的な合図に応えられるような感覚刺激を音楽療法体験を通して提供する。
  - 音楽療法のセッションで管弦楽器以外の楽器を用いる。
  - クライエントの創造的な反応を促すような音楽療法体験を提供する。
  - リラクゼーションおよび／あるいはストレス軽減のためのテクニックとして音楽を用いる。
  - クライエントの人、場所、および時間に対する見当識を改善するために音楽療法体験を提供する。
  - クライエントの認知的／知的な発達を促進するために音楽療法体験を提供する。
  - クライエントの服薬による影響を認識し、適切な対応をする。

［治療評価］
- クライエントおよび／あるいは他の人達にとって明らかに危険だと思われる状況を認識し、適切な対応をする。
- 治療に対するクライエントの反応に基づいて、アプローチの方法を修正する。
- 治療に対するクライエントの明らかな変化やパターンを認識する。
- 必要に応じて治療計画を改訂する。
- 現実的な時間枠を設定して、治療効果を評価する。
- 施設のガイドラインに即して、定期的に治療計画を見直す。
- クライエントの進歩および治療方法の効果性を評価し測定するための方法を考案し、実施する。

場面とスーパービジョンの方法──インターン実習の中期：治療に焦点を合わせる

　実習10週目のDebbieは、彼女が一人で担当しているグループの一つにおいて、スーパーバイザーであるセラピストから観察されていた。グループには他に、2名

のスタッフと5名の重度の知的障害および行動問題を持ったクライエントがいた。Debbieにはグループのコントロールを試す上で必要な優れた治療的な素質があった。しかし、彼女がグループに出した指示は、コントロールする線を超えて、参加する人達が何をするべきかという命令になっていた。彼女の言葉がそうだったからだ。彼女がクライエント達に出した指示は例えば次のようなものだった。「ドラム演奏をやめたくないのはわかるわ。でも、今はそれをやめなければいけないのよ、Buddy」「私のために今マラカスを箱に入れなさい、Cindy」「Jeff、トロンボーンを吹ける？」「Sally、あなたに今ドラムを叩いてもらいたいの」。さらに、Debbieは最初の音の高さを見つけることがうまくできず、音の中心を維持することも難しかった。

　コントロールするための彼女の能力は、はじめのうちは正しかったのだが、彼女が選んだ言葉は、参加を強要するものであり、参加を促し、援助するものではなかった。Debbieに対するアドバイスとしての言い方を紹介しよう。「あなたが、グループに権威的な雰囲気を創り出そうとしたわけではないことはよくわかります。でも、あなたが使った言い回しを吟味してみましょう。そして、あなたがそれらの言葉をどう解釈することができたかもしれないか、ということについて考えてみましょう」。観察の間にとった記録に、彼女の言葉をそのままメモしてあったが、Debbieとのスーパービジョンでは、そのメモがあることで、彼女がどのように受け止められていたかということについて意識を向けるための援助ができた。彼女は、クライエントに演奏ができるか、あるいは演奏をしたいかという、イエスとノーで答える質問をする危険性に注意を向けるべきであるというアドバイスを受けた。イエス／ノーで答える質問をする際には、イエスとノーのどちらの返事をも尊重できることが大切であるということを、インターン生に伝えるとよい。クライエントが演奏したくないと答えた場合には、どうせ無理やり演奏させることはできないのだから。さらに、ドラム演奏に明らかに熱中して楽しんでいたクライエントに向かって、彼女は演奏をやめるようにと言ったが、なぜ彼女がそのようなことを決めたのかという理由も検討した。セッション計画を柔軟に変更することについても考えた。権威的な言い方の代わりに、力づけとなるような言い方の例がインターン生に紹介された。

　音楽的なスキルの発達に関してだが、セラピストがやった時ほどうまくは音楽が展開されず、インターン生が自分の力を発揮できないことに驚くことが時々ある。はじめの音をつかむために、どの調で始めるのかを前もって知っておくこと、調の中心音を確認するために三和音で歌ってみること、はじめの音のベルを用意すること、そしてもちろんセッション前にもっと練習をしておくことをアドバイスしておこう。

第3段階──インターン実習の終結期

　インターン実習の最終段階は自立の段階である。インターン生は自分達のグループを担当し、チーム・ミーティングに参加し、クライエントのアセスメントを行ない、治療目標を立て、データを収集し、そして時にはグループを終結させる。彼らはまた、履歴書を書き、インタビューを受けに行き、新人の臨床家としてのレベルへと移行していく。彼らには、音楽療法の職業団体についての質問があるかもしれない。あるいは、どのようにして臨床プログラムを設定し、運営していくかということについての質問もあるかもしれない。インターン実習のこの最終段階でのコンピテンシーには、終結／退院に向けての計画、スーパービジョンと管理、職業的な役割／倫理を含む、音楽療法の基礎項目のほとんどの要素がカバーされている。インターン生の最終評価が、インターン実習の最後の週に行なわれる。この最終評価は、インターン生が習得したことを振り返り、明確に示されたコンピテンシーについて記述する。この段階でのスーパービジョンのミーティングには、インターン生が、望むらくはより自立したセラピストになりつつあるということで、それまでとは違ったニュアンスがある。スーパーバイザーはまた、どれだけの時間が残されているかを考慮した上で、その時間でまだ何が達成できるのかということについて考えるための時間をインターン生がとって、終了の準備ができるような援助をする必要がある。クライエントやスタッフにどのようにして別れの言葉を言えばよいのか、というアドバイスもインターン生にとって有益である。次のような特定の言い方をするようにと提案してみよう。「私が学習する上で助けてくれたこと全てに対して、ありがとうございます」「あなたが私に教えてくれたこと全てに対して、ありがとうございます」「グッド・ラック、そして前進し続けてください」。

音楽療法の基礎習得のための質問──インターン実習の終結期
- あなたにとって理想的な仕事とはどのようなものでしょうか。
- どのタイプの対象者層とあなたは働きたいですか。
- あなたの機能的なスキルを向上させるために、どのような計画をしていますか。
- あなたの履歴書は、インターン実習の経験も含まれている最新のものですか。
- あなたはどのようにしてグループの終結をしますか。
- 終了前に、どの書類／プロジェクトが必要かということについて明確ですか。
- あなたのクライエントの何が変わったかと気づきましたか。

アメリカ音楽療法協会のコンピテンシー──インターン実習の終結期
　音楽療法の基礎
　　［記録］
- クライエントの変化を正確に記述する記録を書き、施設の内外の法的機関、

規制機関、保険関係の機関からの要請を満たす。
- 臨床データを記録する。
- 音楽療法のプロセス全体におけるクライエントについての専門的なレポートを、正確、簡潔、かつ客観的なスタイルで書く。
- クライエント、両親、クライエントにとって重要な人、チーム・メンバーと、クライエントの進歩および音楽療法プログラムにおけるクライエントの様々な側面について、口頭でコミュニケーションをとる。
- 治療計画を記録し、見直し、治療計画に即した変化を記録する。
- アセスメント、治療、評価を含む臨床プロセスの全てにわたって、データ収集のテクニックを工夫し、応用する。
- 記録に関連した臨床実践の専門的基準に関する知識を有する。

［終結／退院に向けての計画］
- 音楽療法の終結に向けて、クライエントに情報を提供し、準備をする。
- 終結／退院の前に、音楽療法サービスの終了を設定する。
- クライエントが音楽療法を終了する時期を決定する。
- 音楽療法の終了計画を、クライエントの施設からの終了計画に組み込む。
- 音楽療法の終了に伴うメリット／デメリットの可能性を評価する。
- 音楽療法終了計画を作成する。
- 終了に関連した臨床実践の専門的基準に関する知識を有する。

［職業的役割／倫理］
- 職業的倫理綱領を遵守する。
- 音楽療法士の職業的倫理基準を解釈し応用する。
- 臨床実践の職業的基準を遵守する。
- 信頼性を示す。教育と専門的な訓練に関するすべての課題に取り組む。
- 批評／フィードバックを自ら進んで受け入れ、前向きな姿勢で取り組む。
- 葛藤を肯定的、建設的な方法で解決する。
- 締切りを自主的に守る。
- 常に建設的な態度で思考や個人的な感情を表現する。
- 自身の得意な面および弱い面を批判的に意識していることを示す。
- クライエントの人権に関する法律や規則を解釈し応用する。
- 音楽療法の職業組織、およびこれらの組織が臨床実践に与える影響に関する基本的な知識を有する。

［多職種の連携］
- クライエントの治療プログラムに関わる多職種の役割を基本的に理解し、連携に必要な関係を確立する。
- クライエントの総合的な治療計画における音楽療法の役割を明確にする。
- チーム・メンバーと連携して、多職種による治療計画をデザインし実行する。

[スーパービジョンと管理運営]
- スーパービジョンに参加し、そこから学ぶ。
- 音楽療法に必要な機器や備品を調達し、管理する。
- 臨床家として要求される運営上の義務を遂行する。
- 新しい音楽療法プログラムを立ち上げ、確立させるための企画書を作成する。

音楽的な基礎

[キーボードのスキル]
- 自身およびアンサンブルを熟達した技術でもって伴奏する。
- 伝統音楽、フォークソング、ポピュラーソングの基本的なレパートリーを、楽譜を用いて、あるいは楽譜なしで演奏する。

[ギターのスキル]
- 自身およびアンサンブルを熟達した技術でもって伴奏する。
- 伝統音楽、フォークソング、ポピュラーソングの基本的なレパートリーを、楽譜を用いて、あるいは楽譜なしで演奏する。

[管弦楽器以外の楽器]
- ギターと同等の能力でもってオートハープあるいはオムニコードを演奏する。
- 工学的に高度な楽器を基本的に理解している。
- 複数の標準的な打楽器に関する基本的なスキルを有し、グループおよび個人セッションにおいてリズム中心の体験を引き出す。

場面とスーパービジョンの方法──インターン実習の最終段階：自立と終結

　インターン実習を終了するにあたって、解放感と不安の両方が実感される。最終評価、最終プロジェクト、そしてクライエントの最終レポートについて、インターン実習終了の6週間ほど前から話し始めることが有益である。グループの終わり方に関する文献を読むこともこの時期に役立つ。インターン実習終了間近のDavidは、実習の終わりが彼の意識の中で大きな影を落とすようになってくるにつれて、別れの不安を感じるようになっていた。彼は将来に向けての計画を何も持たず、どこに引っ越すのかというあてもなく、就職活動もしていなかった。彼は書式の課題やクライエントのまとめといったペーパーワークを抱えて、四苦八苦していた。

　インターン生が計画を立てる上で有益な質問をしながら、彼／彼女の将来について焦点を向け始めることを、スーパービジョンで行なうと良い（本章160ページの質問を参照されたい）。実習現場を離れたがらないインターン生に、厳密な締切りの日を伝えることも効果的な方法である。現実的な締切日を設定し、その日にレポートを受け取ることを楽しみにしていると何度も言っては思い出させよう。場合によっては、レポート提出の日付と時間が必要となる。インターン生が書く最後のレポートがいかに重要であるかということを、何度も何度も伝えよう。さらに、そのレポートが将来のセラピストやインターン生によって、継続的な治療とケアを提供

するために使われるのだということも付け加えよう。過去のインターン生との関わりについて一言触れることで、インターン実習を無事に終えるとスーパーバイザーとの関係も終わってしまうわけではない、ということがわかり、終了間近のインターン生は安心できる。グループにどのようにして別れを告げるかという点での提案をいくつかしよう。クライエントとスタッフに対して、より良いセラピストになることを学ぶ上で、彼らが援助してくれたことを感謝するようにと、インターン生に伝えよう。Davidは彼の最終レポートと悪戦苦闘し、最後の日には遅くまで残っていたが、彼はいまでも何人かの居住者を数回にわたって訪問しに来たし、最終的にインターン実習をした同じ町で無事に仕事を見つけた。

コンピテンシー中心のスーパービジョンの要素

学生中心で、コンピテンシーに基づいた音楽療法の教育および訓練の重要性については、多くの人によって書かれてきた。旧全米音楽療法協会は、1988年および1989年に教育と臨床訓練をテーマとしたシンポジウムを2回開催した。各々のミーティングにおいて案が出され、以下に両方のミーティングで生まれたアイディアをまとめたリストを紹介する。

- 新人セラピストの最初のレベルを明確にする必要がある。
- インターン実習に応募する学生は、歌、キーボード、ギター、即興、グループアンサンブル、および自らアレンジしたメソッドにおける機能的音楽の試験に合格することが要求されるべきである。
- 音楽療法の教育と訓練プログラムを設定する上で、学生の学習スタイルを配慮すべきである。
- 音楽療法の教育および訓練のためのコンピテンシーは、学士および修士レベルにおいて各々明確にされるべきである。
- インターン実習の開始前および開始時に、学生に期待されることと彼らが負うべき責任について情報を与える必要がある。
- 臨床訓練はプロセス中心に進行すべきである。
- コンピテンシーは、教育カリキュラムとインターン実習（Maranto, 1989: pp.82-84; 1989: pp.108-109）を進展させ、認可するための基本として応用されなければならない。

これらの推薦案から、私たちはコンピテンシー中心の訓練の必要性について、明確なイメージを得る。インターン実習のスーパーバイザーが、アメリカ音楽療法協会のコンピテンシーを知っていること、そしてインターン生がこれらのコンピテンシーを習得するための、体系的なプランに基づいた訓練プログラムをデザインすることが、非常に重要である。「教育者および臨床訓練のスーパーバイザーの一番の

課題は、音楽療法に必要なコンピテンシーを明確にすることと、コンピテンシーを磨く上でのテクニックを改良することである」（Greenfield, 1978: p.15）。インターン実習のスーパーバイザーは、どのようにしてこのようなプログラムを設定するのだろうか。

インターン実習のスーパーバイザーは、先ずコンピテンシーを見直し、インターン実習の間に必要なコンピテンシーの習得に、彼らの実習現場がどのように貢献できるかを明確にしなければならない。次に、スーパーバイザーは、インターン生が習得可能なスキルを学習できるように、インターン実習の時期を分けなければならない。インターン生に期待すること、スーパーバイザーに期待することは、それぞれ非常に明確である必要がある。スーパーバイザーは、スーパービジョンのテクニックを、インターン生の学習スタイルと能力に合わせて調整できなくてはならない。他の言葉に置き換えると、スーパーバイザーは、一人ひとりのインターン生に合わせたオーダーメイドの訓練を用意しなくてはならないのである。アメリカ音楽療法協会のコンピテンシーのリストに基づいたインターン実習を通して、明確な期待に応えることができるだろう。これには、アメリカ音楽療法協会のコンピテンシーの項目に沿った中間および最終評価用紙を考案することが含まれる。

インターン実習のスーパービジョンのために、幅広い手段が用意されている。書式の用紙、質問の範例、そしてもちろん直接の観察とそれに続くフィードバックは、スーパーバイザーにいくつかの選択肢を提供する。MarantoとBruscia（1988）は、スーパービジョンのテクニックを分析した。「教育者対象のアンケートにおいて、臨床家に彼らが最も成功している三つのスーパービジョンの方法を記述してもらった。回答の大部分（62％）では、観察とフィードバックが最もうまくいく方法であるとされていた。その他の成功した方法は、スーパービジョンに関する会議、あるいは議論（33％）、モデルを示すこと（20％）、そして書式あるいは用紙を用いた評価（14％）だった」（p.33）。インターン生のDebbieの例のように、観察の直後に書式と口頭によるフィードバックをすることで、彼女に具体的な進歩の方向性を示すことができた。彼女のクライエントとの関わり方が実際に変化し、グループをリードする時の言葉遣いも変わった。Gellerman（1968）は、「その人の環境が変わったこと、あるいは彼のかつての環境に対する考え方が完全に正確なものではなかったことを学んで、はじめて真の意味での動機面での変化が起こる」（p.34）と述べた。書式および口頭のフィードバックと組み合わせた観察は、インターン生がクライエントに及ぼす影響を、より正確に評価する上での援助となる。「私がこの方法でするのを見なさい。その後であなたも同じようにやってみなさい」というモデルを用いた方法は、興味深いことに実習時間の20％しか効果的でなかった。インターン生が潜在的な可能性をフルに開発するためには、臨床家によるもっと高いレベルのモデリングを必要としているのである。彼らは、インターン実習とは、自分たちが何を学ぶべきかを知り、そしてそれをいつ、いかにして学ぶのかということを知る時間であると理解できる必要がある。

Memory、Unkefer、Smeltekop（1987）は、「スーパービジョンとは、実習およびインターン実習の統合的な一部であり、一人ひとりの学生、スーパーバイザー、クライエントのグループおよび臨床現場の特定のニーズに合わせてデザインされた場合に、最も効果的なものとなる。したがって、効果的なスーパービジョンとは、学生とスーパーバイザーとのパートナーシップであり、両者が情報や関心事を共有する」（p.161）と述べた。臨床訓練を個人に合わせる一つの方法は、訓練を望ましい、特定されたコンピテンシーに基づいたものにすることである。

　スーパーバイザーは次のような質問をすることができる。

- インターン生は何を学ぶ必要があるのか。
- 彼らが学ぶべきことを、私はどのようにして教えればよいのか。
- 私はそれをいつ教えるべきか。

　これらの問いの答えは、インターン生や現場によって少しずつ異なるだろう。しかし、インターン生が特定されたコンピテンシーを学ばなくてはならない、という答えが一般的だろう。スーパーバイザーは、観察とフィードバック、読書の課題、モデリング、書式の用紙、そして明確に構造化されたスーパービジョンのミーティングを含む、様々なテクニックを通してこれらの課題を教えるのである。

まとめ

　音楽療法のコンピテンシー中心の教育は、コンピテンシー中心の訓練をも意味する。スーパービジョンのテクニックをコンピテンシーのスキル獲得を中心にすることは、インターン実習における臨床的な訓練を効果的に構造化する上で有益であろう。もちろん、実習の各時期にわたってコンピテンシーが重複することもある。そして、インターン生がすべての段階を進んでいく間に、各々のコンピテンシーはより幅広く、より深いものとなっていく。しかし、インターン実習の各段階において、インターン生とインターン実習のスーパーバイザーの両者が、どのコンピテンシーに焦点を絞るべきかと検討することが望ましい。このようなアプローチによって、とても無理だと思われる課題が、対処可能、達成可能な部分とスキルに分けられ、学生がインターン生に、そしてインターン生が有能な初心者レベルの音楽療法の臨床家に変容していく上での援助となるのである。

参考文献

American Music Therapy Association (AMTA) (1998). *Code of Ethics*. Silver Spring, MD: Author.

American Music Therapy Association (AMTA). (1996). *Professional Competencies*. Silver

Spring, MD: Author.

Boone, P. C. (1989). Future trends and new models for Clinical Training. *Music Therapy Perspectives* 7, 96-99.

Farnan, L. A. (1996). Issues in clinical training: The mystery of supervision. *Music Therapy Perspectives*, 14(2), 70-71.

Gellerman, S. A. (1968). *Management by Motivation*. American Management Association, Inc. New York: Vali-Ballou Press, Inc.

Gilder, J. S. (1987). Trainee distress and burn out: Threats for music therapists? In C.D. Maranto and K. Bruscia (eds.), *Perspectives on Music Therapy Education and Training*. Philadelphia, PA: Temple University. Esther Boyer College of Music.

Greenfield, D. (1978). Evaluation of music therapy practicum competencies: Comparisons of self- and instructor-ratings of videotapes. *Journal of Music Therapy*, 15, 15-20.

Grant, R. E., and McCarty, B. (1990). Emotional stages of internship. *Journal of Music Therapy*, 27(3), 102-118.

Maranto, C. D. (1989). The California symposium: Summary and recommendations. *Music Therapy Perspectives*, 6, 82-84.

Maranto, C. D. (1989). California symposium on music therapy education and training: Summary and recommendations. *Music Therapy Perspectives*. 7, 108-109.

Maranto, C. D., and Bruscia, K. (eds.) (1987). *Perspectives on Music Therapy Education and Training*. Philadelphia, PA: Temple University, Esther Boyer College of Music.

Maranto, C. D., and Bruscia, K. (1988). *Methods of Teaching and Training the Music Therapist*. Philadelphia, PA: Temple University, Esther Boyer College of Music.

Memory, B. C., Unkefer, R., and Smeltekop, R. (1987). Supervision in music therapy: Theoretical models. In C. D. Maranto and K. Bruscia (eds.), *Perspectives on Music Therapy Education and Training*. Philadelphia, PA: Temple University, Esther Boyer College of Music.

National Association for Music Therapy (NAMT). (1994). *Stages of Internship. Clinical Training Committee*. Clinical Training Director workshop handout. Silver Spring, MD: Author.

National Association for Music Therapy (NAMT). (1997). *Competencies Which Appear to be Learned in Clinical Training (Internship)*. NAMT Subcommittee on Professional Competencies. Silver Spring, MD: Author.

Petrie, G. E. (1989). The identification of a contemporary hierarchy of intended learning outcomes for music therapy students entering internship. *Journal of Music Therapy*. 26, 125-139.

Taylor, D. B. (1987). A survey of professional music therapists concerning entry level competencies. *Journal of Music Therapy*, 24, 114-145.

第9章

学生中心のインターン実習スーパービジョン

Caryl-Beth Thomas

芸術修士，上級認定音楽療法士，精神衛生カウンセラー
Lesley大学非常勤職員，コミュニティ音楽センター臨床訓練ディレクター
マサチューセッツ州，Boston

はじめに

　本章では、インターン実習における音楽療法学生の発達プロセスを探究し、理解することをテーマとする。プロセスとは、「ある終わりに向けられた組織だった一連の行動である」（Flexner, 1987: p.1542）と定義づけられている。インターン生の成長が実際にどのようなプロセスをたどるのかということ、そしてスーパーバイザーが一人ひとりの学生に固有な、かつ顕著なニーズに対してオープンであり、その学生特有のニーズにしたがって成長していく上での援助を提供しなければならないということが、本章の焦点となる。プロセスがどのように発展していくかということに対して、スーパーバイザーとスーパーバイジーの各々が自分の期待を抱えながら、スーパービジョンという関係に臨むことになる。このプロセスは、いくつかの点で治療プロセスと共通の類似点を備えているが、しかしこれはあくまでも教育的なプロセスである。スーパービジョンのプロセスと治療的なプロセスを混同しないための、多大な慎重さが必要とされる。スーパービジョンとは、経験者（スーパーバイザー）と彼／彼女に従う人（スーパーバイジー）との間の、相互交流的なプロセスである。Hart（1982）は、「スーパーバイジーの役割の人が適切な専門的行動を習得するように、スーパーバイザー役の人が援助をする継続的な教育」として、スーパービジョンを定義づけている（p.12）。スーパーバイザーとスーパーバイジーの関係は力動的なプロセスである。そこでは、訓練生の学習が進展するために、お互いのパワーと関わりという構造を用いながら、両者の間で個人的な方法で駆け引きが行なわれるのである。この構造が基盤となって、訓練生は知識とスキルを獲得していく（Holloway, 1995: pp.41-42）。

　本章では、インターン実習プロセスの様々な側面、およびスーパーバイザーの役割と責任について検討される。このプロセスは主に、インターン生の個人的および

専門的な成長と、音楽療法コンピテンシーの習得に必要な援助促進に焦点を当てる。

さあ、入って、そこに座って
Gus Cannon と Hugh Woods

　インターン実習のはじめはオリエンテーションであり、音楽療法の訓練における新しい段階に適応していく時期である。学生は現場に入ってこう質問する。「私は今どこにいて、何をしているのだろうか」。この時点では、スーパーバイザーはよく話し合い、インターン生にとってしばしば非常に未知の領域である、この新しい環境に慣れるように援助することが最も効果的である。学校、クリニック、病院、デイ・プログラム、あるいはコミュニティ・センターであろうと、どのタイプの現場にもそこに特有な大原則とも言うべきルールと、そこに関わる人すべてに対して期待されるものがある。そこには多くのルールと規則があり、スタッフ、クライエントあるいは患者、そして学生という理解すべき役割がある。現場における音楽療法の役割が明確にされる必要がある。学生のそれまでの実習における臨床体験と異なる可能性があるからである。各々の現場に特有な音楽療法の位置づけがあり、インターン生は「私はどうやってここに溶け込んでいくのか」ということを知る必要がある。

　インターン生は通常この時点では、自分達の役割に関して不安な思いをしている。彼らは参加者なのか、それとも観察者、あるいはクライエントなのだろうか。新米のインターン生は皆しばしばこのような問いを発するものだが、特に音楽療法のインターン生にとっては難しいものがある。音楽療法士の役割自体がしばしば特異なものだからである。音楽療法のインターン生は、現場におけるほかの学生の訓練生と違うことがよくある。

　スーパーバイザーは、そこの現場とこれからの実習についてできるだけ詳細に学生に伝え、インターン生の初期の不安と懸念を軽減させる必要がある。ある程度まで安心させ、力づけをしなくてはならない。同時に、はじめから全体を通して何が期待されているかという点について、きわめて明確にしておく必要もある。現場の概要とインターン実習の全体的なスケジュールについてある程度情報を伝えることも重要である。それによってインターン生はここでの体験には明確なパラメーターがあることと、実習現場が途方もないところではなく、これ以上の不安を感じる恐ろしい場所でもなく、家にいるかのように過ごせるのだということを理解できるのである。これらの期待ははじめのうち、インターン生に不安を感じさせ、圧倒するかもしれないが、結果として彼らが地に足をつけ、自分たちに課せられた役割を明確にしていく上での援助となる。このような新しい未知の体験に伴う曖昧さを払拭するのである。

　Elaine*は初日に、様々なニーズを持ち、異なった機能レベルにあるクライエン

---

*　すべての名前は、スーパーバイジーとクライエントのプライバシー保護のために変えられている。

ト達から成る、私が担当する四つのグループを観察した。彼女はグループに参加し、クライエント達と一緒に活動していたが、その日一日を通してずっと非常に静かで、ほとんど何のコメントもしなかった。その後私達が一緒になった時に、彼女は涙を溜めて、実習がこれほどハードなものだとは夢にも思わなかったと言った。彼女は色々な人達の名前や音楽を到底覚えられるとは思わなかったし、これほどまでに多様なニーズを抱えたクライエント達と何をすべきかもわからなかった。インターン実習の前に彼女がしていた経験と、ここでの体験がどれだけ違うものかを先ず確認した後で、私達は私が実際にしたことを振り返り、治療アプローチに頻繁に登場する要素について話し合った。私達はまた、私がどのようにして時間をかけて、多くの事例や対象者層と仕事ができるようになってきたかについても話した。そして彼女の準備が整うまで、このように多様なグループを担当することを期待しているわけでもないと伝えた。

　枠組み、指導、援助、これらすべてがインターン生の不安を軽減するための手段である。定期的にスーパービジョンの時間と場所を提供し、インターン生のニーズに最大の注意を払い、スーパービジョンをいかに利用すべきか、することができるかについて理解してもらえるように援助することは、このプロセスの間を通して重要であるが、特に初期において重要である。スーパービジョンのセッションのために明確な枠組みを確立することで、スタートが容易になる。特定の時間的な枠組みとスーパービジョン・セッションの検討事項をあらかじめ用意することは、どちらも重要であり、初期にこのような枠組みを活用することが、スーパーバイザーの役割である。検討事項には、その週のプランと期待されていること、何であれ取り上げるべき問題、将来のミーティングとプランがカバーされる必要がある。初期のスーパービジョン・セッションは主に情報中心で、インターン生が訓練の場、対象者、そこで用いられている治療的アプローチやメソッドに慣れていくためにある。インターン生自身の見方やフィードバックが常に歓迎され、スーパービジョンの一部として取り上げられるようになり、このプロセスが進んでいくにしたがって、彼は多くの質問をするようになる。インターン生の自信が高まっていくにつれて、スーパーバイザーはスーパービジョンで提供されていた枠組みを緩やかにし、インターン生に自立するよう促す。毎週毎週が過ぎていくたびに、インターン生は検討事項への追加をすることを求められ、最終的にはスーパービジョン・セッションの基本的な骨組みに関して自らが責任を負うようになる。

よく見てごらん

Noel Regney と Gloria Shane

　初期のインターン生は、新しい環境に入っていく上で、ある種のアイデンティティを獲得していく必要がある。彼らは専門家でないのだが、そうであるかのように

振舞うことを求められる。これまでの訓練で、彼らは音楽療法について多くのことを学んできたが、まだまだ新米で、しばしば何も知らないかのように感じてしまう。彼らには多くのアイディアがあるが、それをどう使えばよいかということはよくわからない。ある瞬間には有能なセラピストでいられると信じるが、次の瞬間には間違った職業を選んだと思ってしまう。これからの6ヶ月から9ヶ月の間に起こりうる不安を鎮めるための、特定の目的や役割があるはずだということで、少し安心もする。彼らがそのほとんどの時間に何に向かっているのか、何をしようとしているのか、誰と関係を持とうとしているのか、ということを理解するというこのプロセスは、オリエンテーションのプロセスであるだけではなく、観察能力を磨くための理想的な練習の場でもある。

私はしばしば、新しいインターン生に「スポンジでいる」ための1ヶ月という時間を提供し、観察プロセスにどっぷりと漬かってもらう。彼らには何の責任もなく、ただただプロセスの中にいて自分の中に取り込んでいくだけでよいのだ。通常は最初の1ヶ月から6週間というこの時期に、彼らにはできるだけ多くを観察することが要求される。ここで観察するのは、あとでインターン生として過ごすことになるはずの場所であるとは限らない。実習現場や地域の他の施設の音楽療法士および関連領域のスタッフであることもある。彼らにはコンタクトをとるべきリストが与えられ、アポイントをとってこれらの専門家達を訪問し、観察し、一緒に過ごすための時間を設定することが要求される。彼らはまた、そこでの体験を記録しなくてはならない。私は、彼らが実際に起こっていることの中で何を見たのか、できるだけ沢山プロセスのメモを取ることを促し、それとは別に体験したことに対する彼らの個人的な反応も書くことを求める。こうすることで、彼らはその後のキャリアを通じて重要なスキルである、主観的なことと客観的なことを分けるという練習を始めるのである。

スーパービジョン・セッションでは、彼らが観察したことを特定して私に話すこと、そしてセッションがどのように進んでいったかについて話すことを要求する。インターン生はこの情報を報告するのだが、その後で事例を口頭で報告するというスキルを練習するとともに、自分の個人的な体験について話すことができるような話し合いをする。

インターン実習のこの時期は、インターン生が幅広い役割のモデルや、音楽療法士が機能している状況、そして音楽療法士が用いる様々なメソッドに触れるための時期である。彼らはそれまでの訓練でかなりの量の観察をしてきたかもしれないが、インターン生であり、自分達も仕事をするようになるのだというこの段階になって、彼らは別の切り口で観察をするようになるだろうと、私は感じている。

幅広いクライエント層、現場、そして音楽療法のメソッドやテクニックを観察することは、彼らをひるませるかもしれない。同時に、音楽療法のプロセスの神秘性を取り除き、一人ひとりのセラピストが自分の個人的な方法を発見して仕事をしているということを示し、そしてインターン生として彼らもまた自分達の道筋と方法

を発展させていくことになるのだろう、ということに気づく時期ともなる。また、他の人達がどのように自分の道を確立してきたかを体験することで、プロとしてのアイデンティティを育んでいく上での最初の時期ともなりうる。

　しっかりとした観察のスキルは、有能な音楽療法士であるためには必要不可欠である。すなわち、聴く、聞く、見る、識別する、そして事実と感情を分けることができるという能力である。最初にインターン生に、音楽療法の仕事のこの部分に集中して焦点を当て、他の側面については一切考えなくてもよいという機会を提供することで、彼らはこの領域のスキルに自信を持てるようになる。プロセスのこの部分を通して、彼らは音楽療法の多様なアプローチや理念についての明確な理解を育んでいく。彼らは未知の、あるいは疑問を抱くような概念やメソッドに出会うかもしれない。彼らはまた、観察したことから自分自身の治療理念を明確にし始めるかもしれないし、居心地のあまり良くない、あるいは抵抗を覚えるような治療哲学に出会うかもしれない。ここからスーパーバイザーは、インターン生が現場での音楽療法の実践を、どのように理解しているかを知る手がかりを得る。インターン実習前に彼らが主に体験してきた学際的な理解ではないのである。それはまた、臨床上の情報を報告し、見たことを客観的に捉え、クライエントの得意な面と問題となるかもしれない領域を識別するという、その時点でのインターン生の能力を把握するための情報をも提供する。

　この点についてインターン生が話題にする、あるいは、私が彼らにする「何を見ましたか」という質問に対して、答えを出すことが難しい主な領域が二つあるようだ。ここで対象となる最初の領域は、何が実際にセッションで起こったかということである。インターン生はクライエントの様子、およびどのようなタイプの介入と音楽療法のメソッドを音楽療法士が用いたかについて記述する。彼らは、セッションがどのようにして、どこで行なわれたのか、あるいは使われた音楽や楽器、クライエントの参加の様子、音楽療法士の介入と役割、そして時にはこれらすべてに対する彼ら自身の反応について話すかもしれない。

　2番目の領域は、クライエント（達）とのセラピストの実際の関わりについて、あるいはその反対についてである。ここでは、セッションの詳細は重要ではなく、セッションの間に参加者と共にいたこと、クライエント同士の関係やセラピストとの関係に焦点が当てられる。スーパービジョンのこれらの初期の段階は、一人ひとりのインターン生が、セッションの中で何を最も価値あるものとして見ているのかを発見するためにある。音楽療法のテクニックなのか、あるいは彼らが観察した治療的関係とプロセスなのかということである。彼らとこれらの観察について話し合うことで、スーパーバイザーは、特定のインターン生が音楽療法のプロセスに対して持っている考え方の特質や、彼が最も惹きつけられている領域がどこなのかを理解することができるようになる。このようにして分かち合った知識は、スーパーバイザーとインターン生の双方が、早い時期に得意な領域、よく知っている領域、そしてあまり居心地が良くなくて、おそらくもっと探究して伸ばしていかなくてはな

第9章　学生中心のインターン実習スーパービジョン

らないであろう領域を発見する上で有益である。

　Sarahは、非常に才能のある熱心な新しいインターン生だった。彼女は最初の観察で、非常に強烈で否定的な反応を示し、すぐに勉強をする上で正しい選択をしたのだろうかという問いを発した。彼女は、セラピストと同等に、あるいは多分セラピスト以上に音楽的に演奏できたはずだと感じていた。彼女はまた、クライエントと場の設営に関する「セラピストの選択」についても非常に批判的だった。彼女が考える音楽療法として、その場は不適切で生産的でなかった。この学生はしばしば、他の人に対してだけでなく、自分に対しても非現実的な期待と非常に高い水準を掲げていた。彼女のインターン実習が先に進むにつれて、この問題は彼女にとってもスーパーバイザーにとっても、常にチャレンジの元となった。

　もう一人の学生であるEllenは、同じ現場で同じ日に観察をしていたが、いかに難しい状況であったか、そしてセラピストがチャレンジを受け、その場やクライエント達によって制限されていたにもかかわらず、彼らのために音楽療法を提供しようと頑張っていたことを尊敬すると言った。彼女の前向きな考え方は、他の人達と一緒のときも同じだった。しかし、後になって彼女は、制限をすることに関して問題を抱えるようになり、スタッフからの援助や協力が必要な時に、十分に訴えることができなくなった。

　Jeanは、個人セッションとグループセッションの両方において音楽療法士を観察した。彼女は、クライエントとのセラピストの直感的なやり方について話した。その場面を観察することは彼女にとって素晴らしい体験であり、クライエントに対する尊敬とケアに満ちたアプローチに感動したと語った。彼女は、彼女が観察した無条件の尊敬が、彼女の個人的な人生哲学としていかに重要であるかということ、それが彼女の強い面となるだろうが、同時にヒューマン・サービスの領域で働く際にチャレンジともなるだろうと話した。彼女は質問されるまで、セッションの音楽的側面については全く触れなかった。

　Toddは、同じ現場で違う時間帯に同じセラピストを観察し、そこで使われた音楽についてしか話さなかった。セラピストがどのような訓練を受けてきたのか、なぜ特定のコードが使われたのか、音楽の選択の意図は何だったのかといった、多くの質問をした。彼はテクニックとメソッドのみに注目していて、後になっての治療的関係や治療的存在という領域での訓練で、それが障害となった。

スタンド・バイ・ミー

　Ben.E.King、Michael Stoller と Jerry Leiber

　インターン生が、特定のグループ、あるいは個人に割り当てられた通常のスケジュールに慣れてきた頃に、彼らは観察者という役割からコ・リーダーとしての役割への移行を始めることになる。かれらはより一層注意深く観察するようになり、ク

ライエントのニーズをより的確に理解するようになる。通常彼らは、何をすべきか、どのようにセッションを行なうかということに関して、いくつかの自分なりのアイディアを選択肢として持っているが、それらはどちらかと言えば観察者の立場からのものである。

インターン生がセッションで実際に何らかのリーダーシップの役割をとる前に、この積極的な観察者という役割にさらに磨きがかかる。これはスーパービジョンで、インターン生が何を見たのか、あるいは見なかったのか、彼らが参加した中で何を理解したのか、そしてコ・リーダーとしてセラピストと一緒にいかにしてこれらのことに対処していくか、ということに関する、これまで以上に深い議論と検討がされる時期である。彼らは自分達が体験したことについて、客観的および主観的に議論を続ける。見たことや経験したことについてだけではなく、彼らの役割がそこでどのように展開し、どのような形になったのかということについても論じる。これはまた、インターン生が積極的な役割を担うことに対してより大きな自信を持つようになるだけでなく、より上のレベルに移ることに伴う責任と期待とに対する、より大きな不安な気持ちについても話す時期である。

この時点までは、スーパービジョンのセッションは、何が、いかにして、そして誰が見られたのかということと、仕事における彼らの経験についての、いわば「リスト」のようなものだった。ここに至って、外側から見た体験ではなく、内側で起こる治療的な体験について話し始めることが期待されるようになる。インターン生がいまだに、何をして、どのようにしてそれが起こって、誰が何をしたか等といったことを報告することもある。しかし、スーパーバイザーは、彼らがセッションで何を体験したかということだけでなく、彼らがそれをどう解釈するのか、そして彼らがやったのとは別のことをしたとしたらどうだっただろうか、といった質問をするようになる。スーパーバイザーの質問は、「あなたは何を見ましたか」というものから「そのセッションについてあなたはどう考えますか、どんな意味があるでしょうか」というものに変わっていく。これによって、彼らは効果的なセッションに対する自分なりの考え方を持ち、それがスーパーバイザーの考え方とは違っていてもよいのだ、というサポートを得るようになる。それはまた、音楽療法が色々な参加者を巻き込み、インターン生の訓練プロセスが個人に合わせて設定されているのと同じように、正しいマニュアルなどがないプロセスであるというコンセプトを裏付けるものとなる。

インターン実習のこの時期は、インターン生が自分を発見する次の段階であり、彼／彼女の専門的なアイデンティティを確立し出す時期でもある。インターン生は、セラピストとして考えるようになる。この時期に彼らはまた、なぜあることがセッションの中で起こるのか、なぜ特定のテクニックが使われるのか、あるいはなぜセッションがうまくいったのか、いかなかったのかという質問によってチャレンジされるようになる。さらに、彼らは自分達が体験すること、参加することに対してどのように感じるか、ということをより強く意識するようになる。自分達がセッショ

ンをリードしていたとしたら、何をしただろうかとも考え始めるかもしれない。ここで彼らは、スーパーバイザーと同じ方法ではないかもしれないが、最良のセッションをするための自分にとって好ましい方法や直感を積み重ねていく上での土台作りにとりかかり出す。限られた経験しかないにもかかわらず、そして責任をとらなくてもよい状況において、自分なりの工夫をするように要求されるようになり、インターン生は必然的にある種の不安を覚えることになる。彼らは、より多くのリーダーシップをとるために必要な行動を考えるように促される。インターン生がセッションに関わるというこの側面について話し合うことが重要である。彼らの考え、感情、そしてアイディアについて、実際に彼らがコ・リーダーとして機能する前にスーパービジョンで話し合うのである。

　時には、インターン生がコ・リーダーのプロセスを経ないままに、個人やグループを直接担当することもある。できれば、インターン生が一人で担当するようになる前に、コ・リーダーというプロセスを試してみるためのチャンスが与えられることが望ましい。そうすることで、彼らが自分自身のスタイルや哲学的アプローチ、そして好みの方法を確定する前に、ある種のモデリングやサポートを得ることができるからである。

　Donは、豊かな音楽的経歴を持った学生で、特に歌の創作に興味があった。彼は成人の精神障害者の施設で音楽療法士と一緒に働いていて、クライエントが好きなロックンロールやリズム・アンド・ブルースの音楽をよく知っていた。数週間の観察期間の後、彼はセッション中にスーパーバイザーと一緒にギターを演奏し始めた。スーパービジョンでは、この伝統的なメロディと、様々な音量、テンポ、替え歌を用いた演奏に焦点が当てられ、その結果彼はこの音楽を即興的にその場で応用することを学ぶことができた。このスタイルの音楽を治療的に応用することにもっと慣れてくると、彼は質問をするようになり、セッションで使われた伝統的な歌に、自分が歌を創作する時のスキルを加えるような可能性も探り始めた。

　Patは何週間にもわたって現場で音楽療法士と一緒に仕事をしていて、スーパービジョンで音楽のダイナミックスが非常に狭いと思うと報告した。いつも同じ歌が歌われていたが、その歌を歌っても「特にどうなるわけでもない」し、クライエントのためにももはや何の役にも立たないようだと感じていた。彼女はそこで使われる歌をクライエント達が好きだということは知っていたが、同じ音楽をもっと別な方法で使ってみるとか、より治療的に応用できるはずだと思っていた。しかし、彼女にはそうするだけのスキルがまだなかったので、どうすればそのようなことができるのかがわからなかった。彼女はスーパービジョンで私に動きを加えてみることについて話し（彼女は動くことはよく知っていて、大好きだった）、それが私達のセッションにおける音楽的な体験にどんな効果をもたらすかを試してみた。彼女は、現場で使われているいつもの音楽を補足するために、この提案をそこのスーパーバイザーにしてみることになった。結果は、クライエント達にとって成功に終わった

だけでなく、音楽療法士も創造的な動きと音楽というアイディアについてもっと試してみる気になった。

僕を試合に出して、プレイの用意はできている*
John Fogerty

* 編者注：野球がテーマの歌で、コーチとはボスのこと。彼がベンチで待機する人、マウンドでプレイする人を決める。

コ・リーダーの次の段階では、インターン生は実際にセッションの一部でリーダーの役割を担当するようになる。この、より成熟した段階に到達し、セッションでの存在感をいやがうえにも増すようになり、より積極的に参加するようになるということは、すべてのインターン生にとってある程度までは自然発達的なプロセスである。例えば、これまでより大きな声で歌を歌い、より高度な機能を備えた楽器（和声的な楽器やドラム）を演奏するようになるかもしれない。あるいは、声という要素を加えてみたり、反応を返したり、指示を出すことかもしれない。インターン生の発達レベルから見るとまさにこの時点で、このような参加の仕方がいつどのようにして起こるのかを特定することは、不可能であるのは明らかである。一人ひとりのインターン生は全く別のタイプの人であり、彼／彼女自身の成育歴、経験、パーソナリティ、そしてスキルを現場に持ち込んできている。したがって、リーダーシップのスキルをいつの時点で発揮すればいいのか、という時間的枠組みを設定することはできない。何を期待しているのかということと必要なコンピテンシーは、プロセス全体の中で常に明確にされていなければならないが、一部のコンピテンシーは人によって習得するペースが異なり、成長する上で個人差があるのが普通である。

インターン生の個人的なプロセスと成長をこの時点で振り返り、注意を払うことが、スーパーバイザーにとって重要である。インターン生の活動、行動、仕事に対する彼らの思考や感情表現において、彼らがどれだけ自立してきているかを見て、彼らの発達プロセスの援助をどのようにすれば最も良いのだろうか、と考えることが必要である。次の段階に進むというリスクを冒すかどうかは、常にインターン生のイニシアティブとやる気次第なのである。早い時期にとっくに「用意」ができていて、自分で決めて外に踏み出すタイプだが、スーパーバイザーの指導を信頼している学生がいる。一方で、スーパーバイザーが提供するプロセスや枠組みに抵抗してきて、実際の学習や経験以上に自分が先に進んでいるはずだと信じている学生もいる。また、スーパーバイザーからの強い援助がない限り、今いるレベルから先に絶対に進もうとせず、実際に何度も援助され、頑張れと言われないと動けない学生もいる。インターン生の個人的なニーズと、スーパーバイザーが学生にこうなって欲しいと期待している人物像は、特にこの時点で配慮され取り上げられるべき、重要な要素である。その結果スーパーバイザーのアプローチは、一人ひとりの学生に対して全く異なったものでなければならない。インターン生にいつどのようにして、より多くのことを要求してよいのかというスーパーバイザーの選択は、彼らの実習

第9章　学生中心のインターン実習スーパービジョン

プロセスのこの時点でかなり重要なものとなりうる。

　学生の側ではしばしば、彼らがこの仕事をやっていけるのだろうかという、最も大きな不安に直面することになる。彼らの確信のなさや自分に対する疑問の多くが表面に出てきて、スーパーバイザーとインターン生の双方がそれを取り上げて、理解する必要がある。こういった感情は、チャレンジをしている時や不安定な時に現れる自分自身のパターン、あるいは過去の古いパターンにつながる特定の状況と関係がある。インターン生にセッションにより深く関わるようにと促す際に、スーパーバイザーがこのようなことを配慮することは重要であり、インターン生の個人的な問題が仕事上の成果に関わってくる場合には、インターン生がそれと向かい合えるように援助することがスーパーバイザーの責任となる。学生であるインターン生には、実習現場を離れた外の世界で、自分自身の治療を受けて、個人的な問題を発見し、理解し、解決していくように強く勧める必要がある。インターン生に治療を提供することはスーパーバイザーの仕事ではないが、人生経験が彼らの仕事に大きな影響を与えるということを明らかにする上での援助は、確かに必要だろう。

　インターン生の発達のこの段階は、スーパーバイザー自身が彼／彼女にとってのチャレンジに出会う時期でもある。スーパーバイザーは、学生がより大きなリーダーシップの役割を獲得できるように、一緒に歩き、必要な空間を創り出す必要がある。臨床家の一部には、このようなことが苦手な人もいて、セッションを一緒にリードする早い段階で、セッション中に手を出さない、セッションを仕切らないということができない。スーパーバイザーは、いつまでモデルとしての機能を続けるのか、いつ、そしてどのようにして学生のプロセスをサポートするのか、さらにいつインターン生が自分の道を発見するのを許すかという選択を、十分に意識して行なわなければならない。多くのスーパーバイザーが、もがいているインターン生の「救出に」向かうが、その動機がどこにあるかを見極める必要がある。ここでは多くのことに気を配らなくてはならない。クライエントあるいはグループにより大きな利益をもたらすこと、インターン生の成長と発達を最優先させること、セッションをスーパーバイザーが考えたのとは他の方向にインターン生が持っていくことを許す能力、あるいは自分のやり方を貫くことなどが挙げられる。

　Deniseは数週間にわたって、次のセッションで挨拶の歌をやってみないかと言われていた。彼女はセラピストのテクニックを観察することで学ぶことがまだまだ沢山あり、もう少しの間このままでいたいと希望した。彼女はかなりの期間にわたって歌を歌っていたし、彼女のギターのスキルが適切であることをスーパーバイザーは知っていた。必要なスキルが確かに備わっていると認められ、励まされて、彼女はようやく次の段階に進まなければならないという事実に直面することになった。スーパービジョンでのロールプレイで歌を練習する機会を得て、彼女は次のセッションで挨拶の歌をリードすることになった。彼女はこの役目を見事に果たすことができ、実際にやっている間に予想以上に不安でないことに驚いていた。

Bobはそれまで積極的に関わってきたグループで、自分で活動を選んで準備をするという課題を与えられていた。彼は数週間の間、スーパーバイザーがやった通りに挨拶とさよならの歌をリードしていた。自分のアイディアの活動をやる段階になって、彼は時間がなくてまだ準備ができていないと言った。その後のスーパービジョンで、なぜ彼が準備せずにセッションに臨んだのかという点が検討され、スーパーバイザーがモデルとしてやらなかったことを試してみることに対する不安に関係しているとみなされた。Bobは、自分でセッションをリードするだけのスキルがまだ十分に備わっていないと感じていた。彼がまだ不安に感じている領域に踏み込むために、スーパービジョンで新しいアイディアを試してみることになった。彼はそれまでよりはるかに大きなレパートリーとスキルを習得し、その後それらを使ってより大きな責任あるポジションに移ることができた。

スーパーバイザーから何回もフィードバックされたにもかかわらず、Danaはクライエントにとってあまりに難しすぎ、複雑な活動を用意してきていた。彼女は、なぜクライエント達がどんどんと距離を置くようになるのか、そして自分のしていることがなぜ不適切なのかを理解できずにいた。彼女は、クライエント達がセッションで決して成功体験にまでたどり着かないことで苦しんでいた。スーパーバイザーはDanaにクライエントと一緒に特定の活動をするように指示し、後のスーパービジョンで、なぜその活動がクライエントにとっても、インターン生にとっても現実的なものであったのか、という点について話し合った。基本的な治療目標と短期目標を振り返った後、インターン生は、段階を踏んで展開される活動を、簡単な言葉でプランニングすることになった。インターン生は、彼女やクライエントが達成に至る何かを一生懸命やっているという感覚を得るために、常にチャレンジを要するような、難しい活動をする必要がないことを理解するようになった。彼女はこれと同じようなことを自分の人生でも沢山やっていた。

君の代わりなんてどこにもいやしない
Harry Warren と Mack Gordon

インターン生のプロセスと発達におけるこの時点でのもう一つの主要な要素は、音楽療法士としてのスーパーバイザーの能力におじけづくという感覚である。この感覚は、インターン生が自分のアイデンティティを育みながら前に進む上での障害となりうる。学生はしばしば、彼らがスーパーバイザーの水準に達することは絶対にできないと感じ、考え方、言葉、行為、あるいは音楽の面でスーパーバイザーのように優秀になることはないと思う。自分達がスーパーバイザーから評価される、つまり判断される立場にいるというそれほど非現実的でない感覚と相まって、この感覚はしばしば学生を身動きできない状態に追いやり、自身のアイデンティティを育てることを不可能にする。インターン生の成長と早い時期にアイデンティティの確立というプロセスを援助することは、もっとも大きな議論となるテーマの一つで

ある。

　インターン生に、この時期にこの問題と取り組む機会が与えられ、彼らが次第にスキルとそのスキルを応用する中である程度までの自信を得ることができるならば、リーダーとしての役割を担うことになっても十分に能力を発揮するだろう。インターン生が、スーパーバイザーがやったことばかりに注目してきて、自分自身の考えや可能性を通して仕事に貢献するプロセスが承認されたと感じたという体験がない限りは、自分のスキルや成果が自分のものであると認めることはできない。同じように、スーパーバイザーもインターン生のスキルの発達を自分自身の「スタイル」とは違ったものだと捉えて、認める必要がある。そうすることで、スーパーバイザーはインターン生の専門的なアイデンティティ、および音楽療法士としての成長の継続のための援助とフィードバックが提供できるのである。

　もう一つの、スーパーバイザーとインターン生の間で生まれる対照的な力動は、指導者あるいは競争という関係である。一人はケアされることを望み、相手と同じようになりたいと努力する。もう一人はその人との関係に抵抗し、常に相手に「勝つ」こと、あるいは相手より優秀であろうとする。人間関係におけるこれらのタイプは両方とも、インターン生が個性化していく上での動機づけにもなるし、破壊的にもなりうる。インターン生は、スーパーバイザーと同じくらいに、あるいはそれ以上の技術を備えた優秀な人になろうと必死に頑張ろうとするかもしれないし、それが大きな動機づけとなる。しかし、インターン生がスーパーバイザーと「張り合い」、スーパーバイザーと同じくらい優秀であろうとしている時には、インターン生の個人的なニーズや欲求を吟味する必要がある。彼らが目指しているスキルが本物ではなく、間違った目的のために反応している危険性があるからだ。これは特に音楽療法士の場合顕著である。私達の主な手段が音楽であり、音楽を創造して提供することが本来非常に個人的なことであるゆえに、その再生やコピー、あるいは「より良い」と判断されることができないからである。一人ひとりのセラピストの音楽的および治療的存在は非常にユニークであり、比較ができないものなのである。スーパーバイザーは、インターン生が音楽療法士としての自分を発見する旅路における、ガイドおよびパートナーという役割を担うことしかできない。全てのセラピストがクライエントに対して最終的に機能するのと、全く同じ役割である。

　Bobは、インターン実習が進むにつれてセッションの準備という点で進歩したが、計画を立てる上で相変わらず苦労していた。このことについての話し合いで彼は、なぜそんなに難しいのかがわからないが、自分が始めたことに対して「すくんだ状態になって」、続けることができないことがよくあると言った。「あなた（彼のスーパーバイザー）と同じようにしようとしている」ということが彼には明確になってはいたが、それができないということを知っていたがゆえに、何もできないと感じていたのである。「十分に良い」成果が上げられないのではないかという不安ゆえに、彼は自身のやり方で仕事に取り組むことを自分に許していなかったことに気づ

いた。Bobは、十分以上のスキルをすでに持っているとスーパーバイザーに保障され、自分自身のスタイルを確立するようにと励まされた。彼はまた、自分の能力を信じ、信頼する代わりに、誰かの真似をすることで成功するのだという期待について探求していた。

　Paulaもまた、自分のスキルが不適切だと感じていて、スーパーバイザーが同席しない部屋で、自分のセッションをすることができれば、もっと自信が持てるだろうと言った。セッション時のように観察されたり、批評をされたりすることがなければ、彼女はもっと安心して自分自身でいられるだろうと感じていた。彼女は、スーパーバイザーが常にPaulaのスキルを自分のスキルと比較していて、その結果彼女が詮索され、失敗する運命にあるのだと感じていた。彼女は自分にはスキルがあると確信していたが、スーパーバイザーのスキルに余りにも圧倒されていたのだった。スーパーバイザーは、これではインターン生が「何でもいいから適当にやって」しまうことになり、彼女にフィードバックすることも、彼女が何かを学んでいるかを確かめることさえできないと感じた。スーパーバイザーとインターン生の両方で、二人の間の力動が訓練のプロセス上の障害になっているという点で、彼らの仕事におけるこの時点での関係を再評価する必要があった。彼らは、スーパーバイザーがセッションを観察しないということに同意したが、インターン生はセッションの前にプランについてスーパーバイザーと話し合うことになった。その後のスーパービジョンのセッションでは、二人はセッションのビデオ録画を一緒に見直すことにした。

自分の足でここから出る
Leslie Gore および Michael Gore

　インターン生がより自立して機能するようになり、学生のセラピストであるという自分達の役割をより確立した時点で、スーパービジョンにはそれまでとは違った目的が生まれる。インターン生が音楽療法を実践する上で、より強固な自分自身の基準となる枠組みを確立してきた段階で、スーパービジョンのフィードバックはそれほど大きな影響を与えなくなる。この段階で、インターン生は「スーパーバイザーによる全面的な援助なしに生き延びることを想像する」能力を伸ばすのである（Friedman, Kaslow, 1986: p.42）。このシフトは一般的にはインターン実習の半ば頃から起こり、治療に関する決定や選択を自分でし始めるようになると、インターン生が反抗的、あるいは消極的になることがよくある。これはチャレンジを要する時期である思春期と似ている。スーパーバイザーとインターン生は共同で、仕事における彼らの関係をより一層分離させる作業に取り組まなければならない。

　また、この段階になってインターン生は、自分の核となる問題やつまずきのもとである障害を発見し、それが彼らの臨床的な仕事にどのような影響を与えているかを理解し始める。この時期の前には、音楽療法の特定のコンピテンシーやテクニッ

クを獲得し、磨いていくことに主な焦点が当てられていたが、インターン生は今や自分の人生における経験と仕事を統合する方向に向かうようになる。スーパーバイザーは、彼らがこのような課題に取り組めるように、この問題に関するチャレンジをしていかなくてはならない。

　より自立し、自分自身の専門的なアイデンティティを確立するという方向に向かうこの動きは、時にゆっくりと、多くのストレスを伴いながら進むことがあるが、より深い、内省的なレベルでの、音楽療法士としての自分の仕事の探究と議論をする機会を提供する。音楽的なスキル、治療テクニック、介入に焦点を向けることは継続されるが、仕事において別のレベルでの意識がこの時点で生まれてくる。インターン生は、まだまだ多くの疑問と不確かさでいっぱいなのだが、彼らの専門的なアイデンティティの確立というワクワクする作業に向けて動き始める。自分に確信が持てるという力がみなぎるような感じを味わうことがしばしばあるが、プレッシャーを感じたり、インターン実習が終わる前に何もかもを学ばなければならないと思ったりすることもよくある。訓練の終わりが近づいていると実感する時期には、特にそうである。これは統合と大きな期待という重要な時期なのである。

　この時点で、インターン生はクライエントに関する理論と実践の関係について、より深い理解をしている。スーパーバイザーからの指示も以前のようには必要としていない。スーパービジョンのセッションでは、何が起こり、なぜそれが起こったかというリストが余り取り上げられなくなる。理想的には、インターン生は自分の得意な面とニーズを良く知っていて、音楽療法士としてそれを仕事にどのように応用していくかという課題に取り組むことができる。彼らは仕事をする上で難しいクライエントについて話し、それが彼らにとって何を意味するかを検討することができる。音楽的に決まりきったパターンにはまってしまい、そこから抜け出したいと思っても、それが難しいという状況を発見することもありうる。

　特定の音楽的あるいは治療的なスキルの中で、上達しなければならないと知っていながらそれを使ったことで、クライエントから大きな挑戦を受けることもあるだろう。インターン生にとって常に難しい特定の領域やクライエントがあり、この時点ではまだ十分な準備ができていないことを理解するようになるかもしれない。彼らの人としてのアイデンティティが、セラピストとしてのアイデンティティと一致していることに気づき始めるかもしれない。

　Jennyは、何ヶ月にもわたって高齢のクライエントのグループで仕事をしてきて、音楽療法のセッションで、彼らに有意義な体験を十分に提供していなかったと感じていた。グループは「どんよりと」していた。彼女は、クライエントがまだグループに参加して、改善を示していると話したが、彼らが退屈していていつも「同じ古臭い歌」を歌うことに飽きているに違いないと感じていた。これ以上の進歩をはかる上で、新しい活動とテクニックをこのグループに導入する必要があると、彼女は確信していた。スーパーバイザーは、このインターン生は音楽的に優秀な仕事をし

ているし、グループにエネルギーが足りないのではなく、学生のエネルギーが足りないのだと感じた。したがってスーパービジョンの焦点はJenny自身の、音楽に興味がなくなり、退屈しているという感情に向けられ、彼女がこのように感じると、クライエントの経験を客観的に見られなくなるという点がテーマとなった。はじめのうち彼女はこのアプローチに非常に抵抗したが、彼女は時にクライエントのニーズではなく、自身のニーズによって彼女の動機と選択が左右されることを理解するようになった。この対象者層に必要な音楽のスタイルとそれを繰り返すことは、彼女自身の音楽的な好みからは程遠いものであったが、音楽のスタイルではなく、クライエントの反応にもっと注意を向ける必要があることに気づいた。

George はスーパービジョンで、彼のインターン実習の個人とグループでのセッションで「行き詰まっている」と話した。彼はまた、仕事が何となくだれてきていて、自分が有益でないとも感じていた。セッションでの彼のスタイルは指示的で、彼がクライエントの援助になると思って立てた治療計画に沿って選択をしていた。最近になって彼は、クライエントが抵抗を示すようになり、全体的に参加度が落ちたと感じていた。セッションにおいて、クライエントのその場でのニーズやリクエストに応じて選択をすることについて質問されると、Georgeは自分の計画から外れることに不安を感じると答えた。セッション計画を放棄することで「すべてがバラバラになる」という不安があったゆえに、彼はそれにしがみついていたのだった。このようなセッションについて話し合ううちに、音楽を一緒にする中でクライエントともっと触れ合い、お互いを感じ合うということを彼が許していなかったことに気づいていった。「すべてをコントロール」し続けなければいけないという彼のニーズと、「失敗は許されない」という考え方がその背景にあった。彼は、状況が彼の手に負えなくなってくると不安になるという彼の人生の他の領域に、このことを関連付けられるようになった。スーパービジョンにおいて、私達は失敗というものがない即興演奏を一緒にすることで、大きなリスクを冒すというテーマに取り組み始めた。Georgeにとって、音楽やクライエントがどこに向かうかわからないまま、それでもグループにおけるリーダーシップを維持できると感じる体験をすることが重要だった。

そして今終わりが近づいている……
Paul Anka

インターン生が彼らの訓練の最終段階に達すると、彼らは自分達の得意な面と弱点とをより強く意識するようになり、抵抗することなく、より前向きに改善が必要な領域に注意を向けることができるようになる。インターン生とスーパーバイザーの間で、彼らの仕事に関する印象、体験や情報をより多く共有するようになり、スーパービジョンの関係はそれ以前の時期以上に協力的なものとなる。インターン生は自分自身の治療スタイルを、より一層確立するようになり、この重要な体験の終

結に向けて、仕事における彼の個人的かつ専門的な統合作業を継続する。クライエント、現場、そしてスーパーバイザーとの終結のプロセスというインターン生の体験は、しばしば深いものであり、特異でユニークな体験である。ほとんどの学生にとっては、それまでの彼らの訓練で、このように長期にわたるものがなかったからである。彼らの仕事を再吟味することは、彼らが大きな進歩を遂げた領域と、今後も取り組み続けなければならない領域を明らかにする上での援助となる。スーパーバイザーとの関係は、より同僚との関係に近いものになり、インターン生はこの終了の時期において、しばしば特別なサポートとフィードバックを必要とする。彼らが音楽療法士としてクライエントと働いたことの影響を明確に理解することは、最も貴重な体験となる。音楽療法士として、そして他の人達と関わる人間として、この仕事と人間関係が彼らに与える影響を、一つの全体として統合し始めるのがこの時期である。クライエント、スーパーバイザー、教師、コ・ワーカー、あるいは音楽であろうと関係なく、すべての関係がこのプロセスと時間の流れのなかで発展していくことを、彼らは理解するようになる。だからこそ、彼らがこのプロセスを終了し、別れを告げることができるように、適切な時間と空間を与えなければならない。

　インターン実習の最後の数週間において、インターン生とスーパーバイザーの双方にとって、過去6ヶ月から9ヶ月の経験を評価することに、多大な時間を費やすことになる。この相互交流に支えられた音楽療法の体験と訓練というコースの、あらゆる側面において起こったプロセスを振り返る時期なのである。クライエントの進歩、およびインターン生、実習現場、スーパービジョンでの体験に関する最終評価が行なわれる。ほとんどのスーパーバイザーは、この時期を何らかの形で自身の評価をするための重要な時間であるとも考える。インターン生との彼らの役割を振り返り、この特別なプロセスを自分のためにも終了し、次の時期の次のインターン生に備えるために行なうのである。

　スーパービジョンのプロセスは、重要な学習や知識の獲得が多くのレベルにわたって起こるプロセスである。指導、アドバイス、モデリング、相談、援助、分かち合いをしながら、この旅のいくつもの段階を一緒に通り過ぎることで、インターン生とスーパーバイザーは共同作業を通して、自分自身と自分の仕事について深い理解を得ることができる。それは、個人的にも専門家としても成長し、発達していくための機会を提供する。特に、この二人の人間の行動、感情、考え方、知恵、および音楽という、尊敬に満ちた協力的な努力によって支えられた仕事が、このような機会を提供するのである。

謝辞

　過去15年にわたって仕事をしてきた音楽療法の学生達に感謝したい。一人ひとりが、仕事に対するその人の人生体験の価値、そしてそれが彼／彼女をいかにして専門家として形成していくかを、私が理解する上での援助となった。この集合的な

体験こそが私にとって最も偉大な学びの源泉であり、一つひとつのスーパービジョンのプロセスを、ユニークなものとして尊敬する必然性を明確にしてくれた。この仕事に貢献してくれたことに対して、私はすべての学生に感謝の意を表したい。

参考文献

Anka, P. (1969). "My Way." C. Revaud and C. Francois (original French lyrics and music). New York: Spanka Music Corporation.

Cannon, G., and Woods, H. (1930). "Walk Right In, Sit Right Down." New York: Peer International Corp.

Flexner, S. B. (ed.). (1987). *Random House Dictionary of the English Language* (2nd ed.). New York: Random House.

Fogerty, J. (1985). "Centerfield." New York: Warner Brothers Publishing.

Friedman, D., and Kaslow, N.J. (1986). The development of professional identity in psychotherapists: six stages in the supervision process. In N. J. Kaslow (ed.). *Supervision and Training: Models, Dilemmas, and Challenges*. New York: Haworth Press, inc.

Gordon, M., and Warren, H. (1942) "There Will Never Be Another You." New York: Morley Music Co.

Gore, L., and Gore, M. (1980) "Out Here on My Own." New York: EMI Music, Inc.

Hart, G. (1982). *The Process of Clinical Supervision*. Baltimore, MD: University Park Press.

Holloway, E. L. (1995). *Clinical Supervision: A Systems Approach*. Thousand Oaks, CA: Sage Publications, inc.

King, B. E., Stoller, M., and Leiber, J. (1961). "Stand By Me." New York: Progressive Music Publishing, Inc.

Regney, N., and Shane, G. (1964) "Do You Hear What I Hear?" New York: Regent Music Corp.

第10章

グループ・スーパービジョンにおける創造芸術

Trudy Shulman-Fagen

芸術修士，認定音楽療法士，精神衛生カウンセラー
Lesley大学非常勤職員
マサチューセッツ州，Cambridge

はじめに

　実習現場から離れた大学内で行われるグループ・スーパービジョンは、学生からセラピストへと成長していくための豊かな猶予期間であり、大学側の厳格なカリキュラムと並行しながら、専門家としてのアイデンティティが形成される土壌でもある。一連のピークとも言うべき成果（評価、試験等）を含む訓練の一環、および合間の休暇期間が、トレーニングに心地良いリズム感を与え、時にはスーパービジョン・グループを形成する。治療的プロセスの段階はしばしば、大学側からあらかじめ決められた実習やインターン実習のモデルによって影響を受ける（例えば、「これはあなたのインターン実習の3ヶ月目です。あなたは四つのグループと数人の個人セッションを担当しなければなりません」とか、「5月ですね。終了の時期です」）。大学という枠組みの中では、学校側のスケジュールに合わせながら、治療的なリーダーシップのスキルを伸ばすというように、スーパーバイザーと学生によってバランスよく活動が進められていく。現場や実習機関においてよく練られたプランがあるにもかかわらず、学生の「成熟度」は臨床現場やヘルスケアのシステムの複雑さにそぐわないこともありうる。

　スーパービジョンでカバーすべきことは多く、臨床的なスキル、転移の問題、専門的なアイデンティティの形成、芸術の応用とレパートリー、病理と医学システムの理解、他職種との連携、リーダーシップ能力の向上、そして治療という「ビジネス」に入り込むこと（マーケティング、求職活動、助成金の申請、職場の内部研修の提供等）が含まれる。言い換えると、現実的には一生涯かけて向上させるべき臨床的技能および専門家としての判断力を、数学期という期間に獲得することが、学生に期待されているのである。

　本章では、毎週3時間の音楽療法スーパービジョン・グループの発達段階を紹介

する。学生は様々な現場でのインターン実習を終了する予定である。このスーパービジョン・グループは、インターン実習現場の音楽療法士による毎週の現場での個人スーパービジョンとは別に、大学内で行われる。スーパービジョン・グループはインターン実習と大学での他の授業と並行して、2学期にわたって提供される。

スーパービジョン・グループの概要

スーパービジョンの人間関係とスーパービジョンのミーティングの間に、明確な境界線を設定することが有益である。スーパービジョン・コースの概要を提供すること、学際的および書式によって期待されていること、クラスへの参加における必要事項、読書の課題、出席、および宿題（個人的な日誌および専門的な記録を含む）といった技術的なテーマを取り上げることが考えられる。さらに、スーパービジョンのミーティングのはじめと終わりのための創造的な儀式が、スーパービジョン体験を形成する上で役に立つ。

スーパービジョンのセッションにはいくつもの要素が含まれている。「チェックイン」と呼ばれるセッションのはじめの時間があることで学生は、彼らのインターン実習の現状を検討する場を確保することができる。チェックインの後にはしばしば、理論的な問題を中心に取り上げる講義が続く。これには、治療スタイル、治療計画、向精神薬のレビュー、あるいは病気に関する新しい理論や発見が含まれる。スーパービジョン・グループの最後のテーマとして、クライエントの臨床的な問題、あるいは大学でのスーパービジョンにおける問題に取り組むために設定された音楽的、芸術的な体験に焦点が当てられる。

インターン生とスーパーバイザーの役割は、臨床訓練の開始時に明確にされていなければならない。学生の役割は臨床的スキルを向上させ、病気に関する情報を収集し、音楽的なレパートリーを広げ、ヘルスケアのシステムを理解し、専門家としてのアイデンティティを形成し、スーパービジョンの活用方法を学ぶことである。学生は、臨床現場で必要だと思われる専門的、および時には個人的なリスクを自ら進んで負い、リーダーシップのスキルを向上させ、自分自身の問題をいったん脇に置いて「傾聴する」ことを学ばなくてはならない。一緒に働くコ・ワーカー、スーパーバイザー、クライエント、現場で遭遇する病気の数々、そして彼らが働くシステムに関して生まれる転移についての気づきも、明確にされなければならない。動機の純粋性について検証され、共感が育まれ、治療において創造芸術を応用する能力を伸ばす必要もある。学生達は失敗をし、そこから進んで学ぼうとしなければならない。彼らは自分自身をいたわり、自分の能力を知り、自分のペースおよび成長する上でのスタイルを大切にしなければならない。かれらは自分の声を発見し、自分の声を知り、たとえ声を使うには適さないような芸術療法の環境においてさえも、自分の声を使っていかなければならない。

学生が上に述べたようなスキルとセラピストとしてのありようを育んでいくための、豊かで安全な環境を提供することは、スーパーバイザーとしての私たちの責任である。スーパーバイザーとしての私たちの仕事は、学習、臨床的な創造性、そして専門家としての道すじをたどる上で必要な地図を創り出し、それを維持することである。熟達したセラピストとしての訓練には、倫理的な問題も含まれる（Malchiodi, Riley, 1996）。私たちは、スキルの習得に焦点を当てると同時に、学生の意識を高めなくてはならないし、スーパービジョンとセラピーの境界線を引く必要もある。また、大学のプログラムのアドバイザーと臨床現場のスーパーバイザーとの関係のバランスをとり、調整し、三者関係のプロセスを生み出さないように注意しなければならない。同時に、学生をサポートし、共感し、尊敬して、指導しなければならないのである。

　私たちは、個人およびスーパービジョン・グループの力動的なプロセスを大切にしながら、臨床現場と大学の両方の期待に応えなければならない。リードし、そしてフォローするのである。介入し、促し、傾聴し、待ち、落ちる瞬間を捕まえ、あまりにも太陽の近くに飛んでいく危険があるときには引き戻さなければならない。学生が自分で発見できるように、「知らない」ふりをする必要もある。「十分に良い」状態をモデリングすることもあるし、創造的な芸術のプロセスを提供して、学生を刺激し、動機づけることもある。私たちは、「箱」の中が何かを知らなければならず、その外側から考える。私たちは、軽やかに進むべき時と、前に向かってプッシュしなければならない時がいつなのかを教え、モデルを提供する。パワフルな体験はどれもそうなのだが、学習という聖域を提供するための入り口と境界が用意されなければならない。スーパービジョン・グループが彼らの創造的な学習プロセスに対して自ら責任を負うように援助することが、安全を提供することになる。

　音楽演奏と芸術を通して、私たちには創造的な言語という贈り物が与えられる。創造的なプロセスに没頭することで、私たちの専門家としてのアイデンティティの意識が深まる。芸術の有用性をモデルとして示し続ける上で生まれるテーマやチャレンジに取り組むプロセスにおいて、芸術を応用することは私たちスーパーバイザーに課せられた義務である。

　スーパービジョン・グループのプロセスには無数の要素が存在する。たとえばグループ・メンバーの様々なパーソナリティや成熟度、大学のスーパーバイザーのスタイルとスキル、臨床現場のスーパーバイザーのスタイル、そしてこれらが学生にどのようにマッチするか、さらに臨床経験における日々の浮き沈みがある。潜在的なスキルと不安感がインターン実習のストレスの中で生まれる。私たちにとって最高の、そして最悪の瞬間は、個人的にも、他の人と一緒の関係性の中にもある。これは非常に傷つきやすく、かつ学びのための大きなチャンスとなる時間なのである。

グループ・スーパービジョンにおける発達段階

　大学内での、創造芸術のインターン実習スーパービジョン・グループは、連続した三つのレベルに分かれる。個人の専門家としての成長、スーパービジョン・グループにおける集団力動の発展、そして一般的な臨床スキルの習熟である。その後に、グループとしての発達における4段階が続き、グループ・プロセスの各々の段階、および上記の様々なレベルに合わせた芸術的な体験が用意される。

第1段階——器を作る（building the container）

　スーパービジョンが順調に進むためには、グループの個々のメンバーにとって「グループ」の発展が実際に存在するもの、そして安全なものとして確立される必要がある。学際的な面では、明確な期待と専門的な境界を設定するために、インターン実習の責任における重要なポイントを確認しなくてはならない。これには学際的な基準だけでなく、スーパービジョンとセラピーの明確な区別化も含まれる。

　器を作るとは、内面的には治療空間を発達させるために自己の内を探究するプロセスを意味し、外面的には実習現場における治療空間を創造することを意味する。創造的な芸術体験は自己探索の機会を提供し、初期の段階における器作りに影響する問題を識別する上での援助となる。最初の数週間における発達に関するテーマとしては次の点が挙げられる。

　「セラピストとしての私は誰だろう。スーパーバイザーとの関係はどのようなものになるのだろう。現場のスーパーバイザーは私に何を期待しているのだろう。彼らの期待に私は応えることができるだろうか。私の音楽的スキルは十分だろうか。何をすべきかわかるだろうか。私のスーパーバイザーは私の感情を受け入れてくれるだろうか。多くのことを学ばなくてはならないことはわかる。その準備が私にできているだろうか。私はこのスーパービジョン・グループでどこにいるべきか。このグループから私は何を期待できるのだろうか」。

芸術体験の例

［つながりを持つ］（making the connection）

　即興演奏の分析的、物との関係性、人との関係性のモデルが、つながりを確立していくプロセスの検証に有益である*。つながりは内的に築かれることができるし（人がどのように感じているか、それらの感情がその人の過去の体験に根ざしたものであるかということに気づいていく）、あるいは表面に現れるかたちで築かれることもできる（人が楽器とどのような関係性をもつのか、グループの他の人達とどのように関わるかということに気づいていく）。

　このことを探究するために、学生達に打楽器、ギター、ピアノを用いて即興しながら、つながりを見つけることを促してみよう。即興の後、学生達に彼らが内的および外面的につながりがどのようなものだったかについて、質問してみよう（自分

*　Horney, 1993; Jordan, Miller, Striver, Surrey, Kaplan, 1991; Winnecott, 1992.

自身に対して、楽器に対して、お互いに対して)。何がつながりを築いていくうえで容易だったか、あるいは困難だったかについて考えることを促してみよう。彼ら自身、あるいは彼らのクライエント達がつながりを築いていく上で難しいときに、どんなアプローチの方法をとることができるかと議論してみよう。学生達の普段の生活のなかでのパターンについて考えることを促してみよう。通常彼らはどのようにしてつながりを持つのか、そして深くつながったと感じるのはいつなのだろうか。彼らの臨床現場でのスーパーバイザーやクライエント達とつながる上で、何が援助となるだろうか。このプロセスにおいて、楽器はどのような機能を持っているのだろうか。

　グループがこれらのテーマを検証していく際、彼らの返答が「私は……」という形式をとることを勧めよう。そして他の人達の反応を解釈することは避けるようにと伝える。グループのメンバーがつながりを持つことができなかった場合、そのメンバーがつながりを築けるような創造的な芸術を応用して援助できるかどうか考えてみよう。人とつながることができないという感情は時々起こるものであり、これは普通のことだが、それについて探究する価値はある。

　臨床的な局面を議論のテーマにすることは重要である。「もしもあるクライエントがつながりを築くうえで問題を抱えているとしたら、何が起こるか」といった質問をすることができる。時には、依存的な関係や薬物依存などにおいて、状況から切り離しておく方がクライエントにとって好ましい場合もある。つながりの欠如を検証する際に、グループのプロセスをバラバラに分解する必要はなく、むしろグループの凝集性を高める可能性について確認することが重要である。他に次のような質問が考えられる。

　「グループの一員になるということは、何を意味するのだろうか。あなたが精神疾患で苦しんでいるとしたら、グループの一員であるということはどんなものだろうか。クライエントがグループの一員でいることを希望しない場合はどうだろうか」。

[器を作る]
　これは、学生が臨床家として創り出したいと思う治療的な空間や文化、および彼らがクライエントのために提供したいと願う治療的環境を明確にしていく上での、援助のプロセスを意味する。器作りに適した芸術体験として、ユング派の共時的スタイル (synchronicity-style) のドラムサークルが挙げられる (Diallo, 1990; Jung, 1981)。グループのメンバーが単純なリズムでスタートし、その演奏を音量やテンポなどの視点から検討してみよう (例えば、中東、アフリカ、あるいはラテンのリズムを試してみる)。リズムのパターンが器にどのような影響を与えたかについて議論してみよう。器作りに有効だったろうか。圧倒的過ぎただろうか。

　他の例としては、グループ・メンバーが自分の心拍と一致させて演奏を始めてみることが挙げられる。一人ひとりのリズムが安定したら、そのリズムをグループと

一致させるよう促してみる。そこでの体験について議論する際に、次のような質問をしてみよう。

「このようなタイプの体験は、あなたのクライエントにとってはどうだろうか。グループと一致するということのマイナスの面は何だろうか」。

セラピストとしての「私たち」とクライエントとしての「彼ら」という面に焦点を当ててみること、そして器の一部としてはそのどちらが可能なのか、という点について議論することから、興味深い洞察を得ることができるかもしれない。

[器を柔軟にする]

器がいったん出来上がった段階で、学生達は器の柔軟性を検証することができる。これは、内的および外的な治療空間の変化と適応というプロセスを意味する。動きの体験はこの探究において特に有益である。輪になってゴム製のストレッチバンド、あるいは筋感覚を意識できるような他の素材を使いながら、学生達にグループを大きく、あるいは小さくするよう促してみよう。メンバーの一人が動きを開始し、その後で他の人に回していくこと、結果的に全員が順番にこの動きの体験ができるようにしよう。器としてのグループの拡大と縮小をどう感じたかについて議論してみよう。次のような質問で検証してみる。

「誰かが動きをスタートしたことについてどう感じたか。クライエント達はこのようにお互いの動きを起こしていくだろうか。誰かの動きを引き継ぐことは病理的なことだろうか。誰かを引き継ぐということは、いつ有益だろうか」。

課題にテーマが与えられる真正な動き（Starks Whitehouse, 1999）は、個人レベルの器というコンセプトを探究するために使われることができる。二人一組になり、学生の一人が動きながら彼の内的治療空間の形と質感を探究する間、もう一人の学生はそれを見守る。二人の学生は動きながら、あるいは見守りながら体験したことについてまず二人でシェアし、続いてグループ全体とシェアする。

学生達はまた、彼らが描く器の概念を粘土や他の素材を使って造形し、特に彼らの注意を、彼らがイメージする治療空間に向ける。次のようなテーマを探究してみよう。

「セラピーのために私はどのような空間を私自身の中に創造できるだろうか。私の器を満たすのはどんなものだろう（治療的なテーマ、転移）。いま私はどれくらい抱えきれるだろう。私はもっと空間を創り出せるだろうか。私の器に容易に入れる入り口があるだろうか。強化を必要とする場所があるだろうか。強固な印象を与える場所がそこにあるだろうか。この器は柔軟すぎるだろうか」。

この演習に取り組み、先に進んでいく上でしばしば多くの時間を費やすことになるが、スーパービジョンのコースのなかで効果的に取り上げることができる。私たちの治療的な器を吟味し、その形や容量が時間の経過とともにどのように変化するかを知ることが重要である。

音楽サイコドラマは、器を探究する上で効果的なもう一つのテクニックである。

二人一組になった学生の一人は、動きと音楽を用いながら器のコンセプトを演じたり、具現化したりする。パートナーは「ダブルキャスト」の役を担当し、同時にこの探究について説明したり、声を加えたりする。彼らが動きと音楽の体験から学んだこと、そしてパートナーがその体験を言葉で表現したことから学んだことについて、二人だけで、そして大きなグループの中で話し合ってもらう。

第2段階──器を満たす

つながりを維持する能力を探究するために、スーパービジョン・グループに安全を提供することが重要である。安全とつながりというテーマは互いに並行している。学生達は彼らのクライエントのために、抱えの場を創造することを学ばなければならない。

セラピストとして私たちは、つながりと関わりを創り出すための私たちの能力と方法を磨き、そして私たちが治療的な抱えの場に持ち込む個人的な問題を詳細に検証する。私たちが治療的な人間関係に持ち込むものが、そのプロセスにおいて効果的なものか、あるいは臨床的な意図を曖昧にしてしまうものかを分けることが重要である。私たちは、何が私たちの器の中にあるのか、それを使うのか否か、使うのならばどのように使うのかということを知る必要がある。抱えの場を創り出す際の個人的なスタイルは、他の学生との関係やクライエントおよび私たちが働く様々なシステムにおける関係という視点でもって、個人的および専門家としてのレベルから探究される必要がある。

芸術的なテクニックと構造の例

治療における関係性のテーマを検証する上で、Karen Horney（1993）の研究を応用することが有益である。彼女は私たちに関係性という方法の局面を提供してくれる。彼女は、人間関係において他の人「に向かって」「に逆らって」「から離れて」関わることを提案している。健康な人に備わっている方向性のスタイルは、その場の状況によって変わる（例えば、嚇かされるような状況では人はそこ「から離れ」ようとする）。より深く、より親密な関係においては、方向性が流動的であり、同時に複数の手段が用いられる。例えば、思春期の子どもを健全に育てる場合、私たちは愛情をもってその子どもに向かって自立を促し、尊敬と信頼でもってその子から離れる。あるいは、禁止令を出して責任を伴う愛のかたちを表現しながら、行動上の制限を設けることでその子に逆らったり、立ち向かったりする。この方向性というスタイルに流動性が欠けると、しばしば病理的なものが現れてくる（緊張型統合失調症の人のように、いつも「離れる」という方向性のスタイルをとる）。方向性の流れを調整する能力の欠如、および人との関係に対するニーズの欠如は、しばしば機能不全の家族に見られる（不健全な情緒的な密着、依存、虐待など）。

音楽と動きの即興を、このHorneyのレンズを用いて探求することが、学生にとって有益だろう。即興は、学生の人との関係における方向性のスタイルと機能がど

のようなものかを明確にするデータを提供する。打楽器とメロディ楽器を使ってつながりを発見し、それからその場を維持するための抱えの場を学生達に創造してもらおう。その後で、学生達が体験したつながりを検証するが、それには他の人とつながりやすかった場面や難しかった場面が含まれる。彼らがどのようにして抱えの場を創造したのかについて検証し、彼らの臨床現場におけるつながりと抱えのパターンに関連づけていく。

　逆転移の問題も関係性のスタイルでもって探究できる。適切な専門家としての境界線は、時にはその場から離れる方法をとることを勧めるし、現場での要求も関係性の方法を示唆する。学生と臨床現場の間、あるいは学生とスーパーバイザーの間の交渉を、関係性というスタイルで行うことも、即興と議論でもって強化することができる。

　このような体験から生まれる音楽を検証する際、特定の音楽的なデータを解釈しないことが重要である。ドラムのたった一打で関係性のスタイルを示すことはできない。そうではなく、音楽の色々な要素を使って探究していくのである。例えば、次のような質問ができる。

　「John、このグループの即興で気づいたのだけど、あなたは少しの間Janeと同じリズムを演奏していたことを、覚えている？　この体験はあなたにとってどんな感じだった？　あなたが前から知っていた感じ？　あなたにとって良い体験だった？　あなたのクライエントとは、この関係性のスタイルをとっているの？」

　グループの他のメンバーに対して次のような質問をすることもできる。

　「Jane、Johnがあなたと同時にリズムを打っていたのに気づいた？　グループの他の人で気づいた人はいる？」

　Horneyのスタイルによる動きの即興は、音楽でも同じようにできる。学生達は彼らと他のメンバーから生まれる、ある動きのパターンに気づく。このような即興は動きだけで、あるいは音楽と組み合わせて行なうことができる。

　関係性という局面は、家族のパターンにも見られる。つながりを生み出し、それを維持することで、私たちは両親、子ども、成人の役割を演じることができる。Horneyのモデルと同様に、健康な人は状況の変化に応じて流動的な方法で反応する。関係が親密であればあるほど、そこで使われる手段は複雑になる。機能不全あるいは非効率的な関係が、しばしばこのモデルによって容易に明らかにされる。例えば、結婚して大人対大人として決して向き合うことなく両親になってしまうカップルや、依存症で苦しむ家族において、子ども達が両親の役割を引き受けざるを得ない場合である。

　音楽と動きの即興によって、音楽と動きのプロセスで直接生まれる関係性の方法へのアクセスが可能になる。これらの方法を大げさに、あるいはその反対のやり方で使ってみるのも興味深い。例えば、学生がクライエントやグループのメンバーに対して、しばしば親のような態度で接していると発見した場合、子どもっぽい即興

をしてそれまでとは違ったスタイルの交流を体験してもらうことができる。この状況は、自分よりはるかに多くの人生体験をもったクライエント達と仕事をする若い実習生が、自分を発見する時に最も明確になる。転移と逆転移の問題が圧倒的な力を持つようになり、インターン生は身動きがとれなくなる。これらの問題は芸術のプロセスで探究することが可能であり、特定の力動と変化のための方法についての個人的な洞察につながる。

　関係性という概念を探究するために、学生達に音を出さないで部屋の中を歩きながら、お互いに挨拶を交してもらおう。彼らは出会い、動きや仕草、そしてエネルギーを交換し合い、短い出会いを終え、グループの全員と出会うまで、次のメンバーへと移っていく。この体験について、次のような質問をすることができる。

　「あなたの体のどの部分が誰かに挨拶するために開くと感じたか。どのような方法で私たちは意識的に、あるいは無意識のうちに閉じているだろうか。スーパービジョンで取り上げたいと思うような、あなたの臨床の場で他の人と関係を持つ上で、あなたの能力に影響を及ぼす感情的な障害物があるだろうか。これらの問題は、あなたの治療的な器と空間を抱えていく上で、どのような影響を及ぼしているだろうか。性別に関してどんな問題があるだろうか」。

　関係性をさらに探究していきながら、学生達は内側と外側にいるという体験に焦点を当てることができる。これは、治療的関係、スーパービジョンでの関係などの内と外にいるということを意味する。学生に二人一組になって透き通ったスカーフを持ち、その動きを通して内と外の両極を体験してもらう。動きをサポートし、抱えるために、録音された音楽を使うことができる。使われる音楽によって、全く違った音の世界がこの体験のために創り出される。例えば、Carlos Nakai のアメリカ原住民の音楽は、バッハのブランデンブルク協奏曲とは違った空間と器をこのプロセスのために創り出す。次のような質問をしてみよう。

　「プロセスの外側にいるというのはどんな感じだろう。どちらの方があなたにとって居心地よかっただろう、内側か、それとも外側か。内側にいる、あるいは外側にいるということは、あなたのクライエント達にとっては何を意味するだろうか」。

　人を理解するためのモデルとして、Thomas Szasz（1984）の理論にのっとって、探究する際に生まれる体験の継続線上における両極というコンセプトを応用することができる。継続線上の一方の終わりが堅固で固定された境界を表し、もう一方には境界がないという境界線と言う概念は、通常は学生と探求する上で豊かな結果をもたらす。この体験では、学生に最大8名までの小グループになってもらって、音楽的な境界線を探ってもらう。彼らに継続線上の両極を探究させ、そしてどちらの極の方が居心地がよいか感じさせよう。即興の後で、内的および外的な境界線についての体験を検証させる。境界線がシフトしたかどうか聞いてみよう。彼らの個人的な境界線という感覚を探究してもらおう。精神疾患や機能不全な家族のなかで苦しんでいる人にとって、この境界線というテーマがどのような影響を及ぼしうるの

だろうか。

第3段階——個性化、治療的な声の発見

　スーパービジョン・グループが発展していくとともに、学生達は自分達の新米セラピストとしての役割を明確化するようになる。臨床現場のスーパーバイザーとインターン生の間でも同様のことが起こる。健全な関係では、指導しているスーパーバイザーは、グループでのリーダーシップを徐々に学生とシェアし、それから学生に任せるようにして、インターン生の個性化を促していく。これは常に順調に展開するプロセスではなく、この個性化というプロセスで生じる多くの問題が、創造的なプロセスのなかで扱われることができる。芸術の構造が、学生達に自分自身の治療的アイデンティティを築くための場を提供し、スーパーバイザーはこのプロセスをサポートするために、さらなる手段を与える。学生の表現とコミュニケーションのスタイルをより一層理解し、強化を必要としている部分を明確にし続けるためにこの機会があり、学生にとってもスーパーバイザーにとっても価値あるものである。

芸術的なテクニックと構造の例

　呼吸の応用に焦点を当てた体験は、学生が彼らの周囲から取り入れ、外の世界に向かって吐き出していくものを探究する上で有効である。影響を受けることと、他の人にどのような影響を与えるかを学ぶという、この二つのバランスは、学生が自分達の声を発見し、あるいはセラピストとしての自分のスタイルを発見するための一部を成す。このような体験のいくつかは不安な学生を安心させ、健全な個人としての感覚を養う上での援助となりうる。ヨガのエクササイズは、セラピスト達に数多くの呼吸法を教示する。以下に紹介するのは、無数の身体に関する知識のほんの一端に過ぎない（Lee, 1997）。

　学生達に、鼻で息を吸い、10から1へと数字を反対に数えながら、口からゆっくりと吐き出してもらおう。息を吐くときに、呼吸の音を聴くようにしてもらう。息を吸うときには、体のなかの緊張と弛緩に気づいてもらおう。これらの緊張が彼らの治療的な声にどのような影響を与えるのか、そしてリラクゼーションの感覚が彼らの臨床的存在にどのような影響を与えるのかを探ってもらう。

　自分の声を発見することは、セラピストとしてのアイデンティティを主張する上で重要である。一面では、声は基本的な治療手段である。それは親密であり、傷つきやすく、直接的である。別の面では、声はさまざまな要素を含んだ問題となりうる。音楽家として、私たちが声に託す期待は大きいことがあり、その反対に自分の声に対する疑いも顕著となりうる。私たちは声という面から自分が「過剰に磨き上げられている」、あるいは声の専門家であると感じるかもしれない。自分の声を楽に出すには、自分自身を余計な荷物を背負っていない治療的な器として抱きしめることが必要である。

II. 専門家前段階のスーパービジョン

　　　明確な制限のない声の活動によって、自分の声を使う際に感じるつっかえ棒を、楽しみながら外すことができる。これは、スーパービジョンでも他の多くの治療場面でも、学生やクライエントが行き詰まっている時に有益である。
　　グループに、お互いに楽に向き合えるような大きな輪になって座ってもらおう。学生達はひとつの音を使ってグループとして声を出していく。一つひとつの母音を分けて響かせよう。学生達に、母音を使うことでどれだけ多くの声の表現が可能かを探るようにと、声をかけていこう。母音の響きの中に異なった感情をこめて表現するように促そう。お互いに育み合い、口論をし、教え合ってもらおう。議論の際につぎのような質問をしてみよう。
　　「音はあなたの体のどの部分から始まるのか。その響きをどのように変えることができるのか。声の変化、音の高さ、発音、抑揚を自在に使えるだろうか。あなたのクライエントは、あなたの声をどのように受け止めているだろうか」。
　　治療的な声を発達させるための次のステップは、声を拡大することである。前述した声の活動を自然に広げていくために、単純なメロディを詠唱調に歌ってみる。アメリカ原住民、アフリカ人、ハシディズム教徒[*1]、クウェーカー教徒[*2]、あるいは他の文化圏に固有の詠唱を用いることができる。ここで重要な要素は、詠唱が単純であり、繰り返しが多く、限られた声域で楽に歌え、リズムが対称的であることである。学生達は、詠唱という構造の中に居心地の良さを感じるので、基本的な詠唱に重ねて声による即興を始めるように促され、自分自身を広げて、自分の居心地の良さの限界と創造性を見つけるような力づけをされる。議論では、彼らが居心地良くいられる場所と、音楽的に、そしてセラピストとして自分の声を象徴的に探究するという意味で、どの部分で成長する必要があるかについて探ることが援助となる。

　　適切なリスクを負うことは、個性化のプロセスにおける自然な一部である。即興演奏はこの探究において有益である。学生達に、声と楽器を使ってリスクを負うというテーマで即興してもらおう。即興の後で、彼らが即興において実際に負ったリスクについて、そして彼らのこれからの個性化のプロセスで負う必要があるかもしれないリスクについて、何を考えたかを議論してもらう。
　　彼らはこれらのリスクをどのように処理するのだろうか。リスクを負う上で援助となったもの、あるいは否定的だったものは何だろうか。即興で負ったリスクはすでになじみのものだったか、あるいは彼らの通常のパターンを超えたものだったろうか。セラピストになりつつある者として、リスクを負うことで何か関連性があっただろうか。リスクを負うというテーマで、学生達に彼ら自身が内と外に抱いている期待について探究してもらおう。セラピストとして「必要な」ことと、やらなくては「ならない」ことの間に、何らかの違いがあるだろうか。グループの一人ひとりのリスクの負い方、そしてグループ全体のリスクの負い方を見てみよう。クライエントとの臨床において、リスクを負うということはどのように関連しているのだ

---

*1　訳者注：18世紀にポーランドで提唱されたユダヤ教の運動のひとつで、東ヨーロッパのユダヤ人の間に根を下ろした。神秘的傾向に富み、祈祷を重んじ、宗教的熱狂および歓喜を重んじる。

*2　訳者注：フレンド会の信徒の俗称。17世紀ごろ英国に起こり、後にアメリカに渡り、フィラデルフィアを中心に普及した。

ろうか。

　個性化に向けてのこの探究における有益な動きを体験するためには、長いゴムバンドを小道具として使うとよい。グループにゴムバンドの内側に立ってもらい、この伸び縮みするグループのサポートという輪の中で、一人ひとりの学生に順番に内と外に動くときのスタイルを探究してもらう。議論の場で次のように質問しよう。「一人で離れることは難しかったか。あなたはそれを速く、あるいはゆっくりとやったか」。グループから離れる時に、どのような体験をしたかについてお互いに話し合ってもらおう。

　この探究を深めるためのもう一つの体験は、モダンダンスのBill T. Jones（1997）が創造したボディー・ワークをアレンジしたものである。エイズ患者であった彼のパートナーの苦痛に満ちた闘いを看取った後、Jonesは国中を旅行して、命を脅かす病気に対して生存を賭けて闘っている人達のための動きのワークショップを創造した。これらのワークショップからJonesはダンスのレパートリーを振り付けていった。

　私たちは、Jonesが彼のワークショップの参加者のために創造した振り付けを、アレンジすることができる。動きの体験を、個性化しつつあるセラピストの発達プロセスとして焦点を絞ることで、彼らがこのプロセスで出会う障害物やチャレンジについての理解を得るための援助ができる。セラピストとしての成長を表すような動きの作品を、学生達に創造してもらおう。彼らが立ち向かう障害物、そしてすでに出会った障害物、そしてそれをどのようにして乗り越えてきたかということを、その動きに取り入れてもらおう。かれらはこの課題を二人一組、あるいはグループ全体ですることができる。議論では、彼らがどのように成長してきたか、どのようにチャレンジと向かい合ってきたか、そして彼らの成長の次のステップは何かということについて発言してもらおう。

　動きの体験は次のように設定されることができる。「インターン実習」といったテーマを選ぶことができる。学生達は体のどこかで触れ合いながら列になる。最初の人が正面を向いて立ち、次の人がその人の背中に手を置いて後ろに立っていく……ということがしばしば起こる。この列の先頭の人が、インターン実習というテーマに関連した動きを始める。列の他の学生達は「影」となって、先頭の人の動きを見守る。先頭の人は終わったと感じると、彼／彼女は列の後ろにつき、次の人が動きの探究を始める。議論では次のような質問をしよう。

　「インターン実習の動きの体験は、違ったメンバーがやることによってどのように違っていただろうか。実習生としてのあなたの成長は、あなたのクライエントにどのような影響を及ぼしただろうか」。

第4段階——自律と終結

　インターン実習のどこかの時点で学生達は、計画を立てること、グループセッシ

ョンを担当すること、そして一人ひとりのクライエントに対して責任を負うようになる。彼らが独自のアイデンティティを形成していくにしたがい、そしてより多くの責任を負うようになると、色々な感情を体験する可能性がある。学生の何人かは「自分の足で立つ」ということで奮い立つだろうが、一方で病気と闘っているクライエントの治療の重さにあえいでいる学生達もいる。どちらの場合も、臨床現場での学生達の役割は、もはやすべてがスーパーバイザーによってふるいにかけられるわけではない。

自律の感覚を援助し、学生達が専門家としての役割に移行し始める際に生まれる疑問を吟味するための道すじとして、芸術が有益である。この段階でのスーパービジョンには、精細な傾聴と、学生が専門家に向けてたどる道すじに対する尊敬の念が要求される。これは、しばしば一歩後ろに下がって、学生が自分から質問してくるのを待つ時期である。

音楽療法学生のインターン実習が終わりに近づくにつれて、スーパーバイザーもまた終結というテーマに関連して、色々な例を体験することになる。卒業すること、仕事を見つけることに大忙しの学生がいる一方で、学生としての役割を失うことを嘆き、「本当の人生」に移らなければならないことに対して恐れおののいている学生もいる。そして、終結のプロセスを引き伸ばして、それを避けようとする学生もいる。この旅の道すじを、彼らが自分で明確にできるように、一人ひとりに対して援助するとよい。喜んだり、嘆いたり、混乱することもあるだろうが、それらを皆よしとすることである。また、スーパーバイザーにとってもこの時期に、私たち自身の問題に対して注意を怠らないことが重要である。私たちはしばしば、これだけの成長を遂げた学生達に対するガイドの役割を失うのだと嘆き、淋しく感じるのである。

芸術のテクニックと構造の例
[瞑想と音楽]

次の課題には様々な芸術形態が用いられている。これは、音楽とともに誘導される筋感覚的瞑想で、その後に視覚芸術のプロセスが続く。この課題には、イメージを促すような録音音楽、あるいは即興による単純なドラム打ちを使うことができる。学生達に、彼らの内と外に向けての呼吸の動きに焦点を合わせるようにしてもらう。呼吸が落ち着いたら、彼らの頭頂からつま先に向けて、一本の線が張られていると想像してもらう。左半身に感じられる感覚、緊張、リラックスした部分を、ゆっくりと探ってもらおう。それから、彼らの世界を「受け止める」能力に焦点を当てさせる。次のような質問をする。

「他の人達から何かを受け取るということはどれくらい容易なことか、あるいは難しいことか。受け取るために、受け取りやすいタイプや、より受け取りやすくなるための条件があるだろうか」。

からだの色々な部分で受け取る能力に焦点を当てよう。ある部分は他に比べて開

いているかもしれないし、他の部分は保護されているかもしれない。あなたの左手を受け取る手として見てみよう。

この探究を終えたなら、同じ方法で右半身でも同じように進めるが、今回は彼らの「与える」能力にのみ焦点を当ててもらう。前述したように、与えるという能力に関する気づきを強調し、右手を与える手として見てみよう。

この体験を芸術作品につなげることができる。学生達に、左手と右手が受ける手と与える手という異なった能力を備えたものとして描いてもらうことを提案してみよう。両手を粘土や他の素材で創造することもできる。議論では、学生達にこの体験に見出した洞察をシェアしてもらい、体験をする間に生まれた疑問に焦点を当てよう。

芸術療法の様々な素材を用いて、学生達は彼らの自立した専門家としてのアイデンティティのマスクを創作することができる。作品が完成したら、学生達は彼らの新しいアイデンティティでもって、お互いに対話してみよう。議論において、学生達が彼らのマスクを吟味し、そのマスクが彼らにとって何を表しているかについて話してもらう。このマスクが、他の専門家達に向けて発してもらいたいと彼らが願っていることは、どんな特質を備えたものなのだろうか。クライエントに向けてはどうか。

さらに、学生達が臨床実習を終えるにあたって直面するであろう、彼らのアイデンティティや問題を表すようなさまざまな原型やイメージを探ることもできる。これらのイメージは伝統的な原型（トリックスター*等）であったり、あるいはグループによってデザインされたもの（音楽的な巨匠等）であったりするかもしれない。学生達一人ひとりに、実習の現段階で彼らが最も共感すると思う原型を選んでもらおう。選び終わったら、自分の原型を皆に見せて、部屋の中の同じ原型を選んだ人、あるいは関連性のある人（反対の原型や補足的なもの）とパートナーとして組んでもらう。学生達は、歌の創作といった創造的なプロセスを展開していきながら、彼らの臨床実習を仕上げるためにこれらの原型でどうすればよいかを探究していく。議論では、学生達が使ったイメージを吟味していく。次のような質問をしてみよう。

「このイメージはあなたにとってどんな意味を持っているのか。それのどの部分を、あなたは新しい専門家としてのアイデンティティに持ち込みたいか」。

おわりに

インターン実習とは、学生が学生音楽療法士から、専門的な音楽療法士へと移行する間の成長と発達の時期である。この旅路は常にまっすぐで予測可能なものではない。むしろ驚きと予想していなかった迂回路でいっぱいである。しかしながら、これは美を体験することであり、すべての学生が固有の成長をとげる道すじであり、スーパーバイザーとしての私たちにとっては、このプロセスを見守り、ガイドする名誉あるプロセスなのである。私たちは、学生達が通り過ぎる成長の各段階を常に

---

* 訳者注：多くの原始民族の民間伝承や神話における重要な存在で、通例文化英雄と考えられる。超自然的存在であり、さまざまな装いで出現し、いたずら・悪さをするのが特徴。

支えなくてはならず、創造芸術はそこで生まれる問題に立ち向かい、吟味し、抱え、取り組み、解決していくための手段として機能することができる。

参考文献

Diallo, Y. (1990). *The Healing Drum: African Wisdom Teachings*. New York: Inner Traditions Intl. Ltd.

Jordan, J., Miller, J., Striver, I., Surrey, J. L., and Kaplan, A. G. (1991). *Women's Growth in Connection: Writings from the Stone Center*. Boston: Guilford Press.

Horney, K. (1993). *Our Inner Conflicts: A Constructive Theory of Neurosis*. New York: W. W. Norton & Co.

Jones, B. T (1997) *Still Here*. Film. David Grubin Producer, Films for Humanities, inc.

Jung, C. J. (1981). *Archetypes and the Collective Unconscious*. New Jersey: Princeton University Press.

Lee, M. (1997). *Phoenix Rising Yoga Therapy: A Bridge from Body to Soul*. New York: Health Communications Inc.

Malchiodi, C., and Riley, S. (1996). *Supervision and Related Issues: A Handbook for Professionals*. Chicago, IL: Magnolia Street Press.

Starks Whitehouse, M. (1999). *Authentic Movement*, Philadelphia, PA: Jessica Kingsley Publishers.

Szasz, T. (1984). *The Myth of Mental Illness: Foundations of a Theory of Personal Conduct*. New York: Harper Collins Inc.

Winnicott, D. W. (1992). *The Family and Individual Development*. New York: Routledge Inc.

第11章

知識が不十分な裸足のスーパーバイザーの成長

Brynjulf Stige

音楽療法准教授
Sogn og Fjordane College
ノルウェー，Sandane

私がラジオで聴いたこと

　本章で私は、音楽療法の学生の養成におけるスーパービジョンのロールプレイで得た体験、そしてロールプレイの局面について紹介していこう。背景には、SognのSogn og Fjordane Collegeにおける音楽療法の教育がある。この教育プログラムは、最初の音楽療法の教育がオスローで生まれた10年後の、1988年に創立された。しかし、Sandaneとはどこだろう。あなたが地図を取り出して、スカンジナビア半島を見ても、この場所は発見できないだろう。ここは田舎の小さな町に過ぎないのだから。お助けしよう。ノルウェーの西、ベルゲンの北、フィヨルドが深く山が高く切り立った場所に、あなたはNordfjordという名前の長いフィヨルドを発見するだろう。そこから枝分かれした一箇所、高い山々と幅の広い氷河の下に、Sandaneの町がある。ここにはおよそ2000人の人が住んでいる。中央の周辺にはいくつかの小さな急勾配の牧場と、わずかな小規模の工業会社がある。Sandaneの町は小さいながらも、この地方の文化と教育の中心を担ってきた。そして1983年以来、音楽療法が町の風景の一部となった。このプログラムは、ハンディキャップを抱えた人々の社会的および文化的統合を刺激するための、3年計画のプロジェクトとしてスタートした。このプロジェクトから生態学的（Bruscia, 1998）そして文化的(Stige, 1993/1999)である地域中心の音楽療法が生まれ、新しいノルウェーの音楽療法教育が設立されたのである（Stige, 1992）。

　これは2年間のフルタイムのプログラムであり、卒業証書が与えられる[*1]。私たちの学生の前歴は様々である。全員が私たちのプログラムに来る前に、少なくとも3年にわたる大学レベルの教育を受けている。彼らの一部は音楽家であり、他の学生達は教師やヘルスワーカーである。学生達は各々違った方法でコンピテンシーを

[*1] ノルウェーの教育システムは、アメリカのそれとはいくらか異なる。ノルウェーの2年にわたる音楽療法の教育は、アメリカの教育システムにおける学士と修士の中間に相応する学位でもって修了する。その後学生達は2年にわたってフルタイム（あるいは4年にわたって週の半分）の音楽療法「リサーチ専攻科」をとることができる。これを修了すると、修士と哲学博士の中間くらいに相応することになる。その後で、博士課程に進むことができる。

学習しているゆえに、彼らが自分達の成長のための個人的な目標を明確にすることが重要である。これらの目標は、クラスや臨床実習、そしてスーパービジョンにおける教育者と学生のコミュニケーションのテーマとなる。私たちは、理論的な知識、音楽的スキル、そして政治的な意識をも含む、個人としての全体性と感受性を統合する能力のある音楽療法士を教育したいと思っている。彼らは社会とコミュニティがいかにして、人々の健康と生活の質の向上をより容易に、あるいは困難にするかということを理解する必要がある。

　これらの目標は、学生の「思考性 reflexivity」（Stige 出版予定）の発達を要求する。スーパービジョンにおいて私がロールプレイを応用する理由のひとつは、学生が、自分達がどのように貢献でき、そして彼らの貢献が状況の前後関係によってどのように影響されるかという両方の視点において、自分達が受けるスーパービジョンについて考える可能性を高めると考えるからだ。スーパービジョンは、前後の文脈に対して非常に敏感な形式の相互作用である、というのが私の考えである（Kvale, 1998）。したがって、一般的には学生達は、前後の文脈がいかにして彼らの音楽療法についてのコミュニケーションに影響を及ぼすか、という意識を深めていかなければならない。次に紹介する例は説明としては有益だが、あまり典型的な状況で起きるものではない。

　2000年の最初の頃のある週に、私たち教職員と学生達は何日かあわただしい日を過ごしていた。私たちの学校は最良の学習環境を創り出すために、新しい賞を設定した。そして音楽療法の教育がその最初の受賞対象となった。私たちはかなりの金額の賞金を受け取り、その年の春が来たらその賞金でリトアニア[*2]への研修旅行をすることにした。2日後、私たちのもとにノルウェーの教育庁から、オスローの国立音楽アカデミーと共同で、音楽療法の新しい「リサーチ専攻科」をスタートさせてよいという許可と補助金が与えられるというファックスが届いた[*3]。

　私たちの学校は田舎の小さな地域に所属するゆえに、このようなニュースは一般大衆の興味の対象となった。地元のラジオ局のレポーターが学校に来て、私たちの学生にインタビューをした。彼がインタビューの対象に選んだ学生の一人がIreneで、彼女はその時もう一人の2年生の学生と一緒に行なっていた臨床実習について話した。二人は地域の学校で1年生を対象に一緒に仕事をしていた。彼女のクラスを音楽療法に紹介した先生は、生徒達がグループの中で葛藤を減らし、お互いに助け合いながらコミュニケーションをとっていける能力を発達させる援助をしていくために、二人が「クラスの環境」の中で働くことを望んだとIreneは話した。彼女はまたラジオのレポーターに、一人ひとりの生徒の文化的背景を知ることがいかに重要であるかとも話した。

　Ireneと彼女のパートナーは私のスーパービジョンを受けており、数日後、私たちはスーパービジョンのセッションを行なった。学生達が彼らの実習について私に話した内容では、ほとんどの場合、一人の生徒と彼女の個人的な問題が前面に出て

*2　訳者注：ロシアを構成する1共和国で、ヨーロッパ西部、バルト海沿岸に位置する。

*3　*1を参照せよ。

いた。私は、この問題を取り上げなければならないと感じたが、私たちの会話にはいくつかのテーマが欠けていることにも気づいていた。それは、クラスのうちに、そしてクラスとこの二人の学生の間に欠けているものだった。私からの質問に対して学生達は、実習の焦点が個人に向けられるものなのか、あるいは集団としてのレベルに向けられるものかという点で、曖昧になり始めた。私は「数日前、私はラジオで音楽療法にクラスを紹介した先生が、あなた達にクラスの環境で仕事をするようにと言っているのを聴きました。そうですよね？」と尋ねた。「はい」とIreneは答えたが、「でも……」。

　私たち三人は笑い出した。実際には二つの文脈において違う話が語られたということに気づいた愉快な発見だったからだ。この出来事から学んだことは、Ireneがラジオのレポーターに話していた時に、嘘を言っていたわけではないということである。彼女は、音楽療法に紹介された理由について話し、そして彼女の個人的および専門的な価値について話したのである。これらの話題がしばらくの間、スーパービジョンの文脈においてまぜこぜになってしまったことは、興味深い。これは一体何を意味するのだろうか。クラスの環境およびグループのプロセスについて考える上で、なんらかの限界があるのだということを学生達は理解できた。彼らは木を見て森を見ることができなかったのである。一人の子どもおよびその子どもが抱えている問題から、彼らは教師として動くことだけを考えていたのだが、クラスの教師は環境全体からアプローチをするようにと注文していたのだ。

　より肯定的に言い直してみると、この二つの文脈において語られた話から、これらの学生達のためのスーパービジョンとは、彼らが「人間的でいる」ことができ、困難や問題についてシェアし、探究する上で十分に安全だと感じられる場であることが明らかになった、ということである。この情緒的な面がすなわち、このレッスンから学んだ重要な部分である。文脈によって、私たちが語る実習の話が影響されるということである。私たちが対話の中で話す物語は、状況に対する反応であり、私たちのこれまでの体験に対する反応である。それらはまた、そこから可能な反応や聴き手（が受け取ったままに）から新しい質問が出るという意味での対話でもある。端的に言うと、スーパービジョンで起こっていることを理解する上で、物語的な（narrative）側面[*4]が有益なのである。

スーパーバイザーの役割

　前述した例は、学校という場で行なわれる音楽療法のスーパービジョンから紹介したものである。音楽療法士が多くの場や領域で働くゆえに、私たちは教育（Acheson, Gall, 1997）や心理療法（Watkins, 1997）といった、関連領域におけるスーパービジョンの方法から学ぶことができるが、私は私たち独自のスーパービジョンのアプローチを開発すべきだとも考える。しかし、私たちはなぜスーパービジョ

[*4] 訳者注：現実から言葉が生まれるのではなく、言葉から現実が生まれるという側面に着目したアプローチであり、言葉や語り方を変えることで、新しい現実を作り出そうとする。

ンにこだわるのだろうか。Watkins（1997, p.3）は次のように述べている。

> 「心理療法のスーパービジョンは、いくつかある可能性の中でも、それが学生に彼らの能力に関するフィードバックを提供し、混乱した時や援助を要する時に何をすべきかというガイドをし、両親との力動、介入、治療のプロセスについて別の見方や観点を得る機会を提供し、患者と治療体験についての好奇心を刺激し、セラピストとしての『アイデンティティ』の形成プロセスに貢献し、そしてスーパーバイジーの『安全なホームベース』としての機能を果たすゆえに重要である……さらに、心理療法のスーパービジョンは質のコントロールという重要な機能を担う。それは、（a）患者達に適切なケアが提供される、（b）セラピストは危害を加えない、（c）セラピストは『セラピスト』として十分なスキルを備えている、そして（d）これらのスキルが備わっていない者は改善の努力をしない限り、実践を続けてはならない、ということを保障するものである」。

　私の判断では、この引用は心理療法のみならず、ヘルスケアと教育関係の職業におけるスーパービジョンに対する意識の向上を正当化するための議論で多く言われてきたことを集約している。私は、「教師」、「セラピスト」、「門番」というスーパーバイザーの三つの役割を考慮しながら、Watkinsの説を簡略化することを提案したい。

　かいつまんで言うとこうである。スーパービジョンにおいて、スーパーバイジーを援助し、彼の[*5]スキルと知識を向上させようとする時のスーパーバイザーの役割は、教師のそれに近い。個人の成長がターゲットとなる際には、スーパーバイザーの役割はセラピストあるいはカウンセラー[*6]としての役割を担う。理想的には、スーパーバイザーはスーパーバイジーの学習上のニーズに応じて、この二つの役割の間を柔軟に行き来する。しかし、スーパーバイザーには三つ目の役割、すなわち評価者としての役割があり、これが養成コースにおいて重要なのである。なんらかの形で、スーパーバイザーは門番であり、クライエントが受けるサービスの質に関して責任を負う立場にある。音楽療法の訓練に組み込まれた一部としてのスーパービジョンは、通常これらすべての目標を目指している。

　これらの二つ、あるいは三つの役割のバランスをとること、そしてそのうちのひとつでもないがしろにしないことは、スーパーバイザーに課せられるチャレンジである。責任もまたしばしば当たり前のこととして見過ごされがちであるが、実はよく考えなければならない。スーパーバイザーとは、その言葉自体からパワーをもった人なのである。スーパーバイザーは彼のコンピテンシーという面からだけでなく、彼の役割における責任という面からも権威的な存在である。これをわかりやすく説明しているのが、以下の頻繁に引用されるスーパービジョンの定義である。

*5　記述を簡単にするために、本章では私は彼・彼女あるいは彼の・彼女のという表現ではなく、「彼」と「彼の」という表現を選択した。

*6　教師とセラピスト・カウンセラーの役割はもちろんそれ自体、非常に区分化されたものである。教師の役割はたとえば、指示や相互作用を通しての学習を対象とすることができる。

「……（スーパービジョンとは）ある職種の先輩から、同じ職種の後輩に提供される介入である。この人間関係は評価的であり、一定の期間にわたり、後輩の専門家としての機能を高め、彼らがクライエントに提供する専門的なサービスの質をチェックし、特定の職業に就こうとする人のための門番として機能するという、複数の目的を同時に持つ」（Bernard, Goodyear.［Watkins, 1997: p.4より］）。

　権威者は必要以上に権威的である必要はないが、スーパービジョンの伝統的かつ階級的なモデルとしてみなされたものに対しては、批判がされてきた。スーパービジョンの男女同権論者の見方はこのような批判をさらに広げて、スーパービジョンのパートナーシップ・モデルというコンセプトによって、新しいスーパーバイザー像を提唱した。男女同権論者のセラピストは、クライエントとセラピストの間、そしてスーパーバイジーとスーパーバイザーの間のパワーと権威という面で、より多くの平等性があることが基本であると主張した（Munson、1997）。

　もしも完璧な平等性があるのならばスーパービジョンは存在しないが、男女同権論的な理論者達はいくつかの重要な批評を下してきたと思われる。私は、前述した三つの役割のバランスに、「傾聴する共同執筆者[*7]」としての四つ目の属性を加えることで、さらにバランスがとれるはずであると言いたい。スーパーバイザーの機能の説明として私が選んだこの四つ目の属性は、他の三つの役割とはあまりしっくりこない関係にある。他の三つの役割は、専門家としての役割である。傾聴者が専門家であるとは言いがたい。そこで私は、他の三つの役割と同等に並べられない属性をここで選択した。傾聴者であるということは、教師、セラピスト、そして門番という役割の代用とはならない。それは、他の三つの役割に統合される必要があると同時に、付加物として存在しなければならない。

　スーパービジョンは単なる人間関係ではなく、社会における一つの制度でもある。スーパーバイザーは社会に対してある種の責任を負っている。彼の課題は、スーパーバイジーの専門的なパーソナリティの発達を援助することであり、クライエント、そして職業の利益のために、ある種の質のコントロールをすることでもある。したがって、教師、セラピスト、そして門番としての役割をおろそかにすることは許されない。もしも、スーパーバイジーが彼の思考性および自立性を探し求めるなかで、あなたが彼を援助する人としてのスーパーバイザーの役割に関するビジョンを、この事実と照らせ合わせるとしたら、矛盾した状況に陥るだろう。あなたにはパワーがある一方で、あなたの課題は他の人を力づけることだからである。このことは、私たちの多くが全く知らない矛盾ではない。私たちは例えば、プライベートな生活では両親としてこの矛盾に出会い、仕事においてはセラピストとして出会うことになる。

[*7] 簡潔にするために、私はこの四つ目の役割を傾聴者としての役割と呼ぼう。共同執筆者の役割と密接に関連する傾聴者の役割は、それ自体が明らかなものではない。しかし、これはナラティブ・セラピーのうちでよく見られる考えである。書式の文章に関連する同じような例は、Jon Fosse（1989）によって紹介されている。彼は、幅広い解釈が可能な文章を読むことは、執筆者という存在に非常に近いものだと述べた。この考えはBakhtin（1929/1984）の文章の対話的概念と関連している。

スーパービジョンのナラティブな側面

　したがって、スーパーバイザーにとってのチャレンジは、スーパーバイジーへの力づけを可能にするための心構えや方法を準備することである。傾聴者の役割を担うということがこの方法のひとつでありうる。傾聴者という役割の重要性はもちろん新しいアイディアではない。私たちは、Carl R. Rogers（1951）によるクライエント中心の心理療法でそれが強調されていることを発見するし、音楽療法においては例えばGary Ansdell（1995）の成人対象の創造的音楽療法についての議論の中にも発見することができる。しかしながら、私がここで述べる傾聴者についての考えは、ナラティブ理論とナラティブ・セラピーの文献から刺激された、特殊なものである。ナラティブな面を加味したことによって影響された傾聴者の役割とは、どのようなものだろうか。

　ここ10年にわたって、治療理論における文章の類推（analogy）[*8]に対する興味が高まってきた。この類推を応用する人は通常、ナラティブや物語に焦点を当てるが、その基本的な考えは、人々の抑圧されてきた重要な出来事の認識によって物語が作り出されるという点にある[*9]。したがってセラピーとは、クライエントと（共同で）執筆し、代わりの物語、解放する物語を演じるために援助することを意味する（McLeod, 1997; White, Epston, 1990）。文章の類推は音楽療法に大きな影響を及ぼしたわけではないが、最近になってBonde（1999）、Frohne-Hagemann（1998）、Ruud（1997, 1998）やStige（1999）がいくつかの論文を発表した。

　ナラティブな考え方に対する私の興味は、音楽療法における意味と言語という質問に対する一般的な興味に基づいている（Stige, 1998）。音楽療法もスーパービジョンも、文化と言語を超えて存在することはできない。スーパービジョンでは、スーパーバイジーは彼の臨床についての物語を語る。それが、そこでの交流の基礎となる。また、スーパーバイザーが録音された実例を聴いたり、ビデオを見たり、あるいは臨床での仕事そのものを観察する場合においてさえ、スーパーバイジーが自分の仕事について語ることが重要なのである。したがって、ナラティブ理論ではこのような説明は単なる「鏡」や「絵」以上のものであるが、物語として語られた世界として形作られる。

　心理療法では、物語を語ることとナラティブに関連して少なくとも三つの側面が取り上げられてきた。すなわち、精神力動、認知的構成主義、そして社会的構成主義である（McLeod, 1997）。私は、これら三つの面をここで評価するつもりはない。治療を中心としたアプローチのスーパービジョンに焦点を当てるのならば、そういった評価も適切だろう。つまり私が、臨床実践とスーパービジョンが同じ理論に立脚して行なわれるべきだと提案するとしたらである。しかし、私はそのような提案はしない。ここでの文脈では私は理論的な側面には関係なく、私たちのスーパービジョンの状況とプロセスを理解する上で、ナラティブな考え方がどれだけ有益であ

[*8] 訳者注：二つ以上の事象間の機能的、論理的あるいは構造的同一性、または、このような同一性を見出すことによって、課題解決のための手がかりやヒントを発見する過程。

[*9] 編者注：人々の間で生まれる認識には正しい・間違っているということはなく、彼らはただ自分達が生きているという物語のままに行動する。彼らは彼らが生きているがままに物語を作り出す。

るかについて、より大きな興味を持っている。「理論的な側面に関係ない」ということは、「理論的な側面に興味がない」ということではない。むしろその反対こそが真実である。臨床的な理論は、私たちが音楽療法について記述する際の言語を形成する一部であり、他の考え方と並んでナラティブな考え方を取り入れるということは、言語に興味を持つということである。

　本章を執筆する上での私の根拠は、哲学における「言語的な方向転換」と音楽療法との関連性である。この方向転換を考える上で貢献した一人がLudwig Wittgenstein（1921/1961, 1953/1967）である。彼の後年になっての著書では、言語は世界の要素を絵にしたものであるという彼の初期の、そして影響力の大きかった理論の問題点が取り上げられている。Wittgensteinによると、言語の意味は論理的な規則にしたがって確立されるものではなく、社会的に使われていって確立されるものであるとされる。社会的に使われるということは、歴史とパワーがあるということであり、Foucault（1961/1991）が明確に発展させた言語と知識に関する考え方そのものである。言語は、世界がどのようなものであるかという伝達手段ではなく、私たちがこの世界を構築するための手段なのである。この考え方を真剣に取り上げるということは、音楽療法に関する考察が言語で伝達された話についての考察であることを意味し、Gary Ansdell（1999）が彼の最近の博士論文で見事に書き表した考え方でもある。

　スーパーバイジーによって語られる物語は、様々な角度から検討することができる。ある見方では、スーパーバイジーが体験した臨床の世界、そしてクライエントが間接的に体験した世界が明らかになるだろう。ほとんどのスーパーバイザーは与えられた情報の真実性と完全性について考察するが、ナラティブな考え方を取り入れるということは、その物語そのものにも興味を持つことを意味する。それは、スーパーバイジーのどのような社会的、道徳的な世界を明らかにするのだろうか。それゆえ、スーパービジョンには活動時の対話の分析が含まれることになる。どのような言葉や構成概念が使われたのだろうか。よく知られている物語やスーパーバイジーが語る他の物語と、これらはどう関連しているのだろうか。物語のあらすじは何だろう。登場人物は誰で、彼らの役割は何だろう、等々である。

　スーパーバイザーが、このような質問の答えを熟知したエキスパートとしての役割を担うならば、そのようなスーパービジョンのプロセスが、スーパーバイジーにとって有益なものになることを私は期待しない。これは、スーパーバイザーの権威的な役割にいくつかの新しい側面を加えるに過ぎないからである。スーパーバイザーの課題はむしろ、物語が語られるための安全な空間を創造することであり、本章のタイトルが示すように、知識が不十分な傾聴者という役割を担う必要がある、と私は提案する。それによって物語の探究がやり取りに発展し、スーパーバイザーの積極的な部分は批評家や検閲者ではなく、共同執筆者としての役割に近くなる[10]。

---

[10] [7]参照。

語られた物語についてのやりとりによる探究に焦点を合わせることで、相互作用から「横に並んだ」コミュニケーションが生まれる。スーパービジョンでは、通常「顔をつき合わせる」コミュニケーションという基本的な要素があるが、与えられた情報を二人で見て、分析して、解釈するという、この横に並んだコミュニケーションは、パワーと権威においてより平等になっていく上で有益である（Acheson, Gall, 1997）。語られた物語に焦点を当てる際に生まれる横に並んだコミュニケーションは、スーパーバイジーに単なる情報整理のためのアドバイスを与えるよりも、ずっと多くのことが可能となる機会を提供する。自分の臨床実践が、文化と言語においてどのように位置づけられているのか、ということを理解するための手段が、スーパーバイジーに与えられる。したがって、思考性はこの位置づけを超えるものではなく、それを認め、そうすることでなんらかの柔軟性と流動性を得るためのものである＊11。

次に、他の人の内部に、私のために、そして私たちの人間関係のために何かを創造する、ということについて話そう。ここでは次のような質問が生まれる。私は何をどうやって創造したいのだろうか。私はこの人にどんな物語を、どんな方法でもって語ることができるのだろう＊12。つまり、スーパービジョンにおけるナラティブな側面には、スーパーバイザーとスーパーバイジーの間の関係を検証することも含まれるのである。物語を語るということは、対人関係的および情緒的な状況である。スーパーバイザーは物語のための空間を開いているのか、あるいは閉じているのか。彼はどのようにして傾聴し、物語にどのように反応しているだろうか。スーパーバイザーは言語的に反応するやいなや、自分自身の物語を創り出し、彼の中で自己を見つめようとする。私がどのようにしてナラティブな考え方を、将来の「裸足のスーパーバイザー」である学生達とのスーパービジョンに応用しているかについて紹介した後で、この点について戻ってこよう。

誰が裸足でいたいと思うのか

スーパービジョンへのアクセスの容易度、つまりスーパービジョンに関する知識と興味は、専門家としての発達段階と明らかに関係している。音楽療法の初期の文献にはスーパービジョンについての記述はほとんどなかった。1970年代および80年代にいくらかの興味が芽生え、最近になっていくつかの国々においてこの興味が高まってきた。例えば、イギリス（Brown, 1997）、ドイツ（Weymann, 1996; Frohne-Hagemann, 1999）、そしてアメリカ（Dvorkin, 1999）が、現存する文献の例として挙げられる＊13。

スーパービジョンは今のところ、ノルウェーにおける音楽療法の領域と職業における議論の主要なテーマとはなっていない。今日まで、わが国におけるほとんどの音楽療法士達は「パイオニア」である。彼らは通常、自分達の地域、学校、研究所、

＊11　編者注：人は、世界を見る上で自分自身の偏った見方を完全に超えることはできない。ここで言われている思考性reflexivityとは、あなたがあなたの世界に対する見方に立って考えようとする試みであり、その見方がいかにあなた自身の背景や体験によって影響を受けているかを理解することであり、偏りが全くなくなることはないのである。

＊12　学生が、一つの物語を二つの異なった文脈で話したということを発見した、本章の冒頭の例と比較されたい。

＊13　スカンジナビアの国々ではまだ多くの文献が発表されていないが、いくつかの修士論文がこのトピックに触れている。また、ストックホルムのIngrid Hammarlund（スウェーデン）とAalborgのInge Nygaard Pedersen（デンマーク）が、かなりの期間にわたってスーパービジョンの仕事をしてきていて、音楽療法のスーパービジョンのための教育を開発中であるということを、紹介しておこう。

あるいは病院におけるただ一人の音楽療法士として働いている。周りに誰もいないゆえに、自分よりも経験を積んだ音楽療法士からスーパービジョンを受けることは、まれであるか、全くないのである。せいぜい、そしてそれさえもたびたびではないのだが、例えば心理士や精神科医といった、他の職業の同僚からスーパービジョンを受けることがある。しかしこのような状況は変わってきている。何人かの音楽療法士がスーパービジョンを提供し、あるいは求めるようになってきた。そして私は、より専門的な音楽療法のスーパービジョンを開発するための方法について、まもなく議論されるようになると信じている。

決して少なくはない学生達がすでに「裸足のスーパーバイザー」として卒業している。数年働いた後で、彼らはスーパービジョンの公的な訓練を受けたことがないにもかかわらず、学生や経験の少ない音楽療法士のスーパービジョンを担当するようになる。彼らはまた、そのような仕事をするための特定の訓練を受けていないにもかかわらず、他の保健機関や教育現場で働くスタッフのための相談員として働くようにもなる。何人かの人は、これらすべてを問題として捉え、音楽療法という仕事の発展に欠けている点の実例として捉えるだろう。そこにはいくばくかの真実があり、音楽療法スーパーバイザーのための訓練コースの確立を手がけることについて、私は大賛成である。しかしながら、私の焦点はこの裸足のスーパーバイザー達に対する興味に向けられる。私は、彼らが重要な存在であり、私の学生達をこの役割に向けて訓練することが重要であると考える。

私は、裸足のスーパーバイザーという言葉を、「裸足の医者」という中国の伝統から、そして、近年になっての発展途上国と先進国で使われている言葉から引用して使っている。中国が語源である裸足の医者という言葉が示すように、裸足の医者はコミュニティの健康問題をケアするための訓練を受けた人々を象徴している。これらの実践家達は、私が思うに裸足で村から村へと歩いて回り、彼らが入手できる器具を用いて病気を治療するのだろう。文化大革命の間にこの言葉が再び強調されるようになり、わずかながらも専門的な訓練を受けたパラメディカルの仕事に就く人々が、パートタイムの医療サービスを主に農村地帯で提供することになった。彼らは基本的な衛生管理、予防的な健康管理、そして家族計画を推進した。彼らはまた、いくつかのよくある病気の治療もした。まとめると、彼らは草の根運動のレベルで主要なヘルスケアを提供したのである（DeGeyndt, Zhao, Liu, 1992）。

最近の数十年の間に、裸足の医者という言葉はいくつかの発展途上国において使われてきた。いくつかの政府の機関が、経済的資源が乏しく、訓練されたスタッフもいない地域において、よりよいヘルス・サービスの開発のための対策の一部として、裸足の医者を訓練し、使った。例えば、アフリカの諸国ではこのような状況だったのである（Werner, Thuman, Maxwell, 1993）。私自身は、1970年代初期に東アフリカで生活していたときに、裸足の医者の伝統についてはじめて知った。当時の私は若かったが、今日に至るまで、このコンセプトを理解したことの一部が私の中

に残っていて、それゆえにこの文脈にこれを引用したいのである。これらの裸足の医者達は、大学で訓練された医者達とは異なったある特質を身につけていた。普通の医者としての知識が不十分であるということではなく、彼らは普通の医者とは違うことを知っているのである。地域文化との密接な関係によって、彼らは西洋医学の訓練を受けた医者達が容易にアクセスできない方法でもって、意味と理解を伝えることができる。

最近になって、裸足の医者という言葉は、いくつかの豊かな先進国においてもよく知られるようになってきた。このような医者に対するニーズは、大学で訓練された専門家が足りないという事実と少しは関係しているが、ヘルパーと、ニーズを抱えた人との間の代替的な役割と人間関係が求められていることと、より深く関係している。アメリカにおける裸足の医者のトレーナーの一人は、次のような「任命文」を与えている。

「診断、治療、予後という手段を用いる私たちの治療者・医師と同じような方法をとるにもかかわらず、裸足の医者は通常処置の方向をアドバイスし、その人にとって最適だと思われる方針を推薦するだけである。裸足の医者の責任は、人々が自分で処置の方向を選ぶことにある。裸足の医者は、選択肢を見直し、リスクと利点を比較しながら評価し、助言を求められた場合に提案をするが、最終的には、サイドラインに立って選手に自分達のゲームをさせる優秀なコーチのように、人々が自分で選んだ方向に責任を負うことを期待し、その方向が治癒につながることを願うのである」(Berg, www. Barefootdoctors.org)。

今日の西洋の国々における裸足の医者と呼ばれる人の一部が、Summer と Summer（1996）や他の人達によって批判された、危険なニューエージの運動にむしろ近いということを私は記憶しているが、それでも、ヘルパーとクライエントの中間に位置するような代替的な役割を作り出すことがあってもよいと私は考えている。本章において私が裸足のスーパーバイザーという表現を使う場合は、二つの関連した、しかし異なった意味を引用したいからである。まず、より専門的に訓練された音楽療法スーパーバイザーが生まれるのを待っている間に、私たちは裸足のスーパーバイザーを訓練し、支援していく必要がある。第2に、裸足のスーパーバイザーの役割には、スーパーバイザーとスーパーバイジーの間の役割関係における新しい発展が存在する可能性がある。ナラティブな視点から理解した傾聴者としての役割を取り入れることが、私が選択した方法である。

スーパービジョンを演じる

ここ数年の間私は、学生達が将来の裸足のスーパーバイザーとしての役割に向けて準備するには、どのようにすればよいかという方法の開発を試みてきた。この仕

II. 専門家前段階のスーパービジョン

事のためにした私の選択は、私たちの音楽療法教育の中の即興のコースである。このコースは2年間のプログラム全般にわたってスケジュールに組み込まれている。1年目には私は即興的な音楽療法への導入を行ない、そしてノードフ・ロビンズの伝統に基づいた臨床的即興も導入する。2年目になると、私たちはロールプレイという異なった形式に焦点を当てる。ここでは学生達は即興による他の方法を探究する。彼らは、自分達の問題や彼らが実習する対象のクライエント達に関連する方法を、自分達で選び、それを向上させるのである。

私たちはこのロールプレイをかなり組織立って進めていく。私はこれこそが、2学年目における学生達の主要な学習プロセスであると考えている[*14]。ここでは、四つの役割が取り上げられる。セラピストの役割、クライエントの役割、スーパーバイザーの役割、そしてビデオの録画担当者の役割である。1～2名の学生がセラピストとなり、1～2名の者がクライエントとなるが、これはどの形式で行なうかによって決まる（グループ・セラピーか個人セラピーか、コ・セラピストがいるのか、いないのか）。クライエントの役割についての説明が「症例」という書式で与えられ、そこにはクライエントと彼の問題、そして彼の背景と社会的なネットワークをも含むリソースが説明されている。この書式は、ロールプレイの当日の少なくとも7日前に学生に渡され、彼らは「セラピスト」「クライエント」「スーパーバイザー」の役割を準備することができる[*15]。準備の一部には、クライエントに関連した文献、および音楽療法の方法について勉強しておくことも含まれるが、ロールプレイへの参加に備えて自分の感情を準備するために必要な時間も、それと同様に重要である。実際に可能であるならば、学生達は彼らが演じるべき役割を、自分の学習上のニーズの理解に応じて選ぶ。例えば、これは彼らの実習における体験によって左右される。これ自体が議論のトピックとなりうる。彼らはどのようにして、そしてなぜその役割を選んだのか、ということについて考える必要があるからである。何人かの学生は、彼らが演じるべき役割について書式で計画書を提出することを選択する。

通常私たちは、次のような順番でワークを進める。1) 導入：セラピストは彼がやろうとしていること、彼のアイディアおよび理論的な背景等を紹介する、2) 即興的な音楽療法のロールプレイ、3) セラピストのための「考える何分間」、つまりスーパーバイジーとしての役割に備えるための時間である、4) スーパービジョンのロールプレイ、5) ディスカッション（全員参加）とスーパービジョンのロールプレイについての考察、6) 音楽療法のロールプレイについてのディスカッション、である。音楽療法のロールプレイについて考察するために「逆回し」する際に、私たちはしばしばこのロールプレイの間に撮影されたビデオを見るという方法を選択する。このことによって、私たちは一つの出来事に対して様々な視点を得ることができる。a) 直接体験した出来事に対する参加者全員[*16]による観察、b) スーパービジョンで語られ、考察された物語、c) 出来事を録画したビデオ記録に基づいた観察と考察。

*14　Aalborg大学（デンマーク）のTony Wigram教授に対して感謝の念を捧げる。彼は何年にもわたって、学生の訓練におけるロールプレイの体験の一部をシェアしてくれた。音楽療法のロールプレイに関して私が持っている多くのアイディアは、彼の仕事に刺激されて生まれたものである。一方で、本章のタイトルであるスーパービジョンのロールプレイは、私自身が開発した方法である。

*15　形式としては、時には2名のセラピストによるグループ・セラピーあるいは個人セラピーもあるのだが、ここでは「セラピスト」と「クライエント」という言葉を単数形で使いながら、書き進めていきたい。

*16　セラピスト、クライエント、スーパーバイザー、聴衆（同級生と教師）。

さて、スーパービジョンのロールプレイを見ていこう。音楽療法セッションのロールプレイの後で、セラピスト役の学生はスーパーバイジーの役割を担当し、スーパーバイザーにスーパービジョンをするようにと要求する。スーパーバイザー役は別の学生が担当する。はじめのうちは、スーパーバイザー役の学生はしばしば、この役割を演じることによって当惑し、難しいと感じる。何かアドバイスするような資格が私にはあるのだろうか。彼に何と言ったらよいのだろう。彼をどうやってガイドしたらよいのか。もちろん通常はスーパーバイザーが混乱していればいるほど、スーパーバイジーはもっと混乱することになる。学生は皆スーパーバイザーとしての訓練を受けていないのだから、この問題は「自然な」こととして受け止められる。しかし私はしばしば、スーパーバイザーという役割が何であるのかということに関しての彼らの理解が、限られていることを発見する。本章の始めの部分で述べたように、この役割は教師、セラピスト、そして門番としての側面を備えている。学生達はときに、スーパービジョンとは教えるものだという見方をする。彼らは、スーパーバイジーよりも知識があるということで援助が可能になる、というアイディアから解放される必要がある。他の時点では、彼らはセラピストや門番としての役割に対して不安を抱く。彼らができること以上のものが求められる役割であると感じるからである。

　スーパーバイザーの役割に関するこういった受け止め方を取り上げていく必要があるが[*17]、スーパービジョンのロールプレイを始める上での適切な実践の場は、そこで語られる物語を傾聴することに意識を向け、学生達を援助することにある。スーパーバイザーは、傾聴者および共同執筆者としてスーパーバイジーを援助できるのである。それによって、質問や助言をするよりも、より積極的に聴くという役割が提案されることになる。傾聴している間に、スーパーバイザーは自分自身に次のような質問をする。

　「この物語はどのようにして語られているのだろうか。そのあらすじは何だろうか。音楽はどのようにしてこの物語に組み込まれているのか」。

　スーパーバイザーが、彼の役割はこのような質問に対する答えを見つけることだと考えると、問題が生じるだろう。この場合スーパーバイジーは、スーパーバイザーが「秘密のメモ帳」を持っていて、そこで語られている物語を実際には聴いているのではなく、分析しているのだと考え易い。スーパーバイザーの課題はそうではなく、物語が展開するための安全な空間を創り出すことである。例えば常套句を用いるなどといったことで、このような空間が創り出され、さらに新しい空間が開かれ、説明的な理解のサークルがすでに動き出すのである。

　前述した質問が不適切だというわけではない。安全な空間が確保されていて、スーパーバイジーがこの場所は自分がみっともなく見えるような物語も話せる場所であると感じるのであれば、このような質問をお互いに検討していくことは有益である。ナラティブな方法の基本的な前提条件は、有益なスーパービジョンとはスーパーバイジーに正しいアイディアや答えを提供することではなく、スーパーバイジー

*17　本章の後で取り上げられるreflexivityに関するディスカッションを参照されたい。

が自分の柔軟性、自分の仕事をさまざまな面から見ていくという能力を育んでいく上で援助する、ということである。この意味で、「知識が不十分なスーパーバイザー」は実際にかなりの援助ができる。彼には経験豊かなセラピストおよびスーパーバイザーとしての権威など備わっておらず、彼の言葉がスーパーバイジーによって、聖なる賢者の言葉として解釈されることはほとんどないだろう。そして、スーパーバイザーはスーパーバイジーと共に傾聴し、シェアしながら、彼の全ての人間的な感受性と彼のすべての知識と物語に対する愛情を、応用していくことができるのである。

　スーパーバイザーは、物語が余りに断片的であり、物語になっていないと感じるかもしれない。物語が余りに論理的で、直線的で、余りにあからさまであると感じて、この直線的な論理に質問をしたいと思うポイントを見つけるかもしれない。はじめは筋が通っていたと思われた物語に、なんらかの矛盾を発見するかもしれない。物語の登場人物の一人について何か不思議に思うことがあるかもしれない。物語の内容や構成そのものよりも、物語がいかにして語られているかということについて、疑問が生まれるかもしれない。このような単純な疑問は常に容易にシェアできるものではない。適切なタイミング、適切な言い回し、適切な論理的表現、スーパーバイジーの感情に同調すること、これらすべてが重要な要素であり、前述した安全な空間を創り出す上でプラスにもマイナスにも影響するのである。したがって、スーパービジョンへのこのアプローチは、裸足のスーパーバイザーの限られた能力を計算に入れているとしても、容易なものではない。スーパーバイザーは、他の人、言語、物語、音楽、文化に対する感受性を使い、それを高める必要があり、少なからず自己洞察を育んでいく必要がある。

ロールプレイと思考性

　音楽療法は、その瞬間に今ここで起こっていることの自発的かつ情緒的な体験と大きく関係している。同時に音楽療法とは、社会的有用性という意味合いも備える。つまり、歴史とパワーに関連するのである。したがって、かなり明白であるが、創造性、感受性、そして柔軟性は良い音楽療法のスーパービジョンに必要ではあるが、それだけで十分な条件ではない。思考性（reflexivity）もまた、このプロセスの一部として必要である。Reflexivityという概念は、いわば思考が過去に向けて、あるいはそれ自体に向けて反映されるプロセスを意味する。（自己）reflexivityはしたがってスーパーバイザーおよびスーパーバイジーが、スーパービジョンのプロセスにおける自分達の役割を探究すること、そして彼らが生活しているコミュニティや社会における役割を探究することと理解してよいだろう。本章のはじめに、スーパービジョンは個人的な関係であり、かつ社会における制度のひとつでもあると私は述べたが、ここでもこの二つの意味について議論してみよう。

　Reflexivityは、ある程度までは心理学の概念を用いて理解することができる[*18]。

[*18] 人の役割および対人関係のプロセスに対する貢献について考えるための手段として、心理学の概念はいくつもの流れの中で発展してきた。例えば、精神力動の伝統における逆転移という概念や、人間主義的心理学における真正なコミュニケーションが挙げられる。

Even Ruud（1998）は、reflexivityという概念を用いて議論をする非常に数少ない音楽療法の理論家であるが、より広範囲にわたる重要性を主張している。彼は、私たちの価値と興味の間に、そして私たちが世界をどのように受け止めるかということの間に、関連性があると論じている。Ruudにとってのreflexivity（1998, p.17）は、私たちの期待および価値に対する意識を含むものである。Anthony Giddensを参照しながら彼はさらにこれを、アイデンティティの概念にも結び付けている。

> 「……私たちの（ポストモダン）現代の文化におけるアイデンティティの大部分を特徴づけるのは、reflexivityである。アイデンティティはもはや既成のものとして私たちの手元に届かなくなった。アイデンティティはプロセスであり、ある意味決して実現することのないものだからだ」（1998, p.37）。

Ruudが述べていることは、「文化的に伝えられた解釈学[19]」として説明されうるだろう。Reflexivityはあなたが所属する文化、そしてあなたがしている仕事に及ぼす文化の影響における、あなた自身のポジションについて考えることを意味する[20]。

音楽療法の臨床において、そしてスーパービジョンにおいて、心理学的および文化的なレベルの間で起こる相互作用について考察する必要がしばしばあると、私は考える。両方とも自己探求のプロセスであり、文化的に伝えられた解釈学はこのようなプロセスにおいて価値あるものである。では、これがロールプレイとどのように関係しているのだろうか。多分多くが関係している。Ruud（1998）は、人類学者のDon Handelmanおよび彼のプレイそのものの思索的な特質についての考察を参照している。「プレイは物事がどうあるべきかではなく、どうありうるかということを私たちに教えてくれる」（1998, p.119）。「プレイを通して私たちは現実の外側に対話を創り出す。私たちは現実の状況が引き起こす結果と衝突することなく、この現実についてコメントし、それを象徴的に変え、役割を演じる等ができるのである」（1998, p.179）。

私たちは、いつプレイするかということを知っている。これが「プレイに過ぎない」ということを私たちに伝える、ある種のメタコミュニケーションが存在する。これによってプレイの価値が減ることはない。むしろ、自己洞察の手段としてその価値を高めることに貢献する。スーパービジョンのロールプレイは最初、いくつかの限定的な要素を含んでいるように見える。例えば、通常はプライベートな場であると考えられるスーパービジョンを妨害するかのように、観客が見ている。それでは私は言い換えれば、プレイという状況によって、「普通のスーパービジョン」とは違ったタイプの思考の場が与えられると提言したい。

学生達はスーパーバイザーの役割における異なった体験を比較することができ、前後関係が彼らの物語にどのような影響を及ぼすかについて考え、彼らが自分の状況にどうアプローチするかについて考えをめぐらせる。すでに述べたように、スー

---

[19] 訳者注：解釈学はもともとは聖書の解釈の意味で使われたが、今日ではもっと広い意味で、人間の諸行為の解釈・理解の方法論として使われている。意味を了解することを意図している。

[20] 音楽療法の仕事という文脈においては、臨床実践、リサーチ、教えること、あるいはスーパービジョンが該当するだろう。

パーバイザーの役割について考察することは通常、議論のはじめの部分で行なわれる。学生達はしばしばこの役割に関して限られた、あるいはバランスの悪いアイディアしか持っていないことに気づく。例えば、スーパーバイザーに指導的タイプの教師を期待したり、スーパービジョンの治療的要素に抵抗を示したり、あるいはその門番としての側面に不安を覚えたりする。ナラティブな方法は、このような問題そのものを解決しない。事実、極端な場合、スーパービジョンに当然付随する責任という役割を放棄する、という体験をすることがある。しかし、ナラティブなスーパービジョンへの繊細なアプローチには、役割の探究と柔軟な思考のための空間を開く可能性もある。適切なスタート地点は、スーパーバイジーにスーパービジョンのプロセスにおける彼の責任を思い出させることである。スーパービジョンのロールプレイの中で、スーパーバイジーはスーパーバイザーが治療プロセスのロールプレイを観察したことを知っている。したがって、スーパービジョンを次のような言葉で開始することができる。「さて、今何を考えている？」。学習体験の重要な一部は、スーパーバイジーにとっての役割の責任は臨床実習について物語を語ることであり、それをスーパーバイザーと一緒に進んで探求する、という点にある。

かなり早い時点で、音楽療法にとって重要な疑問が生まれてくる。「音楽についてどう話せばよいのか？」。ある人は、音楽について語ることは不可能であると主張するが、私たちが常にそのことをし続けているというのが事実であり、多くの人は音楽についての話が音楽的な体験を共に構築すると言っている（Feld, 1994）。ほとんどの音楽療法士がそうであると賛成するように、音楽が物語の一部であるとしたら、私たちは音楽がいかにして物語に含まれうるのかということについて、自分に対して問わなければならない。

「私たちは音について、音楽的な統合、音楽的な意味、あるいはクライエントの存在論的な世界として話すのだろうか（Forinash, Gonzalez, 1989）。私たちは音楽をアイデンティティとして話すのだろうか（Ruud, 1997, 1998）。私たちは暗喩や個人的な言語でもって音楽について記述するのだろうか、あるいはこの領域に属する、より専門的な用語を使うのだろうか。例えば、即興アセスメントのプロフィールIAP（Bruscia, 1994）で使われる記述的な用語がある。私たちは音楽を物として語るのだろうか、あるいは音楽するという動詞として語るのだろうか」（Small, 1998）。

ロールプレイの仕事をしながら私が発見した価値の一部は、公の場で行なうスーパービジョンについて考えることの可能性と関連している。一部は可能性であり、一方で問題でもあるのだが。スーパービジョンが学生の学習体験における主要な要素となるのであれば、批判的な会話に陥る危険性が常につきまとう。議論が公的なスペースから、よりプライベートな空間へと移されるからである。この問題は、教育プログラムにおける教師と生徒の関係が密接である場合に特に有害なものとなり（Kvale, 1998）、このような状況は多くの音楽療法の養成プログラムにもあると私は考える。この問題の解決はスーパービジョンの量を減らすことではない。批判的な思考のための可能性を用意することがひとつの代替案である。本章で述べたように、

スーパービジョンのロールプレイには、批判的な議論のためのより公的な空間として発展していく潜在的可能性が秘められている。学生達は、彼らの最初の年の間に行なった3箇所の実習と、2年目に自立して行なった実習で受けた、様々なスーパービジョンの体験を持ち寄ってロールプレイの場に登場する。スーパービジョンをロールプレイするとき、彼らには他の人たちのスーパービジョン体験を比較し、それについて考えるという可能性がある。そして次のような質問をすることができる。

「スーパービジョンでは、どのような問題を取り上げるのがよいのだろうか。どのような問題が不意打ちみたいになってしまうのだろうか。パワーと力づけの矛盾はどのように扱えばよいのか」。

知識が不十分であるためには、多くを知らなくてはならない

裸足のスーパーバイザーは、スーパービジョンにおいてほとんど特にこれといった能力を備えているわけではないが、従来の考え方から言うと、知識が不十分であるとは言いがたいだろう。彼はすでに音楽、物語、クライエント、そして治療について多くを知っている。私の「知識が不十分である」という言葉の選択は、Anderson, Goolishian（1992）がこの言葉を意図的に使ったことに由来する。彼らは、人間を情報処理のための「機械」として定義づける治療モデルに対する批判をした。彼らはその代わりに、意味を産み出す存在としての人に焦点を当てた。したがって「知識が不十分なセラピスト」とは、ナラティブ・セラピーの流れの中で時折使われる言葉であり、セラピストの権限さえも質問の対象とするクライエント中心のセラピーの考え方を表現している。知識が不十分なセラピストは、クライエントの語る物語の真実を尊敬し、自分があらかじめ持っていた知識ではなく、相手の物語を優先させてそこから対話を発展させる。

これは、予備的な理解を忘れてよいという意味ではない。ナラティブな側面を備えたスーパービジョンは、解釈学に近い立場にあり、前もって理解しておくことが、すべての理解の前提条件とされ、よく考える上での基礎となる。したがって、知識が不十分なアプローチは、何よりも開いているという状態と深く関わっているのである。それは、責任から逃げるための口実であってはならない。知識が不十分なアプローチは、質の高い傾聴者としてのスーパーバイザーの価値をないがしろにするものではなく、両者が初心者としての謙虚な態度をとることができる空間を創り出す努力を通して、相手の能力を高めていくことこそが、彼の主要な課題なのである。

私が学生達に知識が不十分なアプローチを勧めるのはもちろん、学生達が知識を求めることとなんら矛盾するものではない。教師として、そしてスーパーバイザーとしての私の経験から、知識が不十分なアプローチができるには、実に多くのことを知っておかなくてはならないということを学んだ。自分について、そして会話の中で生まれるトピックについて十分に知らないと、物語を開くというよりむしろ閉じてしまうことになる。私は、ロールプレイという形式で仕事をしてきて、学生の

ロールプレイに対する感情的および理論的な準備が重要であることを強調しながら、このことも強調してきた。私たちが探し求めているのは新しい、そして様々に異なった物語のための自由、そして開いている状態であり、それは即興演奏において私たちが求めている自由および開いている状態と関係している。そして、インドの音楽家であるShankarが彼の自伝で書いたように、「……この自由は、長年にわたる基本的な学習と練習と系統立った訓練があって初めて生まれるものである……」（Shankar.［Weisethaunet, 1999: p.146 より］）。

おわりに

私の結論を以下にまとめよう。1）私は、音楽療法の学生が裸足のスーパーバイザーになるべく準備をする上で援助することが、重要であると考える。2）私は、幅広い物語に対して（十分に）良い傾聴者であるための学生の思考性と能力を高めることによって、スーパービジョンにおける知識が不十分なナラティブの側面が有益であると考える。3）知識が不十分なアプローチは、「他の人と共にいる」という倫理感を促すきっかけとなる（Bauman, 1993）。スーパービジョンにおける倫理とは、あなたがしていること、あなたがしてはいけないことについて知っていること以上のものを意味する。スーパーバイジー（そして彼らのクライエント）が、スーパーバイザーとは全く異なった価値観を持っていて、それを尊敬し認めることができなくてはならないということから、そこで語られる物語から明らかになる可能性がある。

私の体験から言うと、裸足のスーパーバイザーとしての彼らの将来の役割について深く考えるというプロセスを通じて、私の学生達は音楽療法の教育の間に受けるスーパービジョンについて考え、それを応用しながら自分達の能力をも高めていった[*21]。将来の音楽療法が多くの良質の音楽療法スーパーバイザーを産み出すのであれば、私は幸せである。しかし、私はいまだに「知識が不十分な、裸足のスーパーバイザー」から学ぶべきレッスンがあると信じている。裸足であるという側面は、音楽療法のピア・スーパービジョンが将来発展すること、そしてスーパービジョンにおける人間関係の役割についての知識の基礎をテーマにした議論が、これまで以上に広く行なわれることにつながる。知識が不十分なナラティブのアプローチもまた、あらゆる会話やスーパービジョンに含まれる意味を伝える、という側面を私たちに思い出させることによって、良質のスーパーバイザーと関係がある。

謝辞

私は私の学生達に感謝の念を表したい。また、スーパービジョンにおけるロールプレイについて議論し、本章の早期の原稿にコメントしてくれたDan Gormleyにも感謝したい。

---

*21 スーパービジョンにおいてロールプレイという形式をとる私の方法は、新しいものであり、まだ開発中である。本章を書くことで、私はこれからの何年かにわたって取り組んでいきたいと思う、いくつもの新しいアイディアを得た。例えば、ロールプレイがビデオ録画されているという事実を、より系統立って使うことができるだろうか。このような記録は、対話における二人の登場人物がビデオ録画の間に体験したことを、ビデオを見ながら思い起こしてシェアするという、Kagan, Kagan（1997）によって名づけられた相互的想起につながる。

参考文献

Acheson, K. A., and Gall, M. D. (1997). *Techniques in the Clinical Supervision of Teachers: Preservice and Inservice Applications*. (4th ed). White Plains, NY: Longman Publishers.

Anderson, H., and Goolishian, H. (1992). The client is the expert: A not-knowing approach to therapy. In S. McNamee and K. J. Gergen. (eds.), *Therapy as Social Construction*. London: Sage Publications.

Ansdell, G. (1995). *Music for Life. Aspects of Creative Music Therapy with Adult Clients*. London: Jessica Kingsley Publishers.

Ansdell, G. (1999). *Music Therapy as Discourse and Discipline. A Study of "Music Therapist's Dilemma."* London: Unpublished Doctoral Thesis, Department of Music, City University.

Bakhtin, M. (1929/1984). *Problems of Dostoevsky's Poetics*. Minneapolis: University of Minnesota Press.

Bauman, Z. (1993). *Postmodern Ethics*. Cambridge, MA: Blackwell.

Berg, J. "On The Art of Barefoot Doctoring." [online] Madisonville, LO: *Barefoot Doctors' Academy*. Available from:http://www.barefootdoctors.org [Accessed 15 February 2000]

Bonde, L. O. (1999, November). "Metaphor and Metaphoric Imagery in Music Therapy Theory: a Discussion of a Basic Theoretical Problem-with Clinical Material from GIM Sessions." Paper presented at the 9th World Congres. in Music Therapy, Washington, D.C.

Brown, S. (1997). Supervision in context: a balancing act. *British Journal of Music Therapy*, Vol.11.

Bruscia. K. (1994). IAP. *Kartlegging gjennom musikkterapeutisk improvisasjon*. [IAP. Improvisation Assessment Profiles]. Translation and introduction by Brynjulf Stige and Bente Østergaard. Sandane, Norway: Sogn og Fjordane College.

Bruscia, K. (1998). *Defining Music Therapy*. (2nd ed). Gilsum, NH: Barcelona Publishers.

De Geyndt, W., Zhao, X., and Liu. s. (1992). *From barefoot doctor to village doctor in rural China*. World Bank (technical paper; no. 187), Washington, D.C.

Dvorkin, J. (1999). Psychoanalytically oriented music therapy supervision. In T. Wigram and J. De Backer, *Clinical Applications of Music Therapy in Developmental Disability, Paediatrics and Neurology*. London: Jessica Kingsley Publishers.

Feld, S. (1994). Communication, music, and speech about music. In C. Keil and S. Feld, *Music Grooves*. Chicago: The University of Chicago Press.

Forinash, M., and Gonzalez, D. (1989). A phenomenological perspective of music therapy. *Music Therapy* 8(1), 35-46.

Fosse, J. (1989). Frå telling via showing til writing. Essays. [From telling via showing to writing. Essays.] Oslo, Norway: Samlaget.

Foucault, M. (1961/1991). Galskapens historie i opplysningens tidsalder. [Madness and Civilization-History of Insanity in the Age of Reason]. Oslo, Norway: Gyldendal.

Frohne-Hagemann, I. (1998). The musical life panorama. *Nordic Journal of Music Therapy*, 7(2)

Frohne-Hagemann, I. (1999). Integrative supervision for music therapists. In T. Wigram and J. De Backer (eds.), *Clinical Applications of Music Therapy in Developmental Disability, Paediatrics and Neurology*. London: Jessica Kingsley Publishers.

kagan, H. and Kagan, N. (1997). Interpersonal process recall: Influencing human interaction. In C. E. Watkins, Jr. (ed.), *Handbook of Psychotherapy Supervision*. New York: John Wiley and Sons, Inc.

Kvale, S. (1998) At blive vejledt i en spejllabyrint i tåge. [To be supervised in a mirror labyrinth in the mist]. *Uniped*, Vol. 20, No. 3.

McLeod, J. (1997). *Narrative and Psychotherapy*. London: Sage Publications.

Munson. C. E. (1997). Gender and psychotherapy supervision. In C. E. Watkins Jr. (ed.), *Handbook of Psychotherapy Supervision*. New York: John Wiley and Sons, Inc

Rogers, C. R. (1951). *Client-Centered Therapy*. London: Constable & Company Ltd.

Ruud, E. (1997). Music and identity. *Nordic Journal of Music Therapy*, 6(1).

Ruud, E. (1998). *Music Therapy: Improvisation, communication, and Culture*. Gilsum, NH: Barcelona Publishers.

Small, C. (1998). *Musicking: The Meanings of Performing and Listening*. Hanover, NH: Wesleyan University Press.

Stige, B. (1992). Small is beautiful: The music therapy training program in Sandane. *Music Therapy International Report*, Vol. 8.

Stige, B. (1993/1999). "Music Therapy as Cultural Engagement. Or: How to Change the World, if Only a Bit." Paper presented at the 7th World Congress of Music Therapy, Vitoria-Gasteiz, Spain. In D. Aldridge (ed.), (1999): *Music Therapy Info. Vol II*. (CD-ROM).

Stige, B. (1998). Perspectives on meaning in music therapy. *British Journal of Music Therapy*, 12(1).

Stige, B. (1999). "Hypertexts in Music Therapy."Paper at the 9th World Congress of Music Therapy, Washington D.C.

Stige, Brynjulf (in press). *Music Therapy: Toward a Cultural Matrix*. Gilsum, NH: Barcelona Publishers.

Summer, L., and Summer, J. (1996). *Music: The New Age Elixir*. Amherst, NY: Prometheus Books.

Watkins, C. E. Jr. (ed.). (1997). *Handbook of Psychotherapy Supervision*. New York: John Wiley and Sons, Inc.

Werner, D., Thuman, C., and Maxwell, J. (1993). *Where There Is No Doctor: A Village Health Care Handbook for Africa*. London: Macmillan.

Weisethaunet, H. (1999). Critical remarks on the nature of improvisation. *Nordic Journal of Music Therapy*, 8(2).

Weymann, E. (1996). Supervision in der Musiktherapie. *Musiktherapeutische Umschau*, 17.

White, M., and Epston, D. (1990). *Narrative Means to Therapeutic Ends*. New York: W. W. Norton & Company.

Wittgenstein, L. (1921/1961). *Tractatus Logico-Philosophicus*. London: Routledge.

Wittgenstein, L. (1953/1967). *Philosophical investigations*. Oxford: Blackwell.

あとがき

　加藤美知子氏の尽力によって、ここに『音楽療法スーパービジョン』上巻が世に出ることになった。心から感謝申し上げたい。お読みいただくと分かると思うが、本書はベテランの音楽療法関係者だけに向けられたものでなく、むしろ音楽療法につまずきを感じている初心の人に勧めたい本であることを強調しておきたい。

　2002年11月、Bronx Psychiatric Center の Gillian Stephens Longdon 先生を迎えて、「第7回長良川音楽療法セミナー」（岐阜県音楽療法研究所＝主催）が開催された。Gillian 先生はかつて当研究所の研究員が留学中に実習を行なった病院の指導教官である。先生は来日の折、私たちへの手土産としてこの『Music Therapy Supervision』をお持ちになった（Gillian 先生は「下巻」の第14章を執筆）。
　Gillian 先生は、「ブロンクス精神病院」で30年以上にわたって音楽療法を実践し、かつ学生のスーパービジョンを長く手がけてこられた方である。セミナー2日目の講演において先生は、「音楽療法のスーパービジョンは、音楽療法による」と述べられた。その真意は、音楽療法のスーパービジョンは心理療法のように、自己内省や言語による洞察も必要であるが、音楽療法士を指導する際には「言葉だけのスーパービジョンでよいのか」という私たちへの投げかけであったと思う。そしてその答えとして、「音楽を使った患者さんへの介入に貢献する」こと、「音楽自体がもつ治癒力に対して、音楽療法士が理解を深めていく」という二つの理由を挙げられた。
　しかし、当時の日本の音楽療法に眼を転じると、まだ「スーパービジョン」という言葉すら理解されておらず、事実、このセミナーにおいても、関係者からは「スーパービジョンとはどのような意味か？」との質問が続出したくらいであった。

　このセミナーを契機として、私のなかで「スーパービジョン」に対する関心とその必要性が高まっていった。ちょうどその頃、継続的に音楽療法を実践している首都圏在住の中堅の音楽療法士のメンバーが、各々の課題を持ち寄り、横断的にお互いに啓蒙し合おうという会合が東京の「御茶の水」でもたれていた。「御茶の水音楽療法勉強会」と称するこの勉強会は、月一回のペースで開かれ、それぞれの実践報告や事例検討を行なっていた。そのなかで、「音楽自体をどのように検討していくか」ということが大きな課題の一つとなった。その答えを逡巡しているときに頭をよぎったのが、この『Music Therapy Supervision』である。
　そこで、当時、岐阜県音楽療法研究所で内部検討会を担当していた「岐阜県音楽療法士（GMT）」と、「御茶の水音楽療法勉強会」のメンバーでこの本を翻訳することを思い立ったのである。無謀な計画ではあったが、「スーパービジョン」という視点と展開される興味深いテーマにワクワクし、一方で苦闘しながらも、それぞれが各自の担当する項目の翻訳に取り掛かった。その後、多くの人の手を借りながら、最終的に音楽療法士である加藤美知子氏の手によって、この分かりやすい訳が完成したのである。

あとがき

　この翻訳の過程において、私たちなりの「旅」や「物語り」も生まれていった。「御茶の水音楽療法勉強会」では、各自が訳してくる発表を聞くことがメンバーの楽しみとなり、発表後に疑問点を話し合ったり、自分の体験を溢れんばかりに話したりと、とても熱い集団になっていった。こうした光景を眼の当たりにして、私は「この本はあと数年したら勉強会に参加しているような中堅の音楽療法士だけではなく、いろいろな段階の音楽療法士の助けになるだろう。必ずや役立つ本である」との確信を抱くようになった。また、岐阜県音楽療法士（GMT）のメンバーは正月休みを返上して、それぞれが翻訳という孤独な作業に挑戦していた。私はメンバーの訳を読みながら、今や世界的に名前が知られているような音楽療法士も、かつては我々と同じようなジレンマの連続である「旅」をし続けていたことを思い知ったのである。

　私はこれまで、「スーパーバイズは特定の人だけが行なうもの」という誤った固定概念にとらわれていたように思う。そこで私は、第11章に書かれてある「知識が不十分な裸足のスーパーバイザーの成長」を早く読みたいと思っていた。というのは、研究所において「グループ・スーパービジョン」の検討会を始めていたからである。検討会を担当した岐阜県音楽療法士は、まさに「裸足のスーパーバイザー」であった。この検討会の経験は後になって音楽療法士だけでなく、介護職や家族と関わる際に役立っていくことになるのだが、同様のことがこの章にも書かれている。また、研究所で行なってきた実践検討会は、第5章の「初めての音楽療法実習におけるグループ・スーパービジョン」に該当するように思われた。

　本書の内容は多岐に互るが、現在学生の教育や実習生を担当している教育者や実践家には第5章の「初めての音楽療法実習におけるグループ・スーパービジョン」と第7章の「インターン実習スーパービジョンの道すじ ―スーパービジョンにおける人間関係の役割、力動、および諸段階―」、および第9章の「学生中心のインターン実習スーパービジョン」を読まれることをお勧めする。スーパービジョンを受ける側の学生の不安や怖れ、それに対する指導する側の支援のポイントが明確に書かれている。
　「下巻」はどちらかというと、上級者編と言えるかも知れない。しかし、「臨床的に音楽をどのように捉えていくか」というテーマは、音楽療法を目指す人にとって決して避けて通れない課題であり、初心者でも無関係ということでは決してない。第15章の「音楽療法のピア・スーパービジョン」は音のやり取りによるピア・スーパービジョンであり、高度な内容ではあるが中堅の音楽療法士にとって「音によるスーパービジョン」は大切な課題である。さらにその課題は、第17章の「審美的音楽療法における臨床的即興のスーパービジョン―音楽中心のアプローチ―」で一層深い内容へと続いている。

　本書を編集していくなかで、「人がやったことをなぞるだけが、教育でもスーパービジョンでもない」

という箇所に出会ったとき、全国各地域で、頼りになる指導者も、お金も、支援体制もないなかで奮闘している多くの音楽療法士の顔が浮かんできた。この本は、そのような皆さんに、一歩踏みだす勇気を与えてくれる本である。音楽療法の実践現場で迷子になっていたり、一人で悩んでいる音楽療法士はぜひ数名集まって勉強会をスタートすることをお勧めする。そして何か問題が生じたときにこの本を開いていただきたい。世界で活躍している著者らの知見は、きっとあなたがたに拠りどころを与え、原動力を与えてくれるであろう。なぜなら、「なぜ音楽なのか」という問いに対する答えとともに、音楽療法の核になる方向性が示されている一冊であるからである。

　最後になったが、孤独に耐えながら下訳を担当された皆さん、夏休みを返上して朝5時起きで翻訳を完成してくださった加藤美知子さん、そして私たちの無謀な計画を出版にまでこぎつけてくださった「人間と歴史社」の佐々木久夫社長、細部に亙る修正を担当された鯨井教子さん、井口明子さん、下訳を校正された山本聡さん、田中栄さん、美しい装丁に仕上げてくださった妹尾浩也さんに、心から感謝します。

2007年10月

岐阜県音楽療法研究所長
門間陽子

翻訳協力者一覧（順不同）

山本久美子（やまもと・くみこ）
武蔵野音楽大学音楽学部器楽科卒業。山梨県立わかば養護学校、甲府養護学校教諭を経て、現在宇都宮短期大学音楽科（音楽療法士専攻コース）准教授。知的障害児支援学校、肢体不自由児支援学校、知的障害児デイケア、知的障害児自主グループ、重症心身障害者病棟、高齢者入所施設等にて実践。日本音楽療法学会認定音楽療法士。日本音楽療法学会評議員。山梨音楽療法研究会会長。

尾形由貴（おがた・ゆき）
国立音楽大学教育音楽学科卒業。神奈川県立保健福祉大学実践教育センター高齢者支援課程卒業。大学卒業後、音楽イベント会社勤務を経て、特別養護老人ホーム、介護老人保健施設、福祉センター、地域包括支援センターなどで高齢者の音楽療法の実践に取り組む傍ら、群馬県立高齢者介護総合センター、湘南平塚看護専門学校にて講師を務める。日本音楽療法学会認定音楽療法士。

北澤寿美江（きたざわ・すみえ）
洗足学園大学音楽学部卒業。横浜国立大学臨時教員養成課程修了。桐朋学園大学音楽療法講座修了。養護学校教諭を経て、社会福祉法人ミルトス会駿東学園にて知的障害者の音楽療法に携わる。現在、福祉施設、手をつなぐ育成者の会、地域ケアプラザ等で知的障害児者の音楽療法の実践に取り組む傍ら、東京国際音楽療法専門学院にて講師を務める。日本音楽療法学会認定音楽療法士。

目黒明子（めぐろ・あきこ）
国立音楽大学音楽学部教育音楽学科Ⅰ類卒業。日本音楽療法学会認定音楽療法士、2007年精神保健福祉士登録。相州病院他、神奈川県内の高齢者通所介護施設、認知症対応型グループホーム等において音楽療法を実践。その他、行政が進める精神障害者デイケア事業にも携る。

山上陽美（やまがみ・はるみ）
東京芸術大学音楽学部作曲科卒業。作曲を松本民之助氏、ピアノをクロイツァー豊子氏に師事。在学中より新体操の作曲・伴奏、卒業後はジプシー音楽奏者とのユニットで幅広いジャンルの演奏活動を手がけ、現在は武蔵野市福祉公社で主に元気高齢者の音楽活動を企画・指導している。横浜市立小学校校歌を作曲。

牧野英一郎（まきの・えいいちろう）
慶應義塾大学医学部卒業、東京芸術大学音楽学部楽理科卒業、同大学院修了。精神保健指定医、介護支援専門員、芸術学修士。武蔵野中央病院院長。国立音楽大学音楽研究所客員所員。研究テーマ：「日本文化と音楽療法」─日本文化から音楽療法を問い直す、多くの日本人に受け入れられる音楽療法モデルを伝統文化から探る─。
著書：『音楽療法の現在』（共著、人間と歴史社、2007）など。

鵜飼久美子（うかい・くみこ）
国立音楽大学器楽学科ピアノ専攻卒業。特別養護老人ホーム寿楽苑、介護老人保健施設巣南リハビリセンター、名東老人保健施設にて非常勤音楽療法士として勤務。名古屋音楽大学非常勤講師を経て、現在中部学院大学人間福祉学科音楽療法課程准教授。著書：『「音楽療法」ある奇跡』（共著、岐阜県音楽療法研究所編、中央法規出版、2000）。岐阜県音楽療法士、日本音楽療法学会認定音楽療法士。日本音楽療法学会評議員。

恵良純子（えら・じゅんこ）
愛知県立芸術大学音楽学部声楽専攻卒業。ヤマハピアノ講師、リトミック講師を経て岐阜県音楽療法士の認定を受け、高齢者施設、身体障害児自主グループ、精神科単科病院デイケア等にて音楽療法を実践。また、音楽講師と並行して、ＮＨＫ名古屋報道番組、地元民放ＴＶ情報番組司会、ラジオ局ＤＪ、コンサート司会等を務めた。2003年より岐阜県音楽療法研究所非常勤研究員、2005年から同常勤研究員。岐阜県音楽療法士、日本音楽療法学会認定音楽療法士。

大坪信子（おおつぼ・のぶこ）
名古屋音楽短期大学（現在の名古屋音楽大学）卒業。浜松のカワイ音楽学園にて非常勤講師として勤務。岐阜県山県市ピッコロ療育センターにて音楽療法を担当（非常勤）。現在、桑名市社会福祉協議会音楽療法推進室に非常勤嘱託として勤務（音楽療法アドバイザー担当）。岐阜県音楽療法士、日本音楽療法学会認定音楽療法士。

奥田みどり（おくだ・みどり）
名古屋音楽大学ピアノ科卒業。名古屋医療センター・精神科、総合心療センターひなが病院にて音楽療法を行なう。現在、中部学院大学、甲陽音楽学院にて非常勤講師を務める。岐阜県音楽療法士、日本音楽療法学会認定音楽療法士。

奥村由香（おくむら・ゆか）
京都光華女子短大家政科卒業。ヤマハ音楽教育システム講師、放送大学、星瑳大学に在籍。その間、松波謙一氏（大脳生理学）の指導を受ける。岐阜県音楽療法研究所非常勤研究員等を経て、現在は木沢記念病院リハビリテーションセンター中部療護センターに音楽療法士主任として勤務。交通事故による頭部外傷後遺症、軽度認知障害を対象にした音楽療法の臨床研究に携わっている。論文：「認知症老人に対する音楽療法についての一考察」（日本音楽療法学会誌、2002）、「大衆音楽聴取による感情の変化」（日本音楽療法学会誌、2005）他。著書：『「音楽療法」ある奇跡』（共著、岐阜県音楽療法研究所編、中央法規出版、2000）。岐阜県音楽療法士、日本音楽療法学会認定音楽療法士。日本音楽療法学会評議員。

加藤玲子（かとう・れいこ）
相愛大学音楽学部器楽学科ピアノ専攻卒業。岐阜県の認定後、こども相談センター、知的障害者施設、ことばの教室、児童自主グループ等にて音楽療法を実践。現在、木沢記念病院リハビリテーションセンター音楽療法士。岐阜県音楽療法士、日本音楽療法学会認定音楽療法士。

城森　泉（じょうもり・いずみ）
日本獣医畜産大学獣医畜産学部卒業。名古屋大学大学院医学系研究科看護学専攻修士課程終了。現在名古屋大学大学院医学系研究科リハビリテーション療法学専攻博士課程後期課程に在籍。愛知県立城山病院、特定医療法人楠会楠メンタルホスピタルにて非常勤音楽療法士を務める。金城学院大学人間科学部芸術表現療法学科非常勤講師、名古屋芸術大学音楽学部音楽文化創造学科音楽療法選択コース非常勤講師。岐阜県音楽療法士、日本音楽療法学会認定音楽療法士。日本音楽療法学会評議員。

野村裕子（のむら・ゆうこ）
名古屋自由学院短期大学児童教育科卒業。ヤマハシステム講師を経て、知的障害者通所施設、肢体不自由児施設、身体障害者デイサービス、公立小中学校特別支援学級、老人保健施設、子ども相談センター等で音楽療法を実践。中部学院大学人間福祉学科音楽療法課程非常勤講師。論文：「ことばの遅れた子どもと音楽療法－音楽の活動によって芽生えた行動の変化－」（聴能言語学研究 vol.19.No.1、2002）。岐阜県認定音楽療法士、日本音楽療法学会認定音楽療法士。

藤澤英子（ふじさわ・ひでこ）
岐阜大学教育学部音楽学科卒業。岐阜県内の小学校教諭を経て、現在いぶき福祉会知的障害者通所授産施設いぶき、第二いぶき、心身障害者小規模授産所うずら共同作業所、生活介護事業コラボいぶき等にて知的障害者へ、介護老人保健施設センチュリー21、アルト介護センター正木、海津市特別養護老人ホームサンリバー松風苑にて高齢者への音楽療法を実践。著書：『「音楽療法」ある奇跡』（共著、岐阜県音楽療法研究所編、中央法規出版、2000）。岐阜県音楽療法士。

吉安育美（よしやす・いくみ）
京都府立大学文学部文学科卒業。民間企業に就職。在職中から岐阜県の音楽療法講座を受講、県の認定をうける。暫く実践をした後に社会人学生として大垣女子短期大学音楽療法コースに入学。卒業後2004年から3年間岐阜県音楽療法研究所で任期付き研究員を務める。現在は主に高齢者を対象とした音楽療法を実践。レクリエーション・インストラクター、訪問介護員2級。大垣女子短期大学非常勤講師を務める。岐阜県音楽療法士、日本音楽療法学会認定音楽療法士。日本音楽療法学会評議員。

脇田和子（わきた・かずこ）
岐阜大学教育学部音楽学科卒業、同大学特殊教育特別専攻科修了。現在、中部学院大学人間福祉相談センター非常勤音楽療法士、中部学院大学および中部学院大学短期大学部非常勤講師を務めるとともに、岐阜大学大学院教育学研究科修士課程（教育心理学領域）に在籍。著書：『「音楽療法」ある奇跡』（共著、岐阜県音楽療法研究所編、中央法規出版、2000）。岐阜県音楽療法士、日本音楽療法学会認定音楽療法士。前日本音楽療法学会評議員。

音楽療法スーパービジョン

【下巻目次】

第Ⅲ部
専門家のスーパービジョン

第12章　新人の音楽療法士と表現療法士のためのピア・スーパービジョン
Elizabeth Baratta / Michael Bertolami
Andrew Hubbard / Mary-Carla MacDonald
Deborah Spragg

第13章　二人でたどる道すじ
―教育現場での新人音楽療法士に対して―
Dorit Amir

第14章　体験的音楽療法グループ
―臨床家のためのスーパービジョンの方法として―
Gillian Stephens Langdon

第15章　音楽療法のピア・スーパービジョン
Diane Austin / Janice M. Dvorkin

第16章　専門家の音楽療法グループ・スーパービジョンにおける統合的テクニック
Isabelle Frohne-Hagemann

第17章　審美的音楽療法における臨床的即興のスーパービジョン
―音楽中心のアプローチ―
Colin Lee / Kimberly Khare

第18章　専門的なスーパービジョンにおける精神力動的視点
Mechtild Jahn-Langenberg

第19章　スーパービジョンのモデル
―スーパーバイザーのための実習より―
Kenneth Bruscia

第Ⅳ部
専門機関におけるスーパービジョン

第20章　分析的音楽療法スーパービジョンによる音楽心理療法士としてのアイデンティティ形成
Benedikte B. Scheiby

第21章　ボニー式誘導イメージと音楽（GIM）のスーパービジョン
Madelaine Ventre

第22章　ノードフ・ロビンス音楽療法訓練プログラムのスーパービジョン
Alan Turry

訳者略歴

加藤美知子（かとう・みちこ）
ミュンヘン国立音楽大学卒業。ミュンヘン小児センター勤務の後、米国ミシガン州立大学音楽療法修士課程卒業。現在東京武蔵野病院（精神科）、都内・神奈川県の高齢者施設にて実践。岐阜県音楽療法研究所、桐朋学園大学非常勤講師、平成音楽大学客員教授。著書：『音楽療法の実践―日米の現場から―』（共著、星和書店、1995）、『標準音楽療法入門 上 理論編』、『同 下 実践編』（共著、春秋社、1998）、『音楽療法の実践―高齢者／緩和ケアの現場から―』（共著、春秋社、2000）。訳書：デッカー＝フォイクト編著『音楽療法事典』（共訳、人間と歴史社、1999）、デッカー＝フォイクト著『魂から奏でる―心理療法としての音楽療法入門―』（人間と歴史社、2002）。日本音楽療法学会常任理事。

門間陽子（もんま・ようこ）
宮城学院女子大学学芸学部音楽科卒業。宮城学院中・高校教員（音楽）、東京武蔵野病院等の勤務を経て、1994年より社会福祉法人岐阜県福祉事業団（1999年よりの所管は財団法人・岐阜県研究開発財団）・岐阜県音楽療法研究所所長。岐阜大学医学部看護学科非常勤講師。著書：『「音楽療法」ある奇跡』（共著、岐阜県音楽療法研究所編、中央法規出版、2000）、『新・痴呆症高齢者の理解とケア』（共著、メディカルレビュー社、2004）、『音楽療法の現在』（共著、人間と歴史社、2007）など。日本音楽療法学会認定音楽療法士。

音楽療法スーパービジョン［上］
Music Therapy Supervision

2007年11月30日　初版第1刷発行

編著者	ミシェル・フォーリナッシュ
訳者	加藤美知子、門間陽子
発行者	佐々木久夫
装幀・デザイン	妹尾浩也
発行所	株式会社人間と歴史社 〒101-0026　東京都千代田区神田駿河台3-7 電話　03-5282-7181（代）
印刷	株式会社シナノ

©2007 in Japan by Ningentorekishisha
ISBN978-4-89007-167-8 C3073
人間と歴史社ホームページ http://www.ningen-rekishi.co.jp
乱丁・落丁本はお取替えします。定価はカバーに表示してあります。

音楽療法関連図書のご案内

振動音響療法 ―音楽療法への医用工学的アプローチ
トニー・ウィグラム, チェリル・ディレオ●編著　小松 明●訳
4,200円（税込）　A5判上製　353頁
音楽療法への新たな視点！ 癒しと治療の周波数を探る！ ―音楽振動は、旋律、リズム、和声、ダイナミックスなどの音楽情報をもっており、1/fゆらぎによる快い体感振動である。聴覚と振動がもたらす心理的・身体的治療効果に迫る！

響きの器
多田・フォントゥビッケル・房代●著　2,100円（税込）　A5判上製　218頁
人間は響きをもつ器―。そのひとつひとつの音に耳を澄ませることから治療がはじまる。ドイツで音楽治療を学び実践する著者が、人生の諸場面で感じとった音を言葉にうつし、東洋と西洋の間、古と現代の間、医学と芸術の間に架けるものとして、「音楽」のもつ豊かな可能性を示唆する。

即興音楽療法の諸理論【上】
K.ブルーシア●著　林 庸二ほか●訳　4,410円（税込）　A5判上製　422頁
音楽療法における〈即興〉の役割とは！ 25種以上におよぶ「治療モデル」を綿密な調査に基づいて分析・比較・統合し、臨床における即興利用の実践的な原則を引き出す！

障害児教育におけるグループ音楽療法
ノードフ&ロビンズ●著　林 庸二●監訳　望月 薫・岡崎香奈●訳
3,990円（税込）　A5判上製　306頁
グループによる音楽演奏は子どもの心を開き、子どもたちを社会化する。教育現場における歌唱、楽器演奏、音楽劇などの例を挙げ、指導の方法と心構えを詳細に述べる。

音楽療法最前線 増補版
小松 明・佐々木久夫●編　3,675円（税込）　A5判上製　394頁
心身のゆがみを癒し、修復する音楽療法とは何か。当代きっての研究者が振動、1/fゆらぎ、脳波、快感物質など現代科学の視点から音楽と生体のかかわりを説き明かす。糸川英夫、筒井末春、武者利光氏ほか9名による対談を収録。さらに全日本音楽療法連盟認定の音楽療法士認定規則、専攻コース・カリキュラムのガイドラインを補遺し、資格認定の手続きから申請書類、申込方法、審査基準を紹介！

第五の医学　音楽療法
田中多聞●著　2,625円（税込）　四六判上製　349頁
医師、薬物中心の医療の中で、全人的医療の一環として位置づけられる音楽療法とは何か。その理論と実際を、我が国における音楽療法の先駆者であり、実践者として知られる著者が、二十余年にわたる臨床と研究をもとに集大成。スクリーニングから精密検査、治療に至る音楽療法の処方を全て紹介した注目の書！

魂から奏でる ―心理療法としての音楽療法入門
ハンス＝ヘルムート・デッカー＝フォイクト●著　加藤美知子●訳
3,675円（税込）　四六判上製　496頁
生物・心理学的研究と精神分析的心理療法を背景として発達・深化してきた現代音楽療法の内実としてのその機能、さらに治療的成功のプロセスを知る絶好のテキストブック。

原風景音旅行
丹野修一●作曲　折山もと子●編曲　1,890円（税込）　菊倍判変型並製　48頁
自然と人間の交感をテーマに、医療と芸術の現場をとおして作曲された、心身にリアルに迫る待望のピアノ連弾楽譜集。CD解説付！

音楽療法事典 新訂版
Lexikon Musiktherapie
Hans-Helmut Decker-Voigt, Paolo J. Knill, Eckhard Weymann

ハンス＝ヘルムート・デッカー＝フォイクト◆他編著
阪上正巳・加藤美知子・齋藤考由・真壁宏幹・水野美紀◆訳

世界唯一の「音楽療法」に関する事典

待望の新訂普及版！

現代音楽療法に関する世界的動向・歴史的背景を網羅。各種医学、心理学、教育学、社会学、民族学、哲学、美学、音楽心理学などの視点から〈なぜほかならぬ音楽療法なのか〉について多角的に論及する。

定価：4,200円（税込）　四六判上製函入　443頁

［実践］発達障害児のための音楽療法

E.H.ボクシル●著　林 庸二・稲田雅美●訳

あらゆるクライアントに適用可能な人間学的モデル!!

数多くの発達障害の人々と交流し、その芸術と科学の両側面にわたる、広範かつ密度の高い経験から引き出された実践書。理論的論証に裏打ちされたプロセス指向の方策と技法の適用例を示し、革新的にアプローチした書。

定価：3,990円（税込）　A5判上製　310頁